EL CAMINO
de los
TRABAJADORES
de la LUZ

EL CAMINO
de los
TRABAJADORES
de la LUZ

Despierta tus poderes espirituales
de conocimiento y sanación

DOREEN VIRTUE

Prólogo de LOUISE L. HAY

Primera edición: marzo de 2013
Primera reimpresión: noviembre de 2013
Tercera reimpresión: agosto de 2017

La autora de este libro no ofrece consejo médico ni prescribe el uso de ninguna técnica como forma de tratamiento. Su intención es solo la de ofrecer una información general que pueda ayudarte en tu búsqueda del bienestar emocional y espiritual. Si albergas dudas sobre tu salud, visita a tu médico.

Título original: *The Lightworker's Way*

Traducción: Blanca González Villegas

© 1997, 2005, 2008, Doreen Virtue
Editado originalmente en 1997, por Hay House, Inc. (EE.UU.)

Publicado por acuerdo con Hay House Publishers UK Ltd.
Puede sintonizar sus transmisiones en Internet en www.hayhouseradio.com

De la presente edición en castellano:
© Arkano Books, 2012
 Alquimia, 6 - 28933 Móstoles (Madrid) - España
 Tels.: 91 614 53 46 - 91 614 58 49
 www.alfaomega.es - e-mail: alfaomega@alfaomega.es

Depósito legal: M. 29.856-2013
I.S.B.N.: 978-84-15292-18-0

Impreso en España por: Artes Gráficas COFÁS, S.A. - Móstoles (Madrid)

Para mis abuelos, Ben Reynolds y Fount Leroy Merrill; las visitas que me hicieron desde la otra vida despertaron en mí el recuerdo de por qué estoy aquí.

Todos los profetas, videntes, sabios y salvadores que a lo largo de la historia del mundo han existido llegaron a ser lo que fueron, y con ello adquirieron los poderes de que gozaron, por un proceso completamente natural. Todos ellos reconocieron y llegaron al conocimiento consciente de su unicidad con la Vida Infinita.

RALPH WALDO TRINE,
metafísico y autor de *En armonía con el infinito* (1897)

Índice

PRIMERA PARTE:
El viaje de un trabajador de la luz

SEGUNDA PARTE:
Una guía para la comunicación psíquica
y la sanación espiritual

Prólogo de Louise L. Hay

Eᴺ ʟᴀ Iɴꜰɪɴɪᴛᴜᴅ ᴅᴇ ʟᴀ Vɪᴅᴀ en la que nos encontramos inmersos, todo es perfecto, todo está completo y concluido. Esta es la auténtica verdad de nuestro ser. En el momento de nacer todos somos conocedores de esta verdad, pero con el paso del tiempo muchos la olvidamos. Es posible que fuéramos criados por unos padres a los que habían enseñado a contemplar la vida con temor. El miedo puede proceder de hechos acontecidos muchas generaciones atrás. Quizá también nuestros padres, nuestros abuelos y nuestros bisabuelos hubieran olvidado esa verdad. Cuando nos crían personas que albergan temor, nos resulta fácil perder el contacto con la esencia de lo que realmente somos. Creo sinceramente que somos Expresiones Magníficas y Divinas de Vida, y que las capacidades con las que contamos son inmensas. Poseemos unos talentos y unas habilidades que ni siquiera hemos empezado aún a explorar.

La habilidad para llevar a cabo trabajos de sanación es algo consustancial a todas las personas. Sanar a alguien constituye una práctica normal y natural para todo el mundo. Hay gente que habla de la «imposición de manos» como si se tratara de un procedimiento extraño e inusual, cuando lo cierto es que todos, si sentimos dolor en alguna parte del cuerpo, lo primero que hacemos es llevar la mano sobre la zona dolorida para aliviarla. Es algo que cada cual realiza de forma instintiva y natural, y así es como debemos considerar todas las formas de sanación. Si te sientes «llamado» a realizar trabajos de sanación de cualquier tipo, o incluso lecturas psíquicas, debes saber que cuentas con todos los ingredientes esenciales para hacerlo muy bien. Me gustaría animar a todos los posibles sanadores o psíquicos a que no dejen de perseguir sus sueños y a que aprendan todo lo que puedan sobre los distintos métodos de sanación.

Nuestros pensamientos son tan poderosos que crean por sí mismos las circunstancias en las que se desarrollan nuestras vidas. El modo en que pensamos en nosotros mismos, en los demás y en la vida ejerce una enorme influencia sobre nuestro modo de vivir. Todo aquello que damos a los demás vuelve indefectiblemente a nosotros; siempre, sin excepción. Por tanto, si queremos vivir una vida llena de armonía y bienestar, nuestra atmósfera mental debe estar siempre cuajada de pensamientos armoniosos y llenos de amor. Jamás podremos ayudar a sanar este planeta si nos dedicamos a criticar y a condenar a otras personas, pueblos o acontecimientos. Para ser verdaderos sanadores debemos concentrar nuestra energía mental en ver los aspectos positivos, aunque la realidad se empeñe en mostrarnos lo contrario.

Siempre que oigo hablar de un miembro de una banda criminal, de un delincuente, de un político corrupto, de un capo de las mafias de las drogas, de un dictador o de cualquier persona que esté causando dolor al resto del mundo, le bendigo con Amor Divino, pues sé que dentro de él está latente todo el bien que reside sin excepción en las personas. Todos ellos tienen la capacidad de recurrir en cualquier momento a esta parte bondadosa de sí mismos. Si oigo que se ha producido una crisis o un desastre natural, al momento envío amor y energía sanadora a donde ha tenido lugar. Todos los días visualizo el mundo en un estado de armonía y sanación y con abundante alimento, cobijo y ropa para todos sus habitantes. Veo a todas las personas desempeñando unos trabajos que les resultan gratificantes y les reportan unos ingresos suficientes para mantenerse. Visualizo armonía en las familias y entre las naciones. Utilizo mi mente para enviar toda la energía positiva que puedo a la atmósfera. Si todos hacemos lo mismo, podremos contribuir a sanar el mundo gracias a nuestra conciencia colectiva.

Si sientes que eres demasiado insignificante para hacer un trabajo de sanación, recuerda que el origen de nuestro poder de sanación reside en nuestro yo verdadero y en Dios. La confianza en nosotros mismos no tiene nada que ver con la sanación. Todos confiamos en contar con la ayuda de un poder superior. Cuando nos conectamos con este poder superior, tenemos la posibilidad de realizar milagros. *El camino de los trabajadores de la luz* es un libro que Doreen Virtue ha escrito con todo su amor para que nos inspire y capacite a todos en nuestro recorrido por el sendero de la sanación.

LOUISE L. HAY

Prefacio

OS TRABAJADORES DE LA LUZ son aquellas personas que antes de nacer se ofrecieron voluntarias para ayudar al planeta y a sus habitantes a sanar de los efectos provocados por el temor. Cada uno de ellos ha venido a este mundo con un propósito sagrado. Sin embargo, es muy frecuente que la vida terrenal, centrada en los intereses materiales, provoque en ellos una especie de amnesia total. Eso les hace olvidar su identidad divina y perfecta y sus habilidades para ayudar de forma milagrosa a la Tierra y a todas las criaturas vivientes. Cuando los trabajadores de la luz se olvidan de su verdadera identidad y de su propósito, se sienten perdidos y asustados.

Eres un trabajador de la luz si te identificas con las siguientes afirmaciones:

- Sientes la vocación de sanar a otras personas.
- Deseas resolver los problemas sociales y medioambientales del mundo.
- Estás convencido de que los métodos espirituales son capaces de sanar cualquier situación problemática.
- Has vivido experiencias místicas; es posible que hayas tenido premoniciones psíquicas o encuentros angélicos, por ejemplo.

- Has sufrido experiencias muy duras en la vida que han erosionado tu conocimiento de que posees perfección divina.
- Deseas sanar tu propia vida pues consideras que es el primer paso para poder sanar al mundo.
- Sientes un fuerte impulso de escribir, enseñar o realizar un trabajo de asesoramiento relacionado con tus experiencias sanadoras.
- Eres consciente de que estás en este mundo para cumplir un propósito superior, aunque no estés seguro de cuál es ni de cómo llevarlo a la práctica.

En este momento son muchos los trabajadores de la luz que, en todos los lugares del planeta, están recuperando recuerdos difusos del motivo por el cual vinieron a esta tierra. Todos ellos están oyendo una llamada interior imposible de ignorar. Esta llamada sirve para recordarles que ha llegado el momento de dejar de jugar con sueños materiales y que hay que ponerse manos a la obra.

Muchos trabajadores de la luz están descubriendo que poseen dones espirituales innatos; puede que se trate de habilidades de comunicación psíquica o de una capacidad espiritual de sanación. Son los dones que nos van a permitir sanar al planeta y a su población a lo largo de las décadas cruciales inmediatas al cambio de milenio, un trabajo para el que en su momento nos presentamos voluntarios. Las profecías predijeron nuestra llegada y este es el momento de cumplir nuestro propósito divino. ¡El mundo entero depende de nosotros!

Este libro recoge mi propio recorrido vital, el que me permitió recuperar la conciencia de mi identidad y de mis habilidades como trabajadora de la luz. Está escrito con el propósito de ayudarte a recordar tu misión divina personal y tus habilidades espirituales innatas. Esta es la razón de que en él haya reflejado con gran detalle la historia de cómo recuperé mis dones de comunicación psíquica, manifestación y sanación espiritual. En estas páginas encontrarás también la descripción de una serie de estudios y métodos científicos que te ayudarán a recuperar tu visión y tus habilidades espirituales. Muchos trabajadores de la luz reciben instrucciones superiores de escribir libros y artículos, pero se sienten confusos e intimidados por el mundo editorial. Por eso he incluido en él información fundamental sobre cómo podemos conseguir que se publiquen nuestros trabajos.

Mientras escribía esta guía para ti me he sentido en todo momento guiada por el Espíritu. Aunque hablo de mi educación y de mi relación con diversas religiones, en especial con la Ciencia Cristiana, no es un libro religioso. Me limito a escribir acerca de mis experiencias con las religiones que se han cruzado en mi camino de crecimiento y conciencia espiritual. Aunque «espiritualidad» y «religión» son dos conceptos que con frecuencia se solapan, en mi opinión ninguno de ellos está supeditado al otro. También he incluido en el libro algunas descripciones del trabajo que he tenido que llevar a cabo para sanar las cicatrices del «abuso religioso».

Escribir este libro forma parte de mi misión sagrada como trabajadora de la luz. Estoy aquí, igual que tú, para iluminar el camino a aquellos otros trabajadores de la luz que siguen sumidos en el letargo y que están empezando a despertar al conocimiento de su misión.

Que la paz sea contigo.

DOREEN VIRTUE

Agradecimientos

NO ME HABRÍA SIDO POSIBLE ESCRIBIR este libro sin la dirección, la ayuda y la inspiración que me han aportado algunos ángeles que caminan entre nosotros. En primer lugar quiero dar las gracias a Jill Kramer, que fue quien me sugirió que lo escribiera. Jill es, además de una editora fabulosa, una maravillosa amiga y una trabajadora de la luz que ha despertado a su propósito vital. A continuación quiero también dar las gracias a Louise L. Hay, un modelo para los trabajadores de la luz de todo el mundo. Louise ha demostrado que, cuando con agradecimiento pones todo en manos de Dios, compruebas automáticamente que Él se hace cargo de todos los detalles de la vida. Mi gratitud también para Reid Tracy, vicepresidente de Hay House, que me ha apoyado en todos los temas prácticos relacionados con mis proyectos editoriales. Kristina Tracy, además, ha entregado gran parte de su tiempo personal, su energía y su entusiasmo a propagar el amor de Dios y me siento muy honrada de poder trabajar con ella. También estoy muy agradecida a la entregada y amorosa labor de Jeannie Liberati, cuyos viajes incansables forman parte de su tarea como trabajadora de la luz.

Quiero también dar las gracias al resto de los miembros del equipo editorial que me apoyaron durante el nacimiento de este libro, entre ellos Ron y Heidi Tillinghast, Christy Salinas, Jenny Richards, Adrian Eddie Sandoval, Barbara Spivak, Margarete Nielsen, Polly Tracy, Gwen Washington, Lisa Kelm, Lynn Collins y el resto del personal de Hay House.

Mi corazón rebosa de agradecimiento hacia mis maestros, incluidos Jesucristo, Phineas Quimby, Mary Baker Eddy, Ernest Holmes, Forrest Holly, Joan Hannan, William Hannan, Louise L. Hay, Wayne Dyer, John Randolph Price, Betty Eadie, Dannion Brinkley y Rosemary Altea.

Durante la redacción de este libro recibí una orientación fantástica y una gran ayuda en la investigación de dos trabajadores de la luz que forman parte de mi vida: Pearl Reynolds y Ted Hannan. ¡Muchas gracias a los dos por entrar en mis sueños en el momento justo y con la información exacta que precisaba en ese momento! Y un gran ramillete de «gracias» a mi maravillosa familia, que tanto apoyo me da: Steven Farmer, Grant Schenk, Charles Schenk, Ken Hannan y mi gato angélico, Romeo.

También me siento profundamente agradecida por la ayuda práctica que me han concedido la editora jefe de la revista *Complete Woman*, Bonnie Krueger, y la editora adjunta, Martha Carlson, que me permitieron conocer personalmente y entrevistar a muchos de los maestros que han cambiado mi vida. También deseo dar las gracias a Beverly Hutchinson, a Michele Gold, a Nancy Griffin y al doctor Jordan Weiss por sus dones de luz. Y mi gratitud eterna para mi ángel de la guarda, Frederique. ¡Muchas gracias a todos! Mi deseo más profundo es aceptar los dones que me habéis entregado y pasárselos a otras personas.

Echa a volar el espíritu

ɛ L DIFUNTO PADRE DE LAUREN, MI CLIENTE, se encontraba junto al hombro derecho de su hija rogándole que lo perdonara. Lauren podía sentir la presencia de su padre, pero no era capaz de verle ni de oírle, de modo que era yo quien tenía que hacer uso de mis facultades como sanadora y médium para facilitar su conversación.

—Me dice que es consciente de que el maltrato al que te sometió no tiene excusa —le dije a Lauren—. Sin embargo, te pide que le concedas tu compasión y que intentes comprender lo arrepentido que se siente y lo mucho que te quiere. No deja de repetir: «Por favor, por favor, perdóname».

Lauren permanecía sentada con los brazos cruzados; sus mejillas estaban bañadas en lágrimas. Con voz entrecortada expresó su deseo de perdonar a su padre por el trato cruel que le había dispensado. Sin embargo, temía que ese perdón hacia él pudiera interpretarse incorrectamente como un perdón hacia la conducta que había mostrado. Lauren comprendía que el resentimiento que durante tanto tiempo había albergado contra su padre estaba interfiriendo en su profundo deseo de convertirse en sanadora espiritual y escritora. Sabía que necesitaba liberar la ira que almacenaba en su interior para poder convertirse en una sanadora eficaz, pero no estaba segura de querer perdonar a su padre. Después de todo, él le había provocado una angustia terrible.

Mientras Lauren luchaba por encontrar las palabras precisas para lo que deseaba expresar, un segundo espíritu entró en nuestra sesión. Era un hombre alto, de tez rubicunda y barba descuidada, que evidentemente había sido físicamente fuerte en su vida terrenal. Cuando describí sus características, Lauren le identificó como su abuelo paterno. Su personalidad se abrió paso con energía cuando le dijo a Lauren a través de mí:

—*Yo* soy la persona que necesita ser perdonada. Yo soy el que golpeó tanto a tu padre que le convertí en un hombre iracundo como yo. Fue culpa mía que descargara toda su furia contra ti.

El abuelo de Lauren nos explicó que con frecuencia se había entregado a la bebida para ahogar el miedo que le producía la posibilidad de perder el negocio familiar. Aquella circunstancia provocó una mezcla explosiva de ira y maltrato físico. Sin intentar excusar su propia responsabilidad por los actos que había cometido, el abuelo de Lauren nos pidió que comprendiéramos su punto de vista y el papel que había desempeñado en la tormentosa niñez de Lauren. Pidió a su nieta que los perdonara a los dos para que todos pudieran ser liberados.

Al oír estas palabras, Lauren empezó a sollozar y se cubrió el rostro con el pañuelo. Abrumada e incapaz de pronunciar una sola palabra, asintió vigorosamente con la cabeza y levantó la mano derecha para decir:

—Sí, abuelo, estoy dispuesta a perdonarte.

El abuelo rodeó el hombro de su nieta con un brazo etérico y le dio un abrazo final de despedida. Luego vi cómo una mujer acompañaba al padre y al abuelo a un lugar parecido a una plataforma rodeada de un resplandor amarillo, y a continuación todos desaparecieron.

Después que Lauren hubo descansado unos momentos, le pedí que se tumbara en el sofá. Antes de empezar la sesión tenía el chakra del plexo solar bastante agrandado. Ahora, al examinar y comprobar los chakras con la mano derecha, vi que pulsaban con energía limpia y brillante. Luego Lauren se sentó y sonrió. Se miró al espejo para limpiarse el rímel de las mejillas y comentó que le había desaparecido la erupción cutánea que antes tenía en el rostro.

Un tiempo más tarde me llamó para contarme los progresos que había hecho desde nuestra sesión. Me alegró saber que se sentía libre de muchos de los miedos que le habían impedido poner en práctica sus aspiraciones de trabajar como sanadora. Aquella buena noticia no me sorprendió, pues muchos de mis clientes me cuentan que han obtenido unos resultados similares. De hecho, mis propias habilidades psíquicas y de sanación espiritual son producto de un viaje de liberación espiritual y perdón similar al de Lauren. Recordé entonces lo asustada que me sentí, tal y como le había sucedido a Lauren, la primera vez que emprendí el camino de los trabajadores de la luz.

PRIMERA PARTE

El viaje
de un trabajador
de la luz

Nota de la autora: Todas las historias contenidas en este libro son reales. Solo he cambiado los nombres y los detalles que pudieran servir para identificar a mis clientes, todo ello con el único fin de proteger su privacidad.

CAPÍTULO UNO

Primeros milagros

*Oh, Señor, tu poder es mayor que cualquier otro poder.
Bajo tu dirección no tenemos miedo a nada. Tú eres el que
nos has concedido el poder de profetizar y el que nos ha permitido adivinar e interpretarlo todo.*

Oración dinka (procedente de Sudán)
de la religión tradicional africana

EL PRIMER RECUERDO QUE CONSERVO del poder del Espíritu se remonta a mi infancia, cuando un milagro me resolvió una crisis infantil. Mi madre, que también se había criado en un hogar de convicciones metafísicas, me había enseñado desde muy pequeña a utilizar la visualización, la oración y las afirmaciones. Una noche de otoño, siendo aún muy niña, fui testigo del poder de estas prácticas espirituales.

Estaba a punto de meterme en la cama cuando me di cuenta de que me faltaba mi monederito rojo. Ese día, al volver del colegio con mis amigas, nos habíamos detenido en el muelle de carga de un almacén y estaba claro que lo había dejado allí olvidado. El monedero guardaba no solo el dinero destinado a comprar la merienda de toda la semana, sino también varios de mis tesoros infantiles. Enfrascada en los juegos con mis amigas, me alejé del muelle de carga sin darme cuenta de que me dejaba el monedero olvidado.

Llamé a mi madre. Perder aquel monedero suponía para mí un disgusto tan grande como el que me hubiera producido perder uno de mis juguetes favoritos. Lo que me entristecía no era tanto el dinero que llevaba dentro como el hecho de haber sido tan descuidada. Me sentía casi como si hubiese abandonado un juguete muy querido y me lo imaginaba sintiéndose solo sobre el muelle de carga bajo el gélido cielo nocturno. Deseaba poder deshacer el error y volver a tener a mi lado mi precioso monedero.

Mi madre me cogió de las manos y afirmó con energía:

—Doreen, quiero que repitas esta verdad una y otra vez: «En la mente de Dios, nada está perdido».

Yo tenía una fe ciega en mi madre y confiaba por completo en ella cuando me aseguraba que esas palabras me iban a devolver el monedero. Cerré los ojos con fuerza y repetí la frase una y otra vez hasta que me quedé dormida de puro agotamiento. A la mañana siguiente mi primer pensamiento fue para el monedero. Abrí los ojos, plenamente segura de que iba a verlo. ¡*Y allí estaba, al lado de mi cama!* Yo estaba entusiasmada, pero en absoluto sorprendida. Después de todo, mi madre me había prometido que la oración funcionaría. Bastantes años después le pregunté si había sido ella quien había encontrado el monedero y lo había dejado junto a mi cama, pero ella me aseguró que no había tenido nada que ver con la misteriosa reaparición. Yo la creo a pies juntillas, porque esta plegaria me ha funcionado muchas veces a partir de entonces.

Después de todo, ¿por qué no iba a creer en los milagros y en la sanación espiritual? El hecho mismo de mi nacimiento fue consecuencia de una plegaria de mi madre en un servicio religioso de oración celebrado en la iglesia de la Ciencia Religiosa. Mis padres se sentían tristes porque, tras muchos años de matrimonio, no habían tenido hijos. Eso hizo que mamá recurriera a la oración, no tanto para *pedir* a Dios que le concediera un bebé como para *declarar* que *sabía* que el bebé estaba en camino. Menos de un mes después de haber hecho su plegaria de petición, me concibieron.

Este enfoque afirmativo de la oración, en el que manifiestas que el resultado deseado ya te ha sido concedido, se basa en una declaración del Nuevo Testamento, que proclama: «Todo aquello que pidas en tus oraciones, si crees, te será concedido». Rogar para que se nos conceda un bien es una actitud basada en el miedo. Como la Ley de Causa y Efecto genera todo aquello en lo que creemos de verdad, es frecuente que esos miedos se hagan realidad.

Recuerdo que de niña solía tener visiones espirituales. Siendo pequeña veía luces angélicas en multitud de tonalidades verdes y azules. Ya de adolescente y de joven, estas luces se me aparecían como fuertes destellos blancos parecidos a una luz estroboscópica. Hoy en día sé que un ángel está cerca de mí cuando veo pequeñas explosiones blancas de luz destellante parecidas a una lluvia de estrellas.

Mi visión espiritual también me permitía ver a los espíritus, aunque cuando era niña daba por supuesto que estaba viendo a personas normales. Solía hablarle a mi madre de la gente que veía y ella me convenció de que no eran más que reflejos de las imágenes que aparecían en la televisión del cuarto de estar. Como creía que mi madre tenía razón en todo lo que afirmaba, apagué mi capacidad de ver a los espíritus y así la mantuve durante muchos años.

Ahora sé que estaba viendo a través del velo de la muerte y que mis habilidades como médium habían comenzado a una edad muy temprana. Estoy convencida de que muchos niños, si no todos, son clarividentes. Sus amigos invisibles son guías espirituales que solo resultan visibles para los ojos limpios e inocentes de los niños y de algunos adultos. Hace poco vi una entrevista que le hicieron a un hombre que había vivido una experiencia cercana a la muerte. Mientras estaba en forma espiritual comprobó que solo los niños podían verlo. En un estudio efectuado en 1995 y relacionado con este tema, William

MacDonald, de la Universidad Estatal de Ohio, descubrió que estadísticamente los jóvenes tienen más probabilidades de exhibir habilidades de clarividencia y telepatía que los adultos [1].

Debemos tener muchísimo cuidado cuando hablamos con los niños sobre sus visiones, porque tenemos el poder de convencerles de que estas visiones no son reales. Si así lo hacemos, tal y como me sucedió a mí, los niños apagan su visión espiritual para agradar a sus padres. Sin embargo, si tratamos este don con todo nuestro amor, comprobaremos que las habilidades psíquicas de nuestros hijos, y también las nuestras, son tan hermosas como cualquier otro recurso natural. Como trabajadores de la luz tenemos la misión de utilizar estas habilidades y disfrutarlas todo lo que podamos.

Muchos trabajadores de la luz estamos empezando a recordar el poder asombroso que poseemos de forma natural. Como estamos hechos a imagen y semejanza de un Dios todopoderoso, contamos con unas habilidades pasmosas y un poder del que quizá no somos conscientes. Los trabajadores de la luz tenemos el poder de sanar el planeta por completo si centramos nuestra mente en ello.

Mis padres me educaron en el convencimiento de que no tengo límites, y cuando era niña estaba plenamente convencida de que todo es posible. Recuerdo estar en el patio del colegio y ordenar mentalmente al viento que soplara. Le decía con autoridad: «Viento, ¡sopla ahora mismo!», y cada vez que lo hacía sentía una fuerte brisa que me revolvía el pelo y me azotaba la piel.

No tengo ni idea de qué fue lo que me dio la idea de ordenar al viento que soplara. Puede que estuviera recordando el don divino que todos compartimos y que nos concede el poder de sanar la Tierra. Este es el don que, cuando lo reclamamos y lo utilizamos a conciencia, nos permite sanar unos patrones de pensamiento antiguos que provocan terremotos, tornados, huracanes e inundaciones.

Diversos estudios científicos realizados sobre los vínculos existentes entre los pensamientos humanos, las emociones y el tiempo atmosférico están hoy en día confirmando en los laboratorios lo que muchos trabajadores de la luz llevan largo tiempo sospechando: que nuestros pensamientos influyen sobre el tiempo atmosférico, la estructura de las nubes, la estructura del agua, la temperatura del agua y la temperatura del aire [2]. El miedo crea unos patrones destructivos, mientras que el amor los sana. No tenemos por qué aceptar que las tragedias son algo natural o inevitable. Desde luego, no son «obra de Dios», a menos que al decir esto nos estemos refiriendo a la Ley divina de Causa y Efecto, que convierte nuestros pensamientos en realidades. Afortunadamente esta ley permite a muchos trabajadores de la luz hacer realidad una tierra apacible mediante el sencillo procedimiento de crear en la mente unos pensamientos pacíficos y amorosos.

Hasta que cumplí los diez años mi madre me llevó a la escuela dominical de la Iglesia de la Unidad en North Hollywood, California (EE. UU.). No recuerdo que las maestras nos hablaran mucho de metafísica, de religión ni de la Biblia. Más bien nos dedicábamos sobre todo a colorear y a leer libros infantiles normales hasta que llegaba el momento de reunirnos con la congregación de los adultos para cantar los himnos religiosos que marcaban el final del servicio dominical. Lo sorprendente es que, en este entorno tan vulgar de unas clases en una escuela dominical, fuera donde se produjo una de mis experiencias vitales más profundas.

Un día, cuando contaba ocho años de edad, iba caminando por la acera hacia el coche de mi madre después de salir de la escuela dominical. Era un día templado, el cielo estaba azul y el sol brillaba, y la blancura de la acera resultaba especialmente deslumbrante. De repente, una fuerza invisible me detuvo y me quedé paralizada, como si el tiempo se hubiera congelado.

En mi siguiente momento de percepción consciente vi que estaba fuera de mi cuerpo, contemplándome a mí misma desde una distancia de unos treinta centímetros. No tenía ni idea de cómo me había salido de mi cuerpo, porque todo había sucedido en décimas de segundo. Me quedé muy sorprendida al ver cómo mi cuerpo podía estar allí erguido por sí mismo, sin que «yo» estuviera dentro de él.

Una voz masculina procedente del exterior, de un punto situado por encima de mi hombro derecho, me dijo con firmeza:

—Esto es lo que has venido a enseñar, Doreen, la separación que existe entre la mente y el cuerpo, tal y como la estás experimentando en este momento. Estás en esta tierra para enseñar a la gente que la mente es la que controla el cuerpo.

Y de repente estaba otra vez dentro de mi cuerpo. Lo más sorprendente fue que aquella experiencia no me asustó; más que nada me sentí confusa porque no entendía a qué se refería la voz al hablar de «la separación que existe entre la mente y el cuerpo». Tardé muchos años en conseguir juntar todas las piezas del puzle que componía mi experiencia extracorpórea infantil.

En su libro *Transformed by the Light*, el doctor Melvin Morse nos habla de un estudio que ha realizado con adultos y niños que han vivido experiencias extracorpóreas. Morse descubrió que la gente que ha tenido una experiencia extracorpórea o una experiencia cercana a la muerte muestra, a raíz de ella, un índice más elevado de actividades psíquicas verificables, en comparación con los grupos de control[3]. Yo creo que, como les sucede a todos los niños, nací con habilidades psíquicas. También creo que la experiencia extracorpórea de mi infancia me abrió considerablemente los canales de conciencia psíquica.

Antes de vivir esta experiencia, yo no había oído nunca hablar de ellas. Aunque mi familia me había educado en un entorno en el que la espiritualidad se tenía en gran consideración, jamás discutíamos los fenómenos psíquicos. Este tipo de realidades quedaban fuera de nuestro ámbito de conocimiento y de interés.

Algunas personas, después de oírme hablar de mi experiencia infantil, me piden que les recomiende libros o clases donde se enseñe qué hay que hacer para tener una experiencia extracorpórea. En estos casos siempre les digo que la mía tuvo lugar de forma espontánea, que yo no la deseé. Lo cierto es que, aun en el caso de que yo hubiera sabido entonces que se podía dejar el cuerpo, tampoco *habría deseado* hacerlo. Aunque he visto libros en los que se explica cómo tener una experiencia extracorpórea, nunca he querido leer ninguno de ellos. Pero en este tema cada uno de nosotros debe seguir sus propios impulsos. Estoy convencida de que siempre tenemos que hacer caso de lo que nos dicte nuestra intuición en todo lo relativo al camino que debemos recorrer en esta vida.

De todas formas, no sé si el hecho de forzar una experiencia extracorpórea puede resultar beneficioso o no. En algunas de mis meditaciones he vivido viajes muy reales a la otra vida. He visto con claridad edificios de cristal y paisajes etéricos de colores brillantes. Sin embargo, jamás *he intentado* de forma consciente tener una experiencia extracorpórea. El hecho de que mi conciencia estuviera fuera del plano terrenal era algo secundario, no el objetivo principal.

Tras mi experiencia extracorpórea infantil, no se produjeron grandes cambios en mi vida. Hasta muchos años después no le hablé a nadie de lo que me había sucedido. No quería hacerlo porque, aunque el suceso había sido algo extraordinario y como de otro mundo, también me había parecido natural y un poco predestinado. Hoy en día creo que había preestablecido aquel suceso con mis guías antes de encarnarme para así tener la posibilidad de recordarme a mí misma el propósito de mi vida. La experiencia extracorpórea resultó sobrecogedora, pero no tuve la sensación de que se tratara de algo inesperado, tal y como ha sucedido posteriormente con muchas de mis experiencias místicas.

En el próximo capítulo te contaré más cosas acerca de las primeras influencias que hubo en mi vida.

CAPÍTULO DOS

Influencias familiares

Todas las almas son inmortales, pues todo aquello que
está en perpetuo movimiento es inmortal. Las almas de to-
dos los hombres son, por su propio nacimiento, espectadoras
de la verdad eterna, o no habrían llegado a este mundo
mortal nuestro, pero a pesar de todo no a todas les resulta
fácil conseguir que su existencia presente les recuerde su
pasado.

PLATÓN

CUANDO YO ERA NIÑA, mi padre trabajaba como ilustrador técnico y supervisor de artes gráficas en la empresa Space Electronics Corporation, en un programa espacial relacionado con la NASA. Los ingresos familiares nos permitían llevar una vida desahogada, pero a mi padre no le gustaba trabajar en una empresa.

Más tarde, cuando cumplí siete años, Space Electronics se fusionó con otra empresa y se convirtió en Space General Corporation. La nueva compañía se mudó a un lejano suburbio de California del Sur llamado El Monte. Para evitar los largos desplazamientos hasta el trabajo, mi padre decidió trabajar desde casa como asesor. Esto le concedió la oportunidad de hacer otro tipo de trabajos que le gustaban más, entre ellos escribir artículos para revistas sobre aeromodelismo, su gran pasión desde que era niño. También hacía trabajos de edición por cuenta propia para una pequeña editorial que estaba cerca de nuestra casa.

Un día decidió dejar sus trabajos como asesor y como editor por cuenta propia y con dos amigos fundó un pequeño negocio de venta de planos de aeromodelismo por correo. Al cabo de un tiempo los otros dos socios cedieron su parte del negocio a mi padre, y esto le impulsó a escribir una serie de libros sobre aeromodelismo. Mis padres convirtieron entonces el negocio original de venta de planos por correo en «Hannan's Runaway», una empresa también de venta por correo, pero especializada en libros de aviación. Aún siguen dirigiéndola desde su casa hoy en día.

Aunque años más tarde la empresa resultó ser muy rentable, al principio los ingresos de nuestra familia disminuyeron drásticamente. Papá empezó a trabajar en su oficina doméstica durante todas las horas del día. Estaba siempre en casa, no salía jamás, pero yo apenas le veía. Pasaba la mayor parte del tiempo escribiendo artículos y libros y diseñando planos de aeromodelismo. Los fines de semana asistía a concentraciones de aficionados a los aviones a escala, tanto para aliviar el estrés como para mostrar las capacidades de vuelo de sus modelos a los posibles clientes. Cada vez que mamá protestaba por el hecho de que la vida entera de papá girara alrededor de los modelos de aviones a escala, él respondía:

—¡Bueno, al menos no voy detrás de *otro* tipo de modelos!

Siempre que no estaba ocupado escribiendo, papá me dedicaba muchísima atención; era su forma de compensar el tiempo que no podíamos estar juntos. Estaba constantemente asignándome proyectos creativos de escritura, en los que me sumergía encantada, tanto para agradar a mi padre como porque me divertían los retos. También me hacía participar en amistosos debates acerca de conceptos retóricos con el objetivo de aguzar mi mente lógica y también para que practicara mi habilidad a la hora de defender ideas filosóficas.

Papá es un hombre de modales amables, un vegetariano delgado que defiende su propio estilo de espiritualidad. Nunca ha sido partidario de las religiones formales y siempre ha preferido adoptar y practicar las virtudes de la amabilidad y la generosidad. Cada vez que salíamos juntos se esforzaba por inculcarme que los buenos modales eran muy importantes. Él siempre mantenía la puerta abierta para todo el mundo, aunque no los conociera de nada, y no le importaba que le dieran las gracias o no. También me enseñó que todo sucede por una razón determinada y que las coincidencias no existen. Afirmaba que, si piensas en algo, inconscientemente lo estás atrayendo a tu vida. En cierta ocasión me enseñó la «Ley del Flujo» diciéndome: «Todos somos como tubos. Las cosas entran fluyendo en nuestra vida y debemos dejar que salgan fluyendo o nos atascaremos. Por eso yo estoy siempre haciendo circular los libros y artículos que me llegan, por eso doy mis cosas a otros a la misma velocidad con la que me llegan. Y, sin embargo, siempre hay más cosas que me llegan que cosas a las que voy dando salida».

Papá debió heredar su generosidad y su naturaleza espiritual de sus padres. Mi abuelo, Ted Hannan, era un distribuidor de Amway con un puesto elevado en la empresa. Alcanzó aquella posición mostrando abundancia a los posibles vendedores y clientes. Tenía dólares de plata metidos entre dos tarjetas de visita a las que había hecho unos agujeros para que se pudiera ver la moneda a través de ellos. En las tarjetas ponía: «¿Quieres tener más como estos? Llama a Ted Hannan». Su concepto de la diversión consistía en pagar el peaje de varios de los coches que estaban detrás de él en el puente que había cerca de su casa, en el estado de Washington. Solía decir:

—¡Me paso todo el día imaginando lo sorprendidos que se han debido sentir esos conductores cuando, al llegar al peaje, les hayan dicho que alguien ya había pagado para que pasaran!

Mi abuela paterna, Pearl, también ejerció una gran influencia sobre la naturaleza espiritual de mi padre. Cuando iba a visitarla a su casa solíamos jugar con unos palillos que tenía para adivinar el futuro. Estos palillos son similares a las cartas del tarot y llevan cada uno un número grabado. Para utilizarlos se plantea una pregunta, se saca un palillo y se lee en un libro lo que significa ese número. Aquel libro y los palillos me fascinaban, sobre todo porque las respuestas que leía me parecían profundamente significativas y apropiadas para todas las preguntas que planteaba.

La abuela Pearl era una mujer física y emocionalmente hermosa. Era una lectora voraz, y a menudo leía dos o tres libros cada semana. También le encantaban los dulces, en especial el chocolate, pero jamás mostró ninguna señal de padecer problemas de sobrepeso. Conoció a mi abuelo Ted cuando trabajaba de vendedora en una tienda de todo a cien. Él entró y le preguntó qué regalo podría comprarle a la chica más guapa que había visto en su vida: ella.

Por desgracia, su matrimonio acabó en divorcio y más tarde los dos volvieron a casarse. Sin embargo, Ted siguió mandando rosas rojas a Pearl todos los años el día de su cumpleaños. Dudo que sus respectivas parejas conocieran esta costumbre. Pearl se casó con Ben, al que yo llamaba cariñosamente Pop-pop y al que consideraba mi abuelo cuando era niña. Ambos estuvieron viviendo cerca de nosotros, en el valle de San Fernando, durante muchos años. Más tarde, cuando Ben se jubiló, se mudaron a Bishop, en California Central, para que él pudiera ir a pescar a los lagos cercanos. Una o dos veces al año la abuela Pearl y Pop-pop solían venir a vernos, y esta visita constituía siempre un acontecimiento que me llenaba de alegría.

La familia de mi madre era también profundamente espiritual. Mi abuela Ada fue miembro de la religión del Nuevo Pensamiento, Ciencia Cristiana, durante muchos años, como también lo había sido mi bisabuela materna. Su primer matrimonio, con mi abuelo carnal, Fount Leroy Merrill, había sido tempestuoso, sobre todo porque él padecía un grave problema con la bebida. Estaban siempre discutiendo, a veces hasta tal punto que mi madre acababa asqueada y con dolor de estómago. Fount Leroy murió como consecuencia de una enfermedad provocada por el alcoholismo cuando yo todavía no había nacido. Nadie me hablaba de él, y durante muchos años yo di por sentado que el segundo marido de la abuela Ada, Lloyd Montgomery, era mi abuelo auténtico.

Tanto mi padre como mi madre tuvieron que soportar una infancia muy difícil como consecuencia de las continuas peleas de sus padres, muchas veces relacionadas con el consumo de alcohol. Eso les llevó a prometer, cuando se casaron, que jamás iban a discutir delante de sus hijos. También se mantuvieron completamente abstemios durante la mayor parte de su vida adulta. Hasta la fecha, yo no recuerdo haber oído ni una sola discusión entre ellos. Sé que han tenido que discutir, después de tantos años juntos, pero lo único que puedo suponer es que dirimían sus diferencias tranquilamente durante los largos paseos que daban, y siguen dando, juntos.

En noviembre de 1968, cuando yo tenía diez años, nos mudamos a Escondido, en el norte del condado de San Diego. A mí no me gustó nada la idea de cambiar de residencia. En North Hollywood tenía muchos amigos, tanto en el colegio como entre el vecindario. Hasta ese momento la vida me había parecido algo mágico; era como si me estuviera sonriendo constantemente. Pero mis padres estaban preocupados por el aumento de la tasa de criminalidad en el condado de Los Ángeles, por la contaminación y por el tráfico. Eso impulsó a mi madre a ponerse a buscar hasta que encontró una urbanización de casas nuevas en Escondido.

Nos llevó a ver la casa piloto, y yo me entusiasmé con los coloridos adornos mediterráneos con que la habían decorado. En uno de los dormitorios encontré un elefante indio de mimbre adornado con espejitos diminutos. Recuerdo que pensé:

«¡Este es mi dormitorio! ¡Este elefante y todos estos adornos indios son preciosos!». Por desgracia, cuando al fin nos mudamos a nuestra casa, ¡me horrorizó comprobar que tanto mi nuevo dormitorio como el resto de la casa estaban completamente vacíos! Yo había dado por sentado que el elefante de mimbre y el resto de los adornos venían con ella.

Me encontraba aislada en una ciudad nueva, en una casa nueva, sin conocer a nadie. Y para mi desgracia, las pruebas de nivel que me hicieron al ingresar en la escuela pública de San Diego revelaron que yo estaba por encima del nivel del curso que me correspondía por edad. Eso hizo que me pasaran directamente de cuarto a sexto. En lugar de sentirme orgullosa de este honor académico, me avergonzaba ser la más joven de la clase. En aquel colegio nuevo echaba mucho de menos la sensación de sentirme integrada y la popularidad de que había gozado en North Hollywood. Varias niñas se burlaron de la ropa que llevaba y dijeron que mis vestidos y mi corte de pelo estaban pasados de moda. ¿Cómo podía ser que una línea geográfica entre dos condados pudiera marcar una diferencia tan grande entre lo que se consideraba que estaba de moda y lo que no lo estaba? Yo me quedé anonadada.

Ahora me doy cuenta de que era mi propia inseguridad lo que hacía que los demás niños me evitaran. Cada mañana me escondía bajo las sábanas y rezaba fervientemente para que, al abrir los ojos, me encontrara de vuelta en North Hollywood. Y todas las mañanas, sin embargo, comprobaba que seguía estando en Escondido. Yo creo que aquella fue la primera vez que dudé de la efectividad de la oración.

Una vez instalados en la casa nueva empezamos a asistir a los servicios religiosos de la Iglesia de la Unidad de Escondido. Mi madre pasaba gran parte de su tiempo practicando con el violín y muy pronto se unió a la orquesta Palomar Community College. Allí conoció a una mujer llamada Lois Crawford, que se sentaba junto a ella. Lois pertenecía a la Ciencia Cristiana y en un momento dado invitó a mi madre a que acudiera con ella a un taller que iba a celebrarse en la iglesia. Mamá aceptó complacida, y allí descubrió que el orador de Ciencia Cristiana le inspiraba enormemente.

La misma tarde del taller, mi abuela Ada, mi abuelo Lloyd, mi bisabuela, mi tía abuela y mi tío sufrieron un accidente automovilístico: la furgoneta Volkswagen en la que viajaban fue golpeada lateralmente por otro coche. La furgoneta volcó y todos quedaron colgando de los cinturones de seguridad. Mi abuelo Lloyd y mi tía abuela Ruby sufrieron graves lesiones.

Mi madre me dijo:

—Las verdades que aprendí en aquella breve hora que duró la charla fueron para mí un auténtico consuelo y estoy segura de que favorecieron la curación de los accidentados.

Lloyd y Ruby se recuperaron muy pronto, y mi madre atribuyó la rapidez de su curación a la iglesia de la Ciencia Cristiana.

Aquella demostración de sanación inspiró a mi madre a unirse a la comunidad local de esta iglesia. Nos cogió a mi hermano pequeño Kenny y a mí aparte y nos explicó que íbamos a acudir a una iglesia nueva. Nos dijo que teníamos que asistir a la escuela dominical, sin excusa ni pretexto. No sé por qué se mostró tan firme en este asunto. Quizá fue porque, desde que nos habíamos mudado a la casa nueva, habíamos estado dando mucha guerra como consecuencia de lo mal que nos sentíamos. Fuera lo que fuese, muy pronto me vi apuntada a la escuela dominical de la Primera Iglesia de Cristo Científico de Escondido.

Aquellas clases me gustaron desde el primer momento. Eran como un oasis en el que me sentía plenamente aceptada. Los profesores eran fascinantes y cada semana nos contaban historias sobre cómo nuestra mente influye en nuestra realidad. Por ejemplo, nos contaron la historia de una mujer que había perdido a su marido en la guerra. Desde el momento en que el hombre murió, el tiempo se detuvo para su mujer, que dejó de envejecer. Se limitaba a permanecer sentada en la mecedora día tras día, esperando al marido que jamás regresaría. Se fue haciendo mayor pero su cabello y su piel permanecieron idénticos a como estaban el día en que su vida se congeló en el tiempo. También nos hablaron de gente que se curaba de lesiones y de enfermedades porque ponían de acuerdo sus pensamientos con la oración. Aquellas clases me traían a la memoria todas las cosas que mi madre me enseñó cuando era muy pequeña.

Uno de los profesores de la escuela dominical, Forrest Holly, era un hombre asombroso que me causó una impresión muy profunda. Tengo la sensación de que también impresionó a mucha más gente porque en 1996 se hizo una película para una cadena de televisión y se publicó un libro titulado *What Love Sees* en los que se narraba la historia de su vida [1].

Forrest era físicamente ciego de ambos ojos, pero sin embargo tenía «visión» en muchos otros sentidos. Lejos de comportarse como una persona discapacitada, era un constructor inmobiliario muy próspero que utilizaba palillos de madera de balsa para hacer bosquejos en braille de sus planos arquitectónicos. Él fue quien diseñó la hermosa y amplísima casa en la que vivía con su familia sobre uno de los farallones de Escondido. Incluso escribía una columna semanal en el periódico local titulada «Pregunta al constructor». Su mujer, Jean, también era ciega, así como «Hap», uno de sus cuatro hijos. De él aprendí que las únicas limitaciones que existen son las que nosotros mismos nos imponemos. Aparte de estas, no hay nada ni nadie capaz de interponerse en nuestro camino.

Un día Forrest utilizó un proyector de tres dimensiones para explicar un asunto metafísico en nuestra clase dominical. Nos fue pasando el proyector a todos mientras explicaba cómo nuestra mente coge dos imágenes planas y crea con ellas un efecto tridimensional. Nos explicó que eso era un buen ejemplo de cómo la percepción crea la impresión de que la materia es real, cuando lo cierto es que constituye una ilusión de la mente. Uno de los alumnos se puso a mirar una fotografía especialmente bonita de una majestuosa montaña coronada de nieve. Abrió la boca asombrado por la belleza de la imagen e inmediatamente pasó el proyector a otro alumno exclamando: «¡Mira esto!».

Forrest detuvo al muchacho y le dijo:

—¿Por qué con frecuencia nos mostramos tan ansiosos por pasar a otra persona una experiencia que nos resulta muy bella en lugar de dedicar primero unos momentos a disfrutarla plenamente nosotros mismos? —Luego nos explicó lo importante que es aceptar plenamente la bondad y evitar el impulso de limitarnos a topar ligeramente contra la belleza antes de enviarla a otros—. Absorbe la belleza plenamente tú primero y *luego* compártela con los demás —enfatizó.

Mi madre también disfrutaba en la iglesia de la Ciencia Cristiana, quizá porque era la religión en la que había sido educada. Muy pronto se apuntó a unas clases para convertirse en practicante licenciada de Ciencia Cristiana. Cuando obtuvo su certificación empezó a llegarle la clientela, que fue creciendo hasta que muy pronto se hizo tan numerosa que necesitó una oficina fuera de casa para poder atenderla. De todas formas, sus clientes solían llamarnos a casa, por lo que podríamos decir que mi madre estaba totalmente absorbida por su trabajo como sanadora.

Mamá utilizaba también el tratamiento espiritual con mi hermano y conmigo siempre que nos hacíamos algún corte o nos dábamos un golpe. Recuerdo que muchas veces las mataduras prácticamente desaparecían ante nuestros ojos. El hecho de ser testigo de estas sanaciones milagrosas en mí misma, en mi hermano, en los clientes de mi madre y en otros asistentes a la iglesia me hizo empezar a sentirme otra vez en sintonía con Dios. Le perdoné por hacerme vivir en Escondido y volví a recuperar una sensación de estar en paz con mi vida que había olvidado.

En cierta ocasión nos contaron en la escuela dominical la historia de un ladrón que volvió a casa una tarde después del «trabajo» y descubrió que otra persona había robado su piso. «Como era consciente de que actuaba con deshonestidad, permitió que la deshonestidad apareciera en su propia vida», nos explicó el profesor. De todas formas, la historia terminaba bien: el ladrón se daba cuenta de que su propia vida delictiva era la que había creado las condiciones mentales que dieron lugar al robo de su piso. Cuando descubrió que había sido víctima de su propia forma de delincuencia, decidió reformarse.

Mi mente joven e impresionable estaba sedienta de estas historias, pues subrayaban mi convencimiento, cada vez mayor, de que son nuestras mentes las que crean todas nuestras experiencias. La noche después de escuchar la historia del ladrón reformado tuve un sueño muy claro en el que me veía de adulta viviendo en mi propio apartamento. Soñé que un hombre forzaba la puerta del apartamento y me amenazaba con hacerme daño y con robarme. En lugar de ceder a sus demandas, yo le gritaba con fuerza: «¡No!». Luego seguía gritándole: «¡Dios es bueno!». Al oír estas palabras, el intruso se quedaba helado y salía de mi apartamento sin decir absolutamente nada.

Me desperté sintiéndome llena de fuerza. Sabía que, aunque aquella experiencia no hubiera sido más que un sueño, sus implicaciones eran muy reales. Me di cuenta de que era capaz de establecer mis propios límites entre lo que estaba dispuesta a aceptar de la vida y de los demás y lo que no iba a aceptar de ninguna manera.

Aquella fuerza interior que acababa de descubrir me resultó

muy útil en algunos aspectos de mi vida, pero por desgracia mi vida social en el colegio seguía siendo complicada. Una de las razones por las que me sentía desconectada de los demás niños era que las prácticas espirituales de mi familia se mantenían bastante en secreto. Habíamos establecido el acuerdo tácito de no discutir en público nuestras experiencias de curaciones milagrosas para que los demás no pensaran que éramos raros. Además, yo ya había sufrido al menos un caso de rechazo cuando una compañera de clase me preguntó a qué iglesia iba. Cuando le respondí que a la de Ciencia Cristiana, exclamó:

—¡Ah, tú eres una de esas personas que no creen en los médicos!

Su voz estaba preñada de desdén y sarcasmo, y aquello no me gustó. A partir de aquel momento mantuve mis creencias y mis prácticas espirituales en secreto y solo se las conté a mis amigas más íntimas.

Dos de estas amigas íntimas, Anita y Silvia, vinieron conmigo a la escuela dominical unas cuantas veces y me di cuenta de que lo estaban pasando bien. Anita experimentó una curación maravillosa del acné crónico que padecía y que había desafiado a los mayores esfuerzos médicos de su padre, farmacéutico de profesión. Gracias al tratamiento espiritual de un practicante que rezó por ella y le dio unos pasajes de la Biblia para que los leyera a diario, la piel de Anita adquirió una belleza lustrosa. Aunque no hablaba demasiado de Dios ni de espiritualidad, tuve la sensación de que, a raíz de su experiencia milagrosa, la vida de Anita experimentaba un giro. Parecía sentirse más contenta y relajada consigo misma, y esta alegría acrecentaba aún más la hermosura de su cutis nuevo.

Pero aparte de Anita y de Silvia, nadie más en el colegio estaba al tanto de los milagros que prácticamente se habían convertido en algo que se daba por sentado en nuestra familia. Mientras tanto, yo empecé a acudir los miércoles a reuniones nocturnas testimoniales con mi madre y me enteré de cómo otras personas aplicaban los tratamientos mentales y espirituales en sus vidas. Recuerdo que oí hablar de casos de curación de cánceres y huesos rotos, de la solución de percances como ahogamientos y de casos en los que se evitaron colisiones por los pelos.

Para las personas que no estén familiarizadas con la Ciencia Cristiana, voy a dar unos breves apuntes acerca de sus orígenes. (Por favor, permíteme que haga hincapié en que no escribo sobre ella para defenderla, sino solo para explicar el entorno del que procedo. Como la Ciencia Cristiana desempeñó un papel tan intenso en mi vida, quiero dar esta explicación para que comprendas mejor mis influencias más tempranas).

A grandes rasgos, la Ciencia Cristiana es una religión perteneciente al movimiento del «Nuevo Pensamiento», que debe gran parte de sus orígenes a las enseñanzas de Jesucristo según las interpretó el sanador espiritual Phineas Quimby (1802-1866). Una de las pacientes de Quimby fue Mary Baker Eddy, que en 1879 fundó la Ciencia Cristiana. Años más tarde, una paciente de la señora Eddy, Emma Curtis Hopkins, se dedicó a dar clases sobre la filosofía de Quimby y algunos de sus alumnos se convirtieron en fundadores de otras religiones del Nuevo Pensamiento. Por ejemplo, Ernest Holmes fundó la Ciencia Religiosa en 1927; Charles y Myrtle Fillmore, la Iglesia de la Unidad en 1889, y Nona Brooks, junto con Fannie James y Althea Small, la Ciencia Divina en 1898.

Los orígenes de Quimby, al que con frecuencia se llama «Padre del Nuevo Pensamiento», fueron muy humildes. Era muy pobre y no tuvo posibilidad de acceder a una formación académica, pero estaba dotado de una curiosidad voraz acerca de todo lo relacionado con la ciencia y la espiritualidad. En cierta ocasión asistió a un seminario impartido por Franz Mesmer, el padre del hipnotismo moderno, y aquello fue la chispa que le hizo tomar la decisión de hipnotizar a la gente para curarla de sus enfermedades. Descubrió que tenía poderes clarividentes para encontrar los pensamientos subyacentes del paciente, que eran los que provocaban las enfermedades. Una vez descubiertos, podía hablar con el cliente sobre sus creencias erróneas hasta que los síntomas de la enfermedad remitían. Sus sanaciones tuvieron tanto éxito que le dejaron muy poco tiempo para escribir sobre su filosofía, y no publicó más que unos pocos artículos.

En uno de ellos escribió:

> Todas las enfermedades están inventadas por el hombre y carecen de identidad en la Sabiduría, pero para aquellos que creen en ellas son la verdad. A las personas que pertenecen al mundo sanitario puede parecerles extraño que nuestras creencias produzcan un efecto físico en nosotros. Lo cierto es que lo único verdadero en el hombre son sus creencias. Estas constituyen todo el capital y todos los bienes del hombre. Son lo único que podemos cambiar, y abarcan todo lo que el hombre ha hecho y todo lo que llegará a hacer jamás. Da la impresión de que la gente no ha pensado nunca que es responsable ante sí misma por sus creencias. Analizar las creencias nos permite conocernos a nosotros mismos, y esto constituye el tema más importante de los estudios que puede emprender el hombre. Hay una cosa que el hombre ignora: que es un sufridor de sus propias creencias, sin saberlo pero con su consentimiento [2].

Quimby estaba firmemente convencido de que las medicinas y las hierbas solo resultan efectivas porque el pac   ·ene fe en su médico. Culpaba a la comunidad médica p ciar» a los pacientes a muerte y a sufrir enfermeda unos diagnósticos que los pacientes aceptaban cor implacable.

Mary Baker Eddy, que fue alumna y paciente de Quimby, combinó la filosofía de este con sus propias intuiciones acerca de los orígenes de Dios, del hombre y de la enfermedad. Tanto Quimby como la señora Eddy hacían hincapié en que la mente es la causa y la cura del sufrimiento humano. Sin embargo, en otros asuntos tenían distintos puntos de vista. Por ejemplo, Quimby creía que los pensamientos equivocados producen desequilibrios en los fluidos y las temperaturas del organismo, y que eso era lo que al final provocaba la enfermedad. La señora Eddy afirmaba, por su parte, que una forma equivocada de pensar crea una *ilusión* de enfermedad, y que los fluidos, las temperaturas y el resto de las funciones corporales son tan ilusorias como lo que conocemos como enfermedades. Quimby hacía hincapié en un tratamiento mental centrado en los pensamientos del paciente. La señora Eddy, por el contrario, declaraba que la «mente mortal» humana es irreal. Decía que solo el hecho de centrarse por completo en la única Mente de Dios podía devolver a los hombres a su realidad de salud perfecta [3].

En la actualidad, las iglesias del Nuevo Pensamiento suscriben el uso de la oración y las expresiones afirmativas en sus tratamientos de sanación. Las palabras en sí mismas carecen de poder. Sin embargo, pueden utilizarse para sintonizar el pensamiento del sanador y del cliente con la energía de Dios y de Cristo. Las palabras curan porque nos ayudan a elevar nuestros pensamientos alejándolos del miedo y conduciéndolos al amor.

En sus tratamientos de sanación, los miembros de Ciencia Cristiana utilizan una afirmación denominada «Proclamación Científica del Ser». La repiten una y otra vez hasta que la mente desecha las falsas creencias que provocan la muerte, las enfermedades y las limitaciones. Esta afirmación es la siguiente:

La materia no contiene vida, verdad, inteligencia ni sustancia alguna. Todo es Mente infinita y su infinita manifestación, pues Dios es Todo-en-todo. El Espíritu es la Verdad inmortal; la materia es el error mortal. El Espíritu es real y eterno; la materia es lo irreal y lo temporal. El Espíritu es Dios, y el hombre es su imagen y semejanza. Por tanto, el hombre no es material; es espiritual[4].

Las expresiones afirmativas nos ayudan a centrarnos en lo que es real y eterno y nos liberan de las garras de un esquema mental marcado por el miedo. Cuando dejamos a un lado el miedo y nos centramos en la realidad inmutable de todo lo que es vida —armonía, salud y felicidad—, la situación exterior es capaz de reflejar nuestras expectativas amorosas. Cuando las palabras afirmativas sanan nuestros pensamientos, la Ley de Causa y Efecto nos revela un mundo sanado como efecto de nuestros pensamientos.

CAPÍTULO TRES

ℳente y materia

La Ley rige todo lo que existe, una Ley que no es inteligente sino que es la Inteligencia.

RALPH WALDO EMERSON (1803-1882),
escritor y filósofo estadounidense

CUANDO LLEGÓ EL MOMENTO DE IR AL INSTITUTO, fue como si tiraran de mí dos fuerzas opuestas. Por un lado me sentía segura y feliz en la escuela dominical y en casa. Me gustaba contar con la amistad de Anita y que formara parte de mi vida, y juntas pasábamos muchas horas felices jugando con nuestros caballitos Breyer de juguete. También jugábamos con nuestras mascotas, entre las que había gatos, conejos, lagartos y hasta ratas.

Las ratas llegaron a mi poder porque las necesité para un proyecto de ciencias del colegio en el que tenía que estudiar los efectos que la masificación ejerce sobre la agresividad. Para ello tenía que ir metiendo a los animales en unas jaulas cada vez más pequeñas y luego contar el número de actos agresivos que llevaban a cabo, tales como arañarse o morderse. Resultaba evidente que las ratas se iban haciendo cada vez peores a medida que su espacio vital se iba reduciendo. Muy pronto se acabó el experimento y obtuve los resultados previstos. Trasladé a las ratas a un habitáculo más espacioso y me di cuenta de que les había cogido cariño, con lo que Anita, mi hermano y yo decidimos adoptarlas como mascotas. Eran unos animales muy limpios, blancos y negros, peluditos, con unos bigotes que se movían hacia adelante y hacia atrás mientras masticaban encantadas verduras, frutas y sándwiches de manteca de cacahuete y mermelada. Anita y yo las llevábamos con nosotras a todas partes, incluso a la iglesia.

Un día estábamos jugando con ellas en el jardín cuando algo desvió momentáneamente nuestra atención y las ratas se escaparon. Anita y yo empezamos a buscarlas por todas partes. Entonces recordé el tratamiento espiritual que mi madre me enseñó cuando perdí el monedero. Anita y yo nos cogimos solemnemente de las manos y yo repetí la frase: «Nada está perdido en la mente de Dios». Nos recordamos mutuamente que, aunque *nosotras* no pudiéramos ver a las ratas, Dios sabía dónde estaban. Por tanto, no era cierto que se hubiesen perdido.

La paz que brinda el tratamiento espiritual a las personas es capaz de levantar la pesada capa de miedo que esconde la armonía. El texto espiritual *Un curso de milagros* afirma: «Los milagros son algo natural. Cuando no se producen es que algo está mal» [1]. Yo creo que ese «algo» que evita que los milagros se produzcan normalmente son nuestras actitudes tensas y el miedo que sentimos. Cuando afirmamos: «Esta situación ya está curada, ahora ya lo está», el efecto tranquilizador de las palabras levanta el miedo el tiempo suficiente como para que se produzcan los milagros de forma natural.

Cuando yo declaré que nuestras ratas no estaban perdidas en la mente de Dios, recibí una fuerte impresión mental. Me decía: «Piensa como lo haría una rata y las encontrarás». Algo me dijo que centrara mi atención en el seto de secuoyas que bordeaba el camino de entrada a la casa.

—Si yo fuera una rata, me gustaría caminar protegida por ese seto de secuoyas —le dije a Anita.

Recorrimos el seto unos cuantos metros y encontramos a nuestras queridas ratas agazapadas debajo de dos arbustos.

La sanación espiritual resulta muy eficaz con los animales,

en parte porque los pensamientos y las emociones de los seres humanos afectan a la salud física de sus mascotas[2]. De hecho, podemos averiguar muchas cosas sobre la salud emocional de una familia analizando la salud física de sus hijos y de sus mascotas. Escuchando los testimonios de la gente y atendiendo a la práctica de sanación de mi madre aprendí que los bebés, los niños y los animales absorben la tensión que hay en sus casas como si fuesen esponjas. Cuando los matrimonios discuten frecuentemente, su hogar se llena de una tensión malsana que provoca trastornos de salud a sus hijos y a sus animales.

Por suerte, tanto los niños como los animales responden también muy rápido cuando el hogar recupera la paz y el equilibrio mental. Supongo que debía de haber una cierta tensión en mi propio hogar cuando adoptamos un gatito al que pusimos de nombre Alfalfa. Parecía bastante sano, aunque se mostraba un poco más tranquilo de lo que es normal en los cachorros de gato. Recuerdo que era tímido pero cariñoso. Entonces sucedió algo terrible: el gatito enfermó gravemente. No sé si fue que comió algo envenenado, que absorbió tensión de nuestra familia o que su destino era el de mostrarnos el poder del amor. Solo sé que, cuando Alfalfa era un gato adolescente, murió de repente.

Recuerdo a mi madre sentada con las piernas cruzadas sobre el suelo de linóleo de la cocina acunando el cuerpecito yerto y sin vida entre sus brazos. Yo lloraba con desconsuelo y le rogaba a mi madre que hiciera algo.

—¡Haz que vuelva, haz que vuelva! —le dije tan alto que casi gritaba.

El pobre Alfalfa ni siquiera había empezado a experimentar lo que era la vida y yo no podía soportar la idea de quedarme sin sus ronroneantes muestras de cariño. El dolor me abrumaba, pero a pesar de todo tenía fe en que mi madre iba a ser capaz de salvarlo.

«No temáis; solo creed y ella se pondrá bien», dijo Jesús a una multitud que le contemplaba mientras él devolvía la vida a una niña[3]. Cuando yo era pequeña tenía este mismo tipo de fe intensa en la capacidad de mi madre para salvar a mi precioso gatito. Mi madre cerró los ojos y su rostro se cubrió con aquella sonrisa de amor celestial que a mí me resultaba tan familiar. Pronunció algunas órdenes dirigidas al gatito, del tipo «No existe la muerte» y «Todo es amor». De repente, pude percibir un movimiento en el montoncito de piel. Pensé que lo estaba imaginando, aunque tenía fe plena en que las oraciones de mi madre me iban a devolver a Alfalfa.

Yo me encontraba sentada a unos dos metros de mi madre y de Alfalfa y me quedé boquiabierta al ver cómo mi gatito volvía a la vida. Unos momentos antes había estado yerto y sin vida, y ahora parecía un ser congelado por un frío helador. La expresión de mi madre era radiante, pero yo pude observar cómo sus ojos reflejaban la misma sorpresa que me embargaba a mí. Ella también parecía estupefacta. Yo creo que entró en un trance que la sacó de su consciencia normal. Incluso hoy en día, aunque es una persona lúcida y plenamente consciente, solo recuerda fragmentos de la curación de Alfalfa.

Aquel milagro me enseñó la importancia de dejar a un lado nuestra propia percepción consciente del objetivo de la sanación. No podemos forzar que se produzca una sanación; lo único que podemos hacer es aferrarnos al conocimiento de la verdad divina en nuestro corazón y en nuestra mente. Luego debemos eliminar nuestro apego al resultado y permitir que la ley del amor de Dios siga su curso natural. Los estudios sobre sanación espiritual enfatizan el hecho de que los resultados satisfactorios están relacionados con la capacidad del sanador de tener expectativas positivas sin esforzarse demasiado ni de forma deliberada en influir sobre el resultado[4].

Uno de los principales bloqueos que impiden la curación

es considerar la muerte, la enfermedad o las lesiones como problemas reales que hay que «deshacer». La sanación se consigue cuando reconocemos *solo* lo que es real y eterno, no cuando reconocemos lo que es temporal. Investigaciones realizadas sobre la base de la física cuántica nos proporcionan evidencia de que nuestras expectativas y observaciones determinan si lo que vemos y experimentamos es salud o enfermedad[5].

Pongamos que quieres ser un canalizador de sanación para la enfermedad de un amigo. No debes ponerte a trabajar con la premisa de que la enfermedad es un trastorno real y luego intentar erradicarla. Los intentos de sanación que se basan en la idea de «¡Enfermedad, desaparece!» están inherentemente enraizados en la premisa equivocada de que existe un problema que requiere una solución. De este modo estás otorgando energía y poder mental a algo que no existe, por lo que experimentarás la enfermedad como si tuviera una vida y una mente propias. Y no es así. Ninguna enfermedad las tiene. Lo más importante a la hora de realizar sanaciones espirituales es recordar que los problemas no existen, que la muerte no existe y que no existen las enfermedades ni las lesiones. No hay nada que necesite ser sanado, arreglado ni cambiado porque todo lo que es real ya es perfecto. Cuando experimentamos estos conceptos como verdaderos de forma consciente, aunque solo sea por un instante, el amor sana nuestra mente del miedo. Entonces nuestras experiencias materiales cambian para reflejar nuestro esquema mental ya sanado.

Toda la materia responde a nuestros pensamientos, no solo lo que denominamos carne y órganos vivos. Los investigadores de la Universidad de Princeton Robert Jahn y Brenda Dunne han estudiado el influjo de la mente sobre la materia. Para ello sentaron a un grupo de voluntarios delante de una máquina que echaba monedas de forma aleatoria. Se les pidió que se concentraran en influir para que las monedas cayeran de una forma concreta, como por ejemplo «con la cruz para arriba». La mayoría de los voluntarios fueron capaces de influir sobre la caída de las monedas de una forma estadísticamente significativa. Más tarde los investigadores repitieron sus hallazgos en un experimento similar en el que utilizaron una gran máquina automática de *pinball*, de esas que había en los billares en las que se lanzaba una bola que iba golpeando diversos obstáculos y caía en distintos agujeros. La que utilizaron los investigadores contenía nueve mil bolas. Para el estudio se pidió a los voluntarios que se concentraran en hacer que las bolas cayeran en los agujeros exteriores de la máquina. Como la vez anterior, los resultados fueron satisfactorios y estadísticamente significativos[6].

Pero los resultados de los estudios de Jahn y Dunne no deberían sorprendernos. ¿Por qué no íbamos a poder controlar la materia con nuestros pensamientos? Después de todo, el mundo material en su conjunto es una imagen exterior de nuestros pensamientos y nuestras creencias mortales. Esto es algo que los trabajadores de la luz debemos recordar siempre, pues nuestras contribuciones más importantes para el planeta se realizan en el plano mental y espiritual. Si un trabajador de la luz se siente frustrado porque cree que es incapaz de «contribuir» al progreso del mundo mediante sus esfuerzos corporales, esos pensamientos de frustración van a impedir que se desarrollen sus habilidades de sanación. Del mismo modo, si un trabajador de la luz se preocupa en exceso por un problema mundano concreto, esta preocupación va a añadir combustible al conjunto de la conciencia del miedo que existe en el mundo.

La sustancia de la que están compuestos los cuerpos no difiere de ninguna otra forma de materia. A ese respecto, todos los tipos de materia responden a la oración y al pensamiento corregido. Esto lo aprendí a una edad muy temprana, un día en que mi madre y yo volvíamos a casa de comprar en la tienda de ultramarinos. De repente, nuestro Ford Pinto se paró y nos dejó tiradas en la cuneta mientras los congelados que habíamos comprado se empezaban a derretir en el asiento trasero. Mi madre intentó volver a ponerlo en marcha, pero no hubo manera. El motor no respondía.

Al instante, mi madre empezó a decir en voz alta la Proclamación Científica del Ser, declarando afirmativamente que la situación ya estaba solucionada. Yo me uní a la oración. Al cabo de unos cinco o diez minutos, mi madre volvió a girar la llave de contacto y el motor del Pinto empezó a ronronear como si nada hubiera pasado. Y lo cierto es que nada había estado mal, excepto los pensamientos equivocados que crearon inicialmente la situación. A lo largo de mi vida adulta he sido testigo de otras sanaciones similares de coches, ordenadores y máquinas diversas.

Aunque yo me identificaba por naturaleza con las verdades y sanaciones espirituales, me resultaba complicado aplicar los conocimientos que poseía a mi propia autoimagen. El habernos mudado a otra localidad y el que me hubieran adelantado un curso habían sido unos graves contratiempos para mi autoestima. Todavía tenían que pasar muchos años antes de que mi crecimiento espiritual consiguiera devolver la armonía a mi vida.

Anita y yo empezamos nuestro segundo curso en el instituto tras pasar juntas un verano mágico. Habíamos alquilado unos caballos y dedicábamos las tardes veraniegas a participar en yincanas, competiciones de saltos e incluso carreras en algunas exhibiciones ecuestres locales. También nuestros cuerpos, en plena etapa de maduración, habían crecido y cambiado durante el verano. Anita se había transformado en una muchacha rubia, esbelta y espigada, a la que los chicos dedicaban toda su atención; tuve que admitir a regañadientes y para mis adentros que le dedicaban mucha más atención que a mí. De hecho, Anita se estaba convirtiendo en una muchacha muy popular en el instituto, tanto entre los chicos como entre las chicas. Yo tenía mucho miedo de perderla y de quedarme sin mi mejor amiga.

Como miembro de la Ciencia Cristiana, yo seguía una serie de dictados relacionados con mi forma de vida que me diferenciaban de mis compañeros. La religión nos pedía que evitáramos las sustancias químicas que alteran el estado de ánimo, tales como la cafeína, el alcohol y el tabaco, puesto que interfieren en la comunicación divina y podrían poner a otro «dios» por delante de Dios.

La Ciencia Cristiana también nos pide que evitemos las publicaciones en los medios de comunicación y las clases en las que se enseñe que la enfermedad, el malestar físico y la muerte son cosas reales. Como nuestros pensamientos conducen a la enfermedad, si evitamos los programas médicos en televisión y otras cosas parecidas, tenemos más probabilidades de permanecer físicamente sanos. La gente, las mascotas y los niños pequeños que han contraído enfermedades desconocidas para ellos han absorbido pensamientos acerca de ellas de la conciencia conjunta de la humanidad. Por tanto, si conservamos nuestras mentes libres de teorías médicas acerca de las enfermedades, no solo nos mantendremos sanos nosotros sino que también influiremos de forma positiva sobre el mundo en su conjunto.

Siempre que aparece en la televisión un anuncio o un programa sobre enfermedades, la apago o salgo de la habitación. También me digo en voz baja la Proclamación Científica del Ser para eliminar cualquier pensamiento no saludable que pueda haber entrado en mi mente. Estoy convencida de que esa es una de las razones por las que rara vez me pongo enferma.

Por ley, los colegios tienen que permitir a los miembros de Ciencia Cristiana que no asistan a clases sobre salud. Como yo no quería ser distinta de los demás chicos, al principio insistí en acudir a las clases obligatorias de salud y seguridad. El primer día de clase el profesor estuvo hablando sobre los accidentes y nos enseñó cómo evitar lesiones en casa y en el coche. Sus palabras contradecían mi creencia de que los accidentes no existen, que no son sino el resultado de una forma equivocada de pensar. Por eso, al final de la clase, cuando el profesor nos pidió que escribiéramos una redacción definiendo lo que es un accidente, yo tuve que escribir lo que realmente creía: «Un accidente es una mentira y una ilusión provocadas por las equivocaciones en nuestra forma de pensar».

Por alguna razón misteriosa, el profesor no se enfadó ni creyó que mi respuesta fuera una broma de niña sabihonda. Simplemente me cogió aparte y me recomendó que firmara la exención para miembros de Ciencia Cristiana y que me apuntara a una clase optativa. A partir de ese momento, en lugar de acudir a clases sobre salud o ciencias de la vida como el resto de los chicos del instituto, yo asistía a más clases de arte. Me encantaban aquellas clases de pintura, dibujo y caligrafía. Sin embargo, el hecho de saltarme las clases de ciencias suponía otra resquebrajadura en mi autoestima social, otro ejemplo de que era diferente de mis compañeros de clase.

Mientras tanto, Anita empezó a codearse con la gente más popular del colegio. Vestían a la última moda, conducían deportivos caros y nos trataban al resto de los alumnos con indiferencia. Como los ingresos de la familia de Anita eran considerablemente mayores que los de la mía, podía permitirse comprar ropa elegante. En mi familia dependíamos de los ingresos que obtenía mi padre en su negocio casero de libros y artículos sobre aeromodelismo y de la práctica sanadora de mi madre. También los valores de mis padres eran distintos de los de los padres de Anita. Por tanto, yo no conseguía despertar muchas simpatías cuando le decía a mi familia que quería vestir como las chicas populares del colegio. Me decían que no era práctico gastar dinero en moda. Mejor invertirlo en estilos clásicos más duraderos.

De este modo, mientras Anita pasaba su tiempo con la gente más interesante del centro, yo tenía que quedarme con los que eran ratones de biblioteca como yo. De repente se había abierto una distancia social entre Anita y yo, y a mí no me gustó en absoluto. Despertó en mí todas las antiguas sensaciones de rechazo que había luchado tanto por superar.

Un día Anita me dijo que había empezado a fumar marihuana con sus nuevos amigos y me dio un ultimátum: «No quiero seguir saliendo contigo a menos que fumes marihuana», me dijo con una dureza irreconocible. Hoy sé que la marihuana me había robado a la Anita que yo conocía y quería, pero en aquel momento lo único que sentí fue sorpresa y una rabia hiriente contra mi amiga.

Los días siguientes la evité a propósito, pues el hecho de que ella fumara marihuana me hacía sentirme traicionada y triste. Me dediqué a salir con mis amigos ratones de biblioteca, pero pronto comprobé que echaba de menos la compañía de Anita, más alegre y emocionante. Por entonces ella había entablado una rápida amistad con dos chicas que vivían cerca del instituto Orange Glen. Una de ellas, Tammy, era alta, bronceada y guapa como Anita. La otra, Amy, un chicazo realista que vivía en un pequeño rancho, era la propietaria de un espectáculo ecuestre. Todas las tardes las tres se «colocaban» y se iban a montar a caballo. Yo, por mi parte, me quedaba con los caballos que aparecían en las páginas de los libros de Marguerite Henry y Wesley Dennis. Anhelaba poder participar en las experiencias que Anita disfrutaba, sentir el contacto con la tierra que aporta el hecho de montar caballos de verdad y vivir la vida al límite.

Un día, mientras volvía a casa, me encontré con Anita y ella se puso a describirme entusiasmada las muchas fiestas cerveceras a las que acudía con sus nuevas amigas. Me explicó que se reunían todos en unos naranjales que había cerca del rancho de Amy, en la carretera de San Pasqual. Luego, el hermano mayor de uno de los chicos hacía «viajes barrileros» para llevar la cerveza al naranjal en su furgoneta. Entonces todos bebían, escuchaban música a todo volumen y pasaban la velada riendo a carcajadas. Anita me preguntó, mirándome por el rabillo del ojo:

—¿Quieres venir a la fiesta cervecera que tenemos este fin de semana?

Los recuerdos de la amistad y los buenos momentos que había pasado con Anita constituían para mí una tentación dolorosa. En voz alta expresé mis dudas: seguramente mis padres no querrían darme permiso para volver a casa tan tarde. Y teniendo en cuenta que nuestra religión prohíbe el alcohol —yo jamás había tenido en mis manos una bebida alcohólica, así que nunca lo había probado—, no sabía cómo gestionar una situación tan explosiva. Anita disipó mis preocupaciones diciendo:

—¡No hay problema! La madre de Tammy es estupenda y nos deja pasar la noche en su casa. Diles simplemente a tus padres que vas a quedarte allí a dormir.

Anita tenía razón. Mi madre no tuvo ningún inconveniente en dejarme que me quedara a dormir en casa de Tammy. Yo me justifiqué ante mí misma diciéndome que no le había mentido a mi madre, puesto que de verdad iba a pasar la noche con Tammy. Sencillamente, había omitido contarle los demás detalles inconvenientes, como: «Por cierto, mamá, vamos a ir a una fiesta cervecera en un naranjal cercano. Pero no te preocupes por eso».

Mi madre me llevó a casa de Tammy el sábado por la tarde. Lo primero que observé fue que en el tocadiscos de la casa sonaba a todo volumen la música del grupo de *rock* duro Grand Funk Railroad y que la madre de Tammy no parecía darse cuenta de ello. Se limitaba a preparar tranquilamente una olla de espaguetis en la cocina mientras Tammy fumaba abiertamente un cigarrillo Virginia Slim, elegía los pendientes de aguja que se iba a poner para la fiesta y decía palabrotas delante de su madre. Yo me quedé estupefacta e impresionada por todo aquello. Las palabrotas, los pendientes de aguja, el *rock and roll* y el tabaco estaban totalmente prohibidos en mi casa. Jamás había oído hablar de ningún padre ni de ninguna madre que los permitiera. De hecho, ni siquiera me habían parecido nada deseable hasta aquel momento en que Tammy hizo que parecieran tan chulos.

Tammy me miró y me dijo:

—Oh, no, esa camisa no es nada adecuada.

Abrió su armario y me entregó una camisa de marca de cuadros rojos y blancos. Yo me la puse y me la metí por dentro de los vaqueros. Ahora tenía el mismo aspecto que Anita, Amy y Tammy mientras caminábamos juntas el medio kilómetro que nos separaba del lugar donde iba a celebrarse la fiesta.

Todavía me esperaban más sorpresas. Al llegar vi a tres de los chicos más molones del colegio sentados en una roca muy grande que había en el naranjal y bebiendo cerveza tranquilamente. Jamás me había atrevido ni siquiera a saludarlos y ahora estaba chocando el vaso con ellos mientras nos reíamos juntos de nuestros profesores del colegio. Toda la velada fue para mí como estar inmersa en una fantasía, y antes de que me diera cuenta ya me había bebido varias cervezas. No me percaté de lo borracha que estaba hasta que intenté ponerme en pie y comprobé que mis piernas no colaboraban. El resto de la noche fue como una neblina de risas y tonterías de Amy con los chicos molones del colegio a nuestro lado.

A lo largo de los meses siguientes cogí el hábito de fumar. Tammy, Amy y Anita lo hacían abiertamente cuando estábamos en cafeterías, hamburgueserías y centros comerciales. A mí, sin embargo, me aterraba que algún miembro de nuestra congregación pudiera verme, puesto que el tabaco estaba claramente fuera de los límites de lo permitido. Antes de encender un cigarrillo solía mirar en todas direcciones para asegurarme de que no veía ningún rostro conocido.

Siempre que podía asistía a fiestas cerveceras con Anita y montaba a caballo con Amy. Una tarde lluviosa nos sentamos las cuatro juntas al abrigo del establo seco y con olor a cerrado. Amy sacó un porro de marihuana flojamente liado de su bolsillo trasero y lo encendió. Le dio una calada profunda y lo pasó. Cuando me llegó, lo cogí y lo miré. Las otras chicas eran conscientes de mi falta de experiencia con la marihuana y me enseñaron a «dar una calada». Me dijeron que aspirara profundamente el humo y lo aguantara en los pulmones, pero cuando lo intenté empecé a toser dolorosamente. Mis amigas no hacían más que decirme lo «colocadas» que se sentían, pero en aquella primera ocasión que probé la marihuana, yo no noté nada.

El hecho de fumar hierba con Amy, Anita, Tammy y el resto de los muchachos significaba que ya estaba plenamente integrada en el grupo de los chicos molones del instituto. Mis amigos ratones de biblioteca empezaron a evitarme, mis notas bajaron y mi personalidad y mis intereses cambiaron de una forma muy marcada. Dejé de asistir a las caras clases de violín que mi madre me había pagado y empecé a tocar la guitarra. Cuando no estaba con mis amigos, me quedaba sola en mi habitación imitando los solos improvisados de guitarra que sonaban en mis discos de Led Zeppelin y Robin Trower. Tenía un buen oído musical y pronto fui capaz de tocar la mayoría de las canciones de Jimmy Page.

Pedí a mis padres que me compraran una guitarra eléctrica Fender Telecaster. Mi padre accedió con la condición de que primero tenía que llevar a casa un boletín de notas con todo sobresalientes. La guitarra era para mí un incentivo suficiente y puse todo mi pensamiento y todos mis esfuerzos en los estudios. Ese semestre conseguí en todo sobresaliente a excepción de un notable y mi padre me compró una guitarra Telecaster con mástil de arce y un amplificador Fender Twin-Reverb. Me uní a una banda de *rock and roll* formada por varios miembros de la Iglesia Cristiana Emmanuel de los Renacidos en Cristo y con ellos me dediqué a tocar en fiestas y bailes escolares.

Aunque de repente tenía más amigos de los que era capaz de atender, no disfrutaba mucho con ello. Veía cómo los chicos del instituto, que unos meses atrás se habían burlado de mí por ser una maniática y un ratón de biblioteca, ahora querían ser mis mejores amigos. Aquella popularidad me resultaba falsa y nada sincera, por lo que seguí limitando mi vida social a las actividades que realizaba con Anita, Amy, Tammy y, por supuesto, mi nueva «amiga», la marihuana.

Los miembros de la banda de *rock* debieron enterarse de que fumaba marihuana, porque un día se me enfrentaron en plan tribunal improvisado.

—O empiezas a venir a nuestra iglesia o te quedas fuera de la banda —me dijeron.

Yo no necesité pensármelo dos veces. Metí la Telecaster en su estuche y me fui sin decir ni una palabra.

Seguía asistiendo a la escuela dominical de Ciencia Cristiana, pero las resacas producto de las fiestas de los sábados por la noche entorpecían claramente cualquier intento de pensar profundamente. A veces, Anita y yo íbamos a la iglesia «colocadas», lo que por alguna extraña razón nos parecía divertidísimo. Cuando llegó el momento de acudir al campamento de verano de Ciencia Cristiana, ubicado en Colorado, metí varios porros de marihuana en la mochila.

En el campamento juvenil de Colorado mezclábamos actividades al aire libre como escalada, equitación y *rafting* por el río con seminarios de inspiración religiosa. Muchos miembros famosos de Ciencia Cristiana como Jean Stapleton, la actriz protagonista de la serie de televisión norteamericana «All in the Family», la actriz y bailarina Ginger Rogers y Alan Young, el actor protagonista de la serie de televisión estadounidense «Mister Ed», iban todos los años al campamento durante mi estancia veraniega a dar conferencias. Ese año, sin embargo, yo me aislé de los demás chicos y me escabullía sin ser vista a los densos bosques de Colorado para fumar hierba.

Un día volví a mi cabaña después de haber estado fumando en los bosques y me encontré con que alguien había revuelto todas mis pertenencias. Se me pusieron los pelos de punta, pues sabía lo que aquello significaba. ¡Habían estado registrando mi equipaje en busca de drogas y habían encontrado todo lo que yo guardaba! Era consciente de que me había metido en un problema gordo y esperé el castigo inevitable con el estómago del revés. Después de todo, en ningún campamento juvenil se permite el consumo de drogas, pero la situación en este caso era aún peor, porque, al ser un campamento de Ciencia Cristiana, no se consentía que *nadie* consumiera ningún tipo de sustancias estupefacientes.

El castigo fue rápido, y la verdad es que se mostraron muy compasivos conmigo. Una orientadora del campamento me condujo con actitud severa a la oficina de administración en uno de los cochecitos de golf que utilizaba el personal. Allí tuve que esperar sentada en una habitación vacía mientras ella llamaba a mis padres desde la oficina de al lado y les indicaba que me pagaran un billete de avión que me permitiera regresar de inmediato a California.

Cuando, al bajar del avión, observé los ojos enrojecidos y húmedos de mis padres, me sentí profundamente avergonzada. Mi padre estaba enfadado, pero no encontraba palabras con las que expresarse. Mi madre se limitó a mirar al frente sin decir absolutamente nada en todo el camino hasta casa. Supongo que estaba rezando, pero con cada kilómetro que avanzábamos en silencio yo me sentía cada vez más culpable.

A mis amigas Anita y Amy les pareció que el hecho de que me hubieran expulsado del campamento molaba un montón, y cuando les conté la historia se echaron a reír como unas histéricas. Cuanto más unida estaba a mis amigas, más me alejaba de Dios y de mis padres. Estaba colgada de la marihuana y también de la aprobación y la compañía de mis colegas.

Además del dinero —poco, eso sí— que ganaba como guitarrista, también obtenía otros ingresos de un pequeño negocio de pintura con aerógrafo que había montado. Me dedicaba a pintar camisetas con nubes y pájaros exóticos y las vendía en el instituto. Se hicieron tan populares que muy pronto empezaron a venderlas en la tienda del centro. A mí me encantaba la belleza que encerraba el acto de recrear escenas de la naturaleza para que pudieran llevarlas mis amigos y mis profesores. Y era muy frecuente que pintara aquellos arcoíris con sus gaviotas sobre mis lienzos de algodón después de haberme fumado un porro de marihuana.

Mientras tanto, la actividad de mi madre en la iglesia de Ciencia Cristiana había crecido aún más. Cada vez tenía más clientes que acudían a su consulta de sanación y fue nombrada segunda lectora (el equivalente del coadjutor) de nuestra iglesia. También se ofreció voluntaria en la sala de lectura de Escondido y todo el mundo la consideraba uno de los pilares de la iglesia. Yo también seguía participando en la vida eclesiástica, aunque era consciente de que mucha gente estaba al tanto del hecho de que me hubieran expulsado del campamento. Notaba cómo algunos miembros de la congregación adulta y también de la juvenil me rehuían y me juzgaban. Yo asumí la responsabilidad de mi condición de proscrita social y, en lugar de culparlos por ello, sencillamente me limitaba a evitarlos yo también.

En aquel momento no lo supe, pero lo cierto es que mi madre y varios miembros más de la iglesia se dedicaron a rezar fervientemente para que dejara de consumir marihuana y tabaco. Cuando me expulsaron del campamento, mi madre y yo mantuvimos una conversación íntima sobre el uso de drogas. Yo me había sentido suficientemente cómoda como para contarle lo que pensaba y sentía acerca de la marihuana, y le dije que no veía que fuera nada perjudicial. Ella no me amonestó y se limitó a escuchar.

Mi madre se mostró muy inteligente al manejar la situación con oraciones en lugar de castigos. Un día me desperté sin sentir deseo alguno de fumar marihuana. Cuando mis amigos se pusieron a pasar un porro después de clase, observé que a mí no me apetecía en absoluto. Fue radical: el día anterior, las ganas de fumar hierba me consumían; al día siguiente, algo había cambiado en mi interior y no tenía ningunas ganas de hacerlo. La oración me había sanado, y todo ello sin mi conocimiento ni mi consentimiento.

En su libro *Healing Words*, el doctor Larry Dossey describe diversos estudios científicos relacionados con la efectividad de la oración[7]. Muchos de ellos demuestran que la oración posee un efecto sanador estadísticamente significativo, con independencia de que el paciente sepa que se está rezando por él o que no lo sepa. Varios revelan que aquellas plantas y microorganismos por los que se ha rezado crecen más rápido que los que no han recibido oraciones[8]. Todas estas investigaciones nos demuestran que la sanación espiritual es más que un efecto placebo provocado por las expectativas positivas del paciente.

Mi propia curación, repentina y espectacular, de la dependencia de la marihuana (aunque yo no quisiera curarme, ni creyera que lo necesitara, ni supiera que había gente rezando por mí) me demostró la efectividad de las oraciones. Fue una lección muy poderosa que más tarde influiría mucho en mi carrera como psicoterapeuta en el tratamiento de las adicciones.

El consumo de marihuana había nublado mis procesos de pensamiento y pasaron tres días antes de que mi mente se aclarara de nuevo. El hecho de haber perdido todo deseo de consumir marihuana, alcohol y tabaco de forma instantánea e indolora y de no echarlos de menos en absoluto me hacía sentirme feliz y asombrada. La curación se había producido de forma natural, como si hubiera salido de una habitación para entrar en otra.

Ya con la mente libre de la influencia de las drogas, recuperé con entusiasmo mi compromiso con los estudios espirituales en la escuela dominical. Mi curación había hecho crecer mi interés por las relaciones que existen entre la mente y el cuerpo y absorbía con avidez cada palabra relacionada con la metafísica que leía u oía. Me embargaba una dicha que jamás había experimentado; era como un subidón mucho mayor que cualquier otro que pudieran inducir las drogas.

CAPÍTULO CUATRO

Una visita del otro lado

*Ah, los espíritus de mis ancestros han contemplado la
tierra desde el cielo y me vigilan y me ayudan.*

Nihon Shoki 3,
texto espiritual sintoísta (Japón)

CON EL TIEMPO QUE DEDICABA a salir de fiesta, mis concu-
rridas actuaciones como guitarrista principal en bandas
locales y mi floreciente negocio de pintura con aerógrafo, había alcanzado toda la popularidad social que deseaba. Sin embargo, aquella aceptación por parte de la sociedad me parecía
una victoria hueca porque sabía que lo único que apreciaban
los demás de mí era lo que hacía, no la persona que era por
dentro. Tanta popularidad no me generaba ninguna satisfacción, y solo me sentía a gusto en compañía de la gente que
había sido amiga mía antes de que me convirtiera en artista y
guitarrista.

Según pude comprobar, la mayoría de aquellos amigos verdaderos los había encontrado en la iglesia y en casa. Mi familia
había permanecido a mi lado incluso en los momentos en que
la convivencia conmigo resultaba imposible por culpa de los
cambios de humor que me provocaba la marihuana. Mi familia
eclesiástica, a excepción de un puñado de gente, me había demostrado que me profesaba un amor incondicional. Los que
habían seguido apoyándome me querían porque soy —exactamente igual que tú— una criatura sagrada de Dios. Merecía

su amor —exactamente igual que tú— por el simple hecho de ser una criatura de Dios.

En comparación con aquel amor, el otro, condicional, que recibía en el instituto no era más que una pálida imitación del primero. Echando la vista atrás me doy cuenta de que la mayoría de mis amigos del instituto no sabían demostrar amor. Muchos de ellos procedían de hogares problemáticos. Y lo más importante, cuando las drogas te embotan los pensamientos y los sentimientos, también se enturbia tu conciencia de la presencia del amor. Por eso, aunque estaba rodeada de amigos rebosantes de buenas intenciones, me sentía como afirma el conocido cliché: sola entre la multitud.

Recuerdo una ocasión, cuando tenía diecisiete años, en que mi abuela paterna, Pearl, y mi abuelo «postizo», «Pop-pop» Ben, vinieron de Bishop a nuestra casa de Escondido a pasar varios días con nosotros. Esperábamos su llegada llenos de ilusión, con el oído atento para poder escuchar el sonido de su furgoneta entrando por el camino de casa. Fue una visita maravillosa. Cuando, al terminar su estancia, les llegó el momento de regresar a su casa y los vi salir por el camino, me sentí especialmente apegada a ellos.

Varias horas después sonó el teléfono. Mi padre levantó el auricular y vi cómo su cuerpo se estremecía.

—Ben y mi madre han tenido un accidente de coche —dijo con tono de urgencia—. Un conductor borracho se cruzó por delante de ellos y chocaron de frente. Mamá está en el hospital y… Ben ha fallecido.

Todos intentamos rechazar la noticia con lágrimas y exclamaciones de «¡no, no!». Yo me escapé corriendo a mi habitación y agarré a oscuras mi guitarra acústica con la esperanza de encontrar consuelo en su abrazo. Pulsé unos acordes y la música me ayudó a hallar algo de paz en mi corazón. Podía oír a mis padres y a mi hermano llorar en el cuarto de estar, y me sentí culpable de no estar compartiendo su dolor. Yo quería a mi Pop-pop tanto como los demás. Iba a echarle muchísimo de menos. Pero en lo más profundo de mi alma, no sentía pena por su muerte. Mi única aflicción era la de no poder sentir dolor.

En aquel momento captó mi atención una luz que brillaba más allá de los pies de mi cama. Miré hacia ella y observé, claro como el agua, a mi Pop-pop Ben. Tenía exactamente el mismo aspecto que la última vez que le vi, con su camisa a cuadros y sus cómodos pantalones, aunque era más pequeño y ligeramente transparente. Los colores de su ropa estaban amortiguados por la luz de color blanco azulado que parecía brotar de su interior. Por medio de una especie de telepatía me dijo:

—Está muy bien que te sientas así, Doreen. Yo estoy bien y todo está como debe ser.

Luego la imagen se desvaneció y Pop-pop desapareció dejándome con la certidumbre de que la tranquilidad que me embargaba era un sentimiento correcto.

Cuando más tarde les conté a mis padres la aparición de Ben, me dijeron que el hermano de este —que vivía muy lejos de nuestra casa de Escondido— también lo había visto poco después de su fallecimiento. ¿Nos había visitado a todos, sin que lo supieran los demás miembros de la familia? Quizá el intenso dolor que sentían mis padres y mi hermano les había impedido darse cuenta de su presencia, o pudiera ser que aquellos sentimientos tan fuertes llegaran a impedir su llegada. No lo sé; lo que *sí* sé es que, aunque la aflicción es una emoción perfectamente normal que puede tener una función sanadora muy útil, también puede bloquear nuestra conciencia de la vida después de la muerte.

El haber dejado el alcohol, la muerte de Ben y la mezcla de sentimientos que me producían mis relaciones escolares me confundían. Era como si tuviese muchos más años que los diecisiete que marcaba el calendario, pero no me sentía segura sobre la dirección que debía tomar mi vida. De un modo u otro llegó a mis manos un libro de autoayuda que me rescató de aquellos sentimientos de autoinculpación. *You Are Not the Target*, de Laura Huxley [1], fue como un bálsamo para mi herido ego adolescente. Sus palabras me convencieron de que no era una víctima y de que podía asumir el control de mis pensamientos y de mis sentimientos. Lo leí una y otra vez hasta que sus páginas se desgastaron tanto que se caían a trozos. Entonces tomé la determinación de que algún día, cuando me hiciera mayor, iba a hacer una contribución similar a los demás escribiendo un libro de autoayuda.

Escribir siempre ha sido una de mis pasiones, ya desde las primeras redacciones que hice en preescolar y mi periodo como reportera para el periódico del colegio en secundaria. Mi padre, autor de más de una docena de libros y de una columna mensual en una revista de aeromodelismo, siempre me ha animado a hacerlo. Además de dedicarse a escribir, también trabajó durante un tiempo como redactor jefe de una pequeña editorial cercana a Los Ángeles especializada en publicaciones sobre aviación. En cierta ocasión, el presidente de la empresa descubrió a un escritor desconocido que había escrito artículos sobre unas conversaciones que había mantenido con un pájaro. El presidente le convenció para que convirtiera esos artículos en un libro de motivación personal, y fue mi padre el que editó el manuscrito.

Recuerdo ir montada de niña en el asiento trasero del Volkswagen Escarabajo de mi padre. Como suelen hacer todos los niños, yo solía quejarme de lo largo que era el viaje. Para entretenerme y acallar mis incesantes «¿falta mucho?», un día se giró y me dio una resma de hojas impresas. Era el libro que estaba editando. Yo leí aquellas galeradas originales sobre la filosofía de vida de los pájaros con gran interés.

Sin embargo, en algún momento del proceso de publicación

del libro, el autor decidió llevar el manuscrito a una editorial mayor. El jefe de mi padre accedió, a regañadientes pero sin adoptar ninguna actitud violenta. El libro, cuyo título no revelo por respeto a los deseos de mi padre, se convirtió en un éxito de ventas internacional.

Como no podía ser de otro modo, a mi padre y a su jefe les molestó que todo su trabajo hubiera servido solo para aumentar los ingresos de otra editorial. Sin embargo, estaban contentos por haber hecho posible la edición de un libro que iba a beneficiar a tanta gente. Entonces un día el autor apareció en un programa de televisión para promocionar su libro y dijo una serie de cosas hirientes acerca de la editorial en la que trabajaba mi padre. ¡Hasta ahí podían llegar! El jefe decidió demandar al autor por incumplimiento de contrato. Esto dio lugar a un monumental proceso judicial y mi padre tuvo que pasar días enteros declarando ante los abogados. Nos advirtió muy seriamente a mi hermano y a mí de que no debíamos contestar ninguna pregunta que nos pudiera formular alguien que no conociéramos ni por teléfono ni en persona. Aquel incidente me enseñó cómo un único libro es capaz de ejercer una influencia considerable en muchas vidas y de muchas formas distintas.

En mis últimos cursos de instituto, la media de mis calificaciones subió notablemente gracias a que había dejado de consumir todo tipo de drogas, lo que renovó mi entusiasmo por escribir. Mis notas subieron tanto que mi profesor de historia llegó a sospechar que hacía trampas en los deberes. Justo antes de terminar las clases, nos mandó hacer un trabajo sobre una figura histórica a la que admiráramos.

Yo decidí escribir sobre Charles Lindbergh y, tal y como sigo haciendo hoy en día, me impliqué de lleno en la tarea de investigar sobre él. Tras muchos viajes a la biblioteca me sentí suficientemente inspirada e informada sobre Lindbergh y me puse manos a la obra con el trabajo. Las palabras fluían sin esfuerzo de mis dedos. Imagina mi sorpresa y decepción cuando, una semana después, el profesor me devolvió el trabajo con un enorme SUSPENSO escrito en la primera página. Cuando le pregunté el porqué de aquella nota, me contestó que el trabajo estaba tan bien hecho que era evidente que lo había plagiado.

Yo protesté e intenté decirle que se trataba de un trabajo original, pero él no me quiso escuchar. Aquel suspenso en historia amenazaba con impedirme terminar el instituto. Tuvo que ir mi padre a hablar con el profesor para que se convenciera de que era original. Justo a tiempo para la graduación me cambió la nota final por un sobresaliente, y en la ceremonia de entrega de diplomas me pidió perdón repetidas veces por haberme juzgado mal.

Después de terminar el instituto me apunté a primero de música y periodismo en el Palomar Community College de San Marcos, en California (EE. UU.). Aprendí teoría musical y escalas, estudié guitarra de *jazz* y escribí entrevistas y ensayos para la revista de la facultad. Entonces un día llegó a mis oídos una oferta de trabajo editorial en un pequeño periódico semanal, el *The San Marcos Outlook*. Presenté mi solicitud, aunque apenas había empezado a aprender los «quién, qué, por qué, dónde y cómo» básicos del periodismo.

El editor del periódico, William Carroll, me preguntó por qué quería obtener el puesto. Yo le expliqué que tenía el sueño de convertirme en escritora profesional y le hablé de mis clases de periodismo en la universidad. Al terminar la entrevista recé para que me contratara. Dos días más tarde me informaron de que había conseguido el puesto, lo que me obligó a dejar la universidad y a empezar a trabajar como editora a jornada completa en el *The San Marcos Outlook*.

Mi trabajo incluía muchas tareas distintas como corrección de textos, diseño, redacción de artículos y edición. Para tratarse de un pequeño periódico semanal, la presión que

ejercían las altas esferas sobre nosotros era enorme y constante. El trabajo consumía la mayor parte de mis horas entre
semana y me pasaba las veladas cubriendo los plenos del
ayuntamiento y planificando reuniones de comisiones.

Por aquel entonces estaba saliendo con un chico, Larry, que
tenía veinte años, uno más que yo. Nos conocimos en una fiesta.
Yo había leído un artículo sobre una forma aparentemente infalible de conocer a chicos, que consistía en establecer contacto
visual con ellos durante seis segundos. En aquella fiesta estuve
bromeando con mi amiga Laurie sobre este método y decidimos poner a prueba su eficacia. Elegimos como objetivo un
tipo alto y esbelto al que jamás habíamos visto con anterioridad.
Yo establecí contacto visual con él mientras Laurie y yo contá-
bamos hasta seis durante lo que me parecieron los seis segundos
más largos de la historia. El método *funcionó* y aquel chico se
me acercó. Sin embargo, la intensidad de su actitud me asustó
y formulé una excusa para alejarme de él. Pero cuanto más lo
intentaba evitar, más decidido estaba él a conocerme. Yo me
sentía como si fuese su presa.

Durante diez minutos estuvimos jugando al gato y al ratón
por toda la casa hasta que finalmente entré en la cocina, donde
había un montón de gente reunida. Me acerqué a un chico aparentemente inofensivo al que no conocía de nada e impulsiva-
mente le rodeé con el brazo. Él me miró de soslayo y yo le expliqué:

—Necesito que hagamos como si fueses mi novio. Hay un
tipo que me está siguiendo.

Aquel hombre que me «rescató» era Larry, y tras el incidente
empezamos a salir en serio.

Larry estaba acostumbrado a mi exigente jornada laboral.
Muchas veces se quedaba en el apartamento que yo había alquilado cerca de las oficinas del periódico esperando a que volviera de cubrir una noticia. Teníamos una relación maravillo-

samente romántica, aunque nuestras ideas espirituales eran muy diferentes. Rara vez compartía aquel aspecto de mi vida con él. El trabajo y mi relación con Larry consumían todo mi tiempo y mis pensamientos, y eso hizo que mi conciencia se apartara del camino del espíritu. Estuve meses sin asistir a la iglesia ni abrir un texto espiritual. Por eso no fue raro que una noche decidiera compartir de buena gana un porro con Larry.

Aunque llevaba años sin fumar marihuana, en seguida recuperé el estilo de vida que había llevado cuando lo hacía. No sé por qué las oraciones que mi madre había rezado por mi sanación espiritual no tuvieron un efecto duradero sobre mi apetito por las drogas. La única razón que se me ocurre es que el libre albedrío —mi deseo de consumir marihuana— usurpara el poder espiritual de la oración. Estoy convencida de que todos tenemos libertad para hacer lo que queramos con nuestra vida, incluso en el caso de que nuestra decisión tenga unas consecuencias autodestructivas. De todas formas, cada vez que me alejo del sendero espiritual aparece alguna fuerza invisible que interviene para devolverme a él.

Una noche, después de una orgía de marihuana y alcohol, me senté en una mecedora del cuarto de estar de mi casa, sola y a oscuras, con la intención de estarme balanceando hasta quedarme dormida. De repente me vino una vívida imagen mental de un enorme cubo de basura plateado. El cilindro del cubo empezó a subir y subir y luego volvió a bajar formando un arco hasta el suelo, como si fuera uno de esos muelles con los que juegan los niños. La visión iba acompañada de una fuerte sensación que me decía: «Al consumir marihuana estás tirando tu vida y tus talentos a la basura. Deja de hacerlo inmediatamente».

Aquella visión me conmovió profundamente y me hizo abandonar de manera radical el consumo de marihuana, alcohol y tabaco. Lo único que seguí tomando fueron las píldoras anticonceptivas, porque la relación entre Larry y yo se había hecho íntima. En cierta ocasión vi que me estaba quedando sin ellas, pero como mi agenda laboral era tan apretada, no pude acudir al médico para que me hiciera una receta. El día que se acabaron me prometí a mí misma que a la mañana siguiente sin falta las repondría. Y eso fue lo que hice, pero ese día de 1977 en que no las tomé, cuando tenía diecinueve años de edad, me quedé embarazada del hijo de Larry.

¡No sabía qué hacer! Aunque los años sesenta y setenta habían modificado sustancialmente el clima social y sexual, las madres solteras seguían estando estigmatizadas. Decidí no abortar y la madre de Larry me convenció de que sería un error que nos casáramos debido a nuestra juventud y a la situación económica tan insegura que teníamos.

La familia de Larry me presionó para que ingresara en una asociación de madres solteras dirigida por la iglesia católica, a la que pertenecían. Accedí a regañadientes a reunirme con la agencia católica de adopción, aunque ya me había enamorado del niño que llevaba en mi seno. Por eso, cada vez que los asesores de adopción llamaban a la puerta de mi apartamento, yo pretendía no estar en casa. Los evité hasta el punto de que dejaron de perseguirme. En su momento anuncié que había tomado la decisión de quedarme con el bebé. Estaba completamente segura de que eso era lo que tenía que hacer, pero no estaba preparada para la vergüenza que me iba a producir el hecho de estar soltera y embarazada. Cuando el embarazo empezó a hacerse evidente, esa vergüenza me hizo abandonar el trabajo en el periódico y aceptar un empleo preparando sándwiches en una charcutería del barrio.

El control del embarazo y las clases de preparación al parto propiciaron las únicas visitas al médico que he hecho en mi vida. Durante la exploración obstétrica el médico comentó la salud tan excelente de que gozaba, y de un modo u otro surgió el tema de que pertenecía a la Ciencia Cristiana.

—Ah, sí, Ciencia Cristiana —dijo el médico—. Tengo un vecino que también es miembro. Supongo que podemos darle cierto crédito a la idea de que las emociones desempeñan un papel en la salud del cuerpo.

Me alegré de saber que mi médico aceptaba lo que la mayor parte de la gente consideraba una idea absurda, el que la mente y el cuerpo estén ligados entre sí. A mí me habían educado en la creencia de que la mente no solo era la que controlaba todo, sino que es lo único que existe. El cuerpo es una ilusión irreal proyectada por nuestro ego. Jamás esperé oír a un médico proclamar que nuestros pensamientos afectan a nuestra salud. Recuerdo que de niña quería hacer una importante contribución al mundo demostrando científicamente la validez del vínculo entre la mente y el cuerpo. Jamás se me ocurrió que algún día la ciencia fuera a aceptar como hechos irrefutables los principios metafísicos en los que yo había sido educada.

En una de mis visitas al médico, el que me examinó fue un sustituto. Me quejé de que muy a menudo el bebé me daba unas patadas muy fuertes y le planteé la posibilidad de que el estrés que me producía el trabajo en la tienda de sándwiches pudiera contribuir a que el niño se comportara de esa manera. El médico sonrió ante la idea y luego se echó a reír abiertamente.

—¡El estrés! —exclamó entre carcajadas, y rápidamente cambió de tema.

Yo supuse que aquella reacción significaba que no creía que el estrés pudiera afectar a la salud de una persona. Hasta hace muy poco tiempo, eso era lo que pensaba la mayoría de la gente.

Con frecuencia me preguntan por qué los miembros de Ciencia Cristiana no van al médico. Los que me formulan estas preguntas suelen mencionar los informes que a veces aparecen en los medios de comunicación sobre niños que fallecen porque sus padres, miembros de esta iglesia, se niegan a que reciban atención médica. Mucha gente ha concluido de forma equivocada que los miembros de Ciencia Cristiana son unos extremistas que sacrifican de forma atolondrada el bienestar de sus hijos. A menudo me plantean también la pregunta retórica de si no hizo Dios a los médicos y la medicina.

No es que los miembros de Ciencia Cristiana estén en contra de los médicos ni que no crean en ellos. Es solo que esta religión enseña que Dios es el único poder que existe. Nadie puede negar que las medicinas funcionan; sin embargo, su poder procede exclusivamente de la fe de las personas. Por tanto, podemos decidir eliminar la medicina como un intermediario innecesario y confiar solamente en la fe.

Como escribió Mary Baker Eddy en *Science and Health with Key to the Scriptures*:

> La medicina material sustituye con fármacos el poder de Dios —incluso la fuerza de la Mente— para sanar el cuerpo. Cuando los enfermos se recuperan gracias a los fármacos, lo que los cura en realidad es la ley de una creencia general que culmina en una fe individual; y, según sea esta fe, así serán los efectos que produzca. La Ciencia Cristiana adjudica por completo a la causa mental el juicio y la destrucción de las enfermedades. La Ciencia Cristiana extermina los fármacos y descansa solo en la Mente como Principio curativo, reconociendo que la Mente divina tiene todo el poder [2].

Las investigaciones científicas demuestran que los poderes curativos de la medicina dependen de las expectativas positivas de los médicos que la prescriben y de las de sus pacientes. Un ejemplo muy claro de este hecho es que muchos fármacos, entre ellos la vitamina E y el tranquilizante meprobamato, solo resultan efectivos cuando los prescribe un médico que cree firmemente en su efectividad. Cuando los que administran *fármacos idénticos* son unos médicos que dudan de su eficacia, no funcionan. Parece ser que la actitud del médico se transmite al paciente e influye sobre su fe o falta de fe en el medicamento [3].

También la eficacia de la oración parece proceder de la Ley de Causa y Efecto que afirma que «aquello que esperas y crees es lo que experimentas». En aquellas ocasiones en las que da la impresión de que la oración no obtiene el resultado esperado, suele deberse a que el receptor es incapaz de liberarse de sus miedos el tiempo suficiente como para que la oración tenga la posibilidad de devolverle la salud y la armonía. La muerte y la destrucción son los pensamientos decisivos de estas personas, y estos pensamientos se hacen realidad gracias a la Ley de Causa y Efecto. Además, si un paciente *elige* la muerte o la enfermedad debilitante, la Ley del Libre Albedrío hace que estos deseos se hagan realidad.

Cuando los miedos de una persona bloquean la efectividad de la oración, la honradez más básica debe llevarnos a aconsejarle que acuda a un médico. La Ciencia Cristiana no defiende a esos padres que permiten que sus hijos padezcan sufrimientos físicos por no llevarlos al médico. Se tiene la idea de que estos padres no poseen suficiente conciencia espiritual como para albergar un pensamiento de verdad completa, y eso les impide crear un clima mental adecuado para que se produzca la sanación. El sentido común y la sinceridad con uno mismo sobre nuestra propia capacidad de tener pensamientos verdaderos determinan si debemos o no hacer algo material por nuestra salud física.

CAPÍTULO CINCO

Confiar en el espíritu

El cuerpo es el templo de Dios; Dios está instalado en todos y cada uno de los cuerpos, tanto si su poseedor lo reconoce como si no lo hace. Es Dios quien te inspira a realizar actos buenos, el que te advierte del mal. Escucha esa voz. Obedécela y no sufrirás ningún daño.

SATHYA SAI BABA,
famoso maestro espiritual indio [1]

MI HIJO CHARLES WESLEY SCHENK II, que recibió su nombre en memoria del difunto padre de Larry, nació el 7 de junio de 1978. Cuando le acunaba entre mis brazos me embargaba una dicha tal que tenía la sensación de estar en el cielo. Tres meses más tarde, Larry y yo nos casamos. A los dos años tuve a nuestro segundo hijo, al que pusimos por nombre Grant William Schenk en honor de William, mi padre. Grant tenía el aspecto de un pequeño querubín, y lo cierto es que se comportaba como tal.

Unos años antes, viajando por una carretera comarcal de San Marcos, vi a dos niños pequeñitos jugando. Me parecieron adorables, enfundados en sus vaqueros anchos y diminutos. En aquel momento le pedí a Dios que me concediera dos hijos a mí también. Como siempre, Dios cumplió lo que le había pedido, aunque en realidad yo no había tenido intención de tener hijos tan joven.

Después de la visión del cubo de basura dejé de fumar

marihuana. Larry, por el contrario, había incrementado su consumo. Se volvió taciturno y no dejaba de quejarse por todo. Yo estaba convencida de que el hecho de que fumara marihuana estaba detrás de la mayor parte de nuestros problemas financieros y matrimoniales. Varias veces cedió a mis ruegos para que lo dejara. Sin embargo, cuando dejaba de fumar hierba, su estado de ánimo se venía abajo y Larry se hundía en un enfado sordo y callado. En una de sus curas de desintoxicación, en la que se mostró especialmente desagradable, llegué incluso a rogarle que volviera a fumar para conseguir así un poco de alivio. En otras ocasiones volvió al hábito a mis espaldas.

A pesar de su consumo de drogas, intentábamos mantener un hogar tradicional. Larry trabajaba en tiendas de suministros eléctricos y yo me quedaba en casa con Chuck y Grant. Me encantaba coserles la ropita y ver con ellos *Barrio Sésamo* y otros programas infantiles. También solíamos jugar y cantar juntos.

Andábamos extremadamente justos de dinero. Durante un tiempo, ni siquiera pudimos permitirnos comprar una cama y tuve que pasar mi primer embarazo durmiendo de una forma muy incómoda sobre la moqueta del suelo envuelta en mantas. Mi abuelo, Ted Hannan, el «distribuidor de nivel diamante» de Amway, y mis padres nos hacían con frecuencia pequeños regalos de dinero que nos ayudaban a salir del paso.

Poco después del fallecimiento de mi abuelo Ted empecé a recibir apoyo financiero por vías milagrosas. Un día iba caminando por la Grand Avenue de Escondido cuando, por alguna extraña razón, se me ocurrió entrar en una tienda de muebles de dormitorio. Estaban celebrando la gran apertura de la tienda y sorteaban una cama de matrimonio. Escribí mi nombre en una papeleta y ¡dos días más tarde supe que había ganado la cama y un juego completo de ropa para ella! Nos la llevaron al apartamento poco después del nacimiento de Chuck y, para mi gran alivio, pude dejar de dormir en el suelo. En otra ocasión, cuando estaban a punto de cortarnos varios suministros, recibí un cheque de mil dólares de un concurso al que no recordaba haberme apuntado. Aún hoy en día sigo sintiendo cómo la energía angélica del abuelo Ted está ahí, apoyando las finanzas de mi hermano Ken y las mías. En mi mente puedo verle sonriendo con deleite cada vez que nos ayuda a alguno de los dos a sanar nuestros pensamientos de carencia o limitación.

Los regalos milagrosos de Ted complementaban hasta cierto punto nuestros menguados ingresos familiares, pero nos seguía costando mucho pagar las facturas. En varias ocasiones Larry se peleó con el jefe que tenía en ese momento y dejó el trabajo. Yo me sentía casi todo el tiempo muy desdichada, como si estuviese atrapada en una vida familiar hostil, económicamente insegura, con la que no me identificaba. Larry y yo teníamos formas muy distintas de resolver nuestras diferencias, que eran muchas. Yo procedía de una familia pequeña de personas introvertidas que discutían sus problemas sin levantar la voz o ignoraban las dificultades con la esperanza de que acabaran desapareciendo por sí solas. Larry, por el contrario, era el pequeño de una familia muy numerosa y había aprendido a expresar de viva voz y con energía sus necesidades para conseguir que fueran atendidas. Para él era algo normal gritar y dar golpes con las puertas de los armarios cada vez que se enfadaba. A mí, aquellas manifestaciones tan escandalosas me hacían encogerme de terror.

Buscando consuelo, me refugié en el helado de chocolate. Tomaba un cuenco tras otro en una sucesión interminable. Cuando Larry estaba trabajando o durmiendo, sacaba a escondidas un paquete de helado del congelador y trasegaba su contenido sin emitir ni el más mínimo ruido. La suavidad aterciopelada y el dulce sabor del chocolate me elevaban el ánimo y los pensamientos a otra dimensión en la que todo era felicidad y armonia. Años más tarde comprendí que me había hecho adicta a las sustancias psicotrópicas que contiene el helado de chocolate y que aliviaban mi depresión.

Aquellos atracones de helado me hicieron coger muchos kilos y muy pronto Larry empezó a quejarse de que estaba gorda y fea.

—Tienes suerte de tenerme, porque ningún otro hombre podría quererte —solía decirme.

Pero cuanto más me pinchaba, más necesidad sentía yo de recurrir a la comida para encontrar consuelo. Me hinché de tal modo que llegué a acumular más de veinte kilos por encima de mi peso normal, con lo que sus insultos se volvieron aún más personales y crueles. Me decía que era estúpida e incompetente y que no valía para nada. Yo me comportaba como una criatura indefensa, incapaz de luchar para defenderme, y dejé que su opinión calara en la imagen que tenía de mí misma. Mi experiencia sobre los malos tratos era nula, pues ni siquiera tenía conocimiento de lo que significaban. Por eso no se me pasó por la cabeza que tuviera derecho a decirle que dejara de tratarme así. Me asustaba demasiado la vociferante explosión de ira que salía de su boca cada vez que me echaba la culpa de algo.

Hoy en día me doy cuenta de que mi marido me estaba sometiendo a maltrato psicológico. Como les sucede a muchas víctimas de maltrato, la «indefensión aprendida» me tenía paralizada. Cuando alguien maltrata de forma continuada a cualquier criatura, llega un momento en que la víctima deja de creer en su valía personal y se convence de que solo el maltratador goza de derechos. La voz fuerte y beligerante de mi marido y su actitud llena de seguridad en sí mismo me llevaron a creer que sus opiniones eran más válidas que las mías. Por eso, si me decía que era una incompetente, tenía que tener razón. Este tipo de indefensión aprendida suele estar relacionado con la depresión debilitante tanto en animales como en personas maltratadas.

Mi madre y mi abuela Ada eran conscientes de que mi matrimonio se estaba viniendo abajo. Hablaban entre ellas de lo que podían hacer para ayudarme e imagino que se dedicarían a rezar para encontrar una solución, porque muy pronto mi vida dio otro giro radical y milagroso.

Una tarde, mientras cambiaba de ropa a Grant, tuve de repente una visión mental de mí misma. Era como estar viendo una película en blanco y negro en la que yo aparecía como protagonista. Me encontraba en un entorno completamente distinto del que tenía en aquel momento. Mi vida era diferente y yo era una mujer en forma, atractiva y feliz. Era una escritora reconocida y una sanadora profesional y me dedicaba a ayudar a la gente con mis enseñanzas.

Cerré los ojos con fuerza para neutralizar aquella visión. No era algo que me apeteciera ver; más bien aumentaba la dolorosa sensación de ser una inútil que me tenía doblegada. Me parecía que fomentar pensamientos sobre una vida tan fantástica era una actitud masoquista por mi parte. Pero la visión continuó a lo largo de los días siguientes. Siempre era la misma, aunque muchas veces añadía algún detalle extra o alguna otra dimensión. Me vi participando en programas nacionales de televisión y viviendo en una preciosa casa junto al mar.

Descubrí que la visión desaparecía siempre que tomaba helado, así que empecé a hacerlo más a menudo. Era mi forma de ignorar una orientación divina en la que ni confiaba ni creía. Tomar helado era el equivalente de taparme los oídos con los dedos y decirle a Dios: «¡No te oigo!». Pero lo cierto era que, en un determinado nivel, sí podía oírle, y aquellas visiones reavivaron una parte de mí que hacía mucho tiempo que había olvidado.

Siempre he sido una persona creativa en todo lo relacionado con el arte, la música y la escritura. Sin embargo, llevaba muchos años dejando de lado esta faceta mía, con excepción de los ratos que dedicaba a coser la ropa de mis hijos. Las palabras de Larry también me habían llegado a convencer de que era una estúpida. Aunque había sido una alumna de sobresalientes a la que incluso habían pasado directamente de cuarto a sexto, me pregunté si las épocas en las que había estado fumando marihuana podrían haber destruido las células de mi cerebro. En lugar de darme cuenta de que lo que Larry decía de mí no era cierto, que no era más que una forma de maltrato, lo asumí como verdadero.

La visión me motivó a permitirme pequeños desahogos creativos y a interesarme por pasatiempos como la jardinería y la pintura. Aquellas aventuras me dieron nuevas fuerzas. Los ratos que dedicaba a la jardinería me permitían meditar, y las visiones de mi vida como escritora pasaron de estar en blanco y negro a convertirse en imágenes a todo color. La idea de escribir libros capaces de ayudar a la gente, como el libro de Laura Huxley que tanto me había ayudado a mí en otra época, me ilusionaba muchísimo. Sin embargo, me preguntaba cómo un ama de casa gorda y carente de educación como yo iba a ser capaz de convertirse en una escritora con obra publicada. Si era estúpida, tal y como afirmaba mi marido, ¿qué podía escribir que sirviera de ayuda a nadie? Admiraba tanto a los escritores que prácticamente los consideraba una raza aparte, superior al resto del mundo. Que te publicaran tus obras parecía ser prerrogativa de una élite, de un grupo exclusivo cerrado al público en general.

Pero lo cierto es que los ángeles acuden con frecuencia a nuestras vidas en forma de libros que coges en el momento más oportuno. El libro *El principio positivo*, de Norman Vincent Peale, fue mi ángel salvador [2]. En él el doctor Peale describe el poder de las afirmaciones y la visualización para realizar cambios positivos en nuestros pensamientos. Me enseñó que son nuestras expectativas lo que crea la realidad. «Vaya, parece que he estado esperando obtener fracaso y problemas económicos», pensé mientras lo leía.

Recordé que mi madre me había enseñado a utilizar las afirmaciones y la visualización. Cuando, siendo adolescente, empecé a preocuparme por mi peso, me enseñó a visualizarme como una chica esbelta y en forma. Lo que más me preocupaba en aquella época era estar gorda por la parte del estómago, así que mi madre estuvo trabajando conmigo para ayudarme a que me hiciera una imagen mental de mí misma con el vientre plano. Hasta hoy, aunque a veces me he sentido a disgusto con el aspecto de otras partes de mi cuerpo, siempre he tenido el vientre plano.

En mi mente no tenía cabida ninguna duda sobre el asombroso poder de la visualización y de las afirmaciones, pero me preocupaba la idea de que la confianza que tenía en mí misma pudiera haber disminuido tanto que me hubiera incapacitado para utilizar estas herramientas metafísicas. Sin embargo, las palabras del doctor Peale me animaron a probar otra vez con las afirmaciones. Citaba las tranquilizadoras palabras de Jesús cuando afirmó que solo necesitamos una fe del tamaño de «un grano de mostaza» para mover montañas.

Como no podía permitirme comprar una cinta de afirmaciones grabadas, decidí fabricarme la mía. Escribí algunas afirmaciones positivas inspiradas en lo que me habían mostrado mis visiones, como «soy una escritora con obra publicada», «tengo un cuerpo atractivo y en forma», «atraigo a mi vida a personas cariñosas» y «ayudo a muchas personas con mi trabajo», y las expresé en voz alta como si fueran una realidad ya presente, tal como sugería el doctor Peale en su libro. Según él, es importante proclamar que ya hemos recibido las cosas buenas que deseamos y dar las gracias por ello.

Grabé estas afirmaciones en una cinta magnetofónica, y durante casi dos meses me dediqué a escucharlas dos veces al día. No le conté a nadie lo que estaba haciendo, pues sentía que si mi marido o mis amigos formulaban alguna crítica, por muy leve que fuera, dejaría de hacerlo antes de tiempo. Al principio tenía la autoestima tan baja que ni siquiera soportaba oír el sonido de mi propia voz. Me tenía en una consideración bajísima; casi podría afirmar que lo que sentía hacia mí misma era desdén. Escuchar aquellas afirmaciones me provocaba una mueca de dolor y me preguntaba si todo aquello era algo más que una pérdida de tiempo o el escenario perfecto para un doloroso desengaño. De todas formas, seguía acordándome de las promesas del doctor Peale y de mi madre sobre el poder de las afirmaciones.

Al cabo de un mes de estar escuchando que era una escritora de gran éxito, empecé a sentirme motivada para escribir. Saqué mi vieja máquina de escribir del armario del cuarto de estar y la coloqué sobre la mesa de la cocina. Cuando los niños estaban durmiendo la siesta yo metía cuidadosamente un folio en blanco en el carro y me aseguraba de que estuviera bien colocado.

Lo primero que me puse a escribir fueron unos artículos de prensa que envié a varias revistas nacionales y locales. Intenté escribir un par de ensayos y algunos artículos sobre el matrimonio y la vida familiar. Sin embargo, no había investigado lo suficiente sobre qué es lo que hay que hacer para conseguir que te publiquen algo, y desconocía que lo habitual es mandar una «carta de solicitud» a los editores preguntando si están interesados en ver tu artículo. Entonces el editor te responde con una llamada telefónica o mediante una carta remitida en el sobre sellado y con tu dirección escrita que has incluido en la carta de solicitud. Yo no había hecho ninguna solicitud ni había incluido ningún sobre sellado con mi dirección, por lo que había saboteado inconscientemente cualquier posibilidad de que me publicaran los artículos.

Decidí entonces acudir al Palomar Community College y apuntarme como estudiante a tiempo parcial. En mis visiones era una sanadora profesional. No sabía qué tipo de sanadora, pero como quería escribir libros de autoayuda, elegí el ámbito de la psicología. Me apunté a tres clases: iniciación a la psicología, aeróbic y preparación para declarar el IRPF. La clase de psicología era para probar; quería ver si me gustaba el tema o no. La de aeróbic era para que me ayudara a perder peso. La de preparación para declarar el IRPF me pareció práctica. Pensé que podía utilizar los conocimientos que adquiriera para hacer mi propia declaración y quizá también para conseguir algún trabajillo en época de impuestos.

¡Las clases resultaron ser justo el tipo de terapia que necesitaba mi herida autoestima! En el curso sobre el IRPF descubrí una parte de mí a la que le encantaban las matemáticas. Nunca me había considerado buena en temas de números y, en mi opinión, las matemáticas eran el territorio de los hombres, que utilizan el hemisferio derecho del cerebro. Sin embargo, conseguí despuntar en aquella clase y, cuando recibí un sobresaliente, supe que mis células cerebrales y mi inteligencia seguían estando intactas.

La clase de aeróbic hizo desaparecer los kilos que había acumulado y me empecé a sentir más a gusto con mi aspecto físico. Cuidaba un poco más mi forma de vestir e incluso me maquillaba antes de salir de casa. Larry empezó a mostrarse receloso y me acusó de estar intentando atraer a otro hombre. Me advirtió que ni lo intentase siquiera, amenazándome con que, si le dejaba, iba a conseguir que le dieran la custodia de Chuck y de Grant. En ocasiones me decía:

—Ningún otro hombre aparte de mí te querría, porque tienes dos hijos y a los tíos no les gustan las mujeres con hijos.

Pero sus palabras hirientes estaban empezando a afectarme algo menos, pues me sentía más fuerte y con más confianza en mí misma.

Las clases me permitieron entablar nuevas amistades, tanto masculinas como femeninas. Sobre todo me gustaba la gente que asistía a la clase de psicología. La profesora, Barbara Erickson-Williams, era una enfermera psiquiátrica muy dicharachera que tenía un talento asombroso para contar unas historias fantásticas que convertían las clases en algo vivo. Empezaba muchas de sus frases diciendo: «Como psicólogos descubriréis que...», como si ya estuviésemos licenciados. Sus palabras aguijoneaban mi imaginación, y la sensación de ser ya una psicóloga me entusiasmaba. Entonces me apunté a las clases a jornada completa, organizándome según el horario laboral de Larry de forma que siempre se pudiera quedar uno de los dos en casa al cuidado de los niños. Tanto mis conocimientos como mis notas crecían y crecían mientras yo seguía haciendo ejercicio y perdiendo peso. Mi confianza en mí misma alcanzó un nivel sin precedentes, pero aquella independencia recién descubierta molestó enormemente a Larry. Me acusó de estar planeando una aventura extramatrimonial y empezó a espiarme cada vez que salía a comprar. Varias veces, al entrar en una tienda, me preguntaba el vendedor:

—¿Eres Doreen? —Cuando respondía que sí, me alargaba el teléfono diciendo—: Te llama tu marido.

Entonces Larry exclamaba:

—¿Por qué has tardado tanto en llegar a la tienda?

Me reprochaba que había tardado cinco o diez minutos más de lo que él calculaba como necesario.

En cierta ocasión, al llegar a casa de mi amiga Silvia, encontré que Larry estaba esperándome al teléfono. Una vez más me acusó de haber tardado demasiado tiempo en llegar.

—¿Te has parado en casa de algún hombre? —me preguntó enfadadísimo.

Anteriormente Larry se había quejado de que yo era demasiado gorda y estúpida. Ahora que tenía una figura esbelta y una media de notas muy alta, sus quejas cambiaron de dirección. A diario me decía que *sabía* que le estaba engañando. No hacía caso de mis promesas de fidelidad, por lo que al final sencillamente dejé de prestarle atención. El día que ambos nos olvidamos de que era nuestro aniversario de boda me di cuenta de lo mucho que nos habíamos apartado el uno del otro. ¡Ni siquiera nos dimos cuenta hasta una semana más tarde!

Nuestro matrimonio se rompió definitivamente una noche en que Larry se despertó de la siesta y me dijo que le hiciera un café. Supongo que no le oí, porque al cabo de una media hora empezó a gritar con toda la fuerza de sus pulmones:

—¡¿Por qué no me has hecho el café que te pedí?!

Yo miré aquel rostro contraído e iracundo y no sentí nada en absoluto. Ni enfado, ni desprecio, ni amor; solo una total insensibilidad.

Durante un breve periodo de tiempo estuvimos probando una terapia de pareja, pero el nuestro parecía un caso sin esperanza. Por aquel entonces yo estaba muy apartada de las prácticas espirituales, así que no se me ocurrió en ningún momento que la oración o la sanación espiritual podrían haber curado nuestra relación. Veía nuestro matrimonio desde una perspectiva puramente humana y, a ese nivel, la situación tenía un aspecto de lo más sombrío. Decidimos separarnos y yo empecé a buscar alguna fuente de ingresos. En todos los trabajos que solicité pagaban un sueldo mínimo. Como me pareció que no iba a poder mantenernos a los niños y a mí con unos ingresos tan escasos, Larry y yo decidimos que me iría a vivir con mis padres. Estos, sin embargo, no podían tener a los niños en casa, así que acordamos que en principio me mudaría yo sola a casa de mis padres, encontraría un trabajo, conseguiría una casa y entonces los niños se vendrían a vivir conmigo.

El día de la separación fue el más doloroso de mi vida. Todo el mundo lloraba. Aunque el nuevo arreglo era horrible, nos parecía que no había otra alternativa. Yo no hacía más que decirme a mí misma: «Para los niños es mejor tener unos padres divorciados que vivir en una casa en la que se respira tanta ira y se discute tanto».

Pero no había previsto lo que sucedió a continuación. Llamé por teléfono a los niños para hablar con ellos y oí una grabación que decía que ese número había sido desconectado. Larry y mis hijos se habían ido ¡y yo no tenía ni idea de dónde estaban! Estaba desesperada, pero mis limitados recursos no me permitían ni siquiera contratar a un detective privado.

Me dediqué a rastrear por mi cuenta el paradero de Larry y descubrí que se había mudado a un pueblo remoto de Colorado, cerca de la casa de su hermano. Cogí un avión y me fui para allá para reunirme con mis hijos. Por aquel entonces había empezado a trabajar como secretaria en una empresa de seguros y con lo que ganaba era capaz de mantenerme y de pagar las clases en la universidad. Quería tener a los niños conmigo, tal y como habíamos acordado Larry y yo, pero él se negó en redondo a permitir que volvieran conmigo. A raíz de nuestra separación, su amargura hacia mí había aumentado. Se había creado una imagen mental de mí tan negativa que ahora estaba convencido de que, al conservar la custodia, estaba protegiendo a los niños.

A mi regreso a California contraté a un abogado y empecé una batalla por la custodia de los niños. Mis hijos eran demasiado pequeños como para participar en el juicio, de forma que el grueso de la decisión descansó sobre el juez. Mi abogado y el abogado de Larry se lanzaron terribles insultos el uno al otro, intentando ambos pintar al cliente del otro como un progenitor no cualificado. Aquello provocó una dicotomía entre «el bueno y el malo». Mi abogado y yo hicimos todo lo que pudimos para conseguir que Larry fuera el malo, mientras que Larry y su abogado hicieron lo mismo conmigo.

El día del veredicto yo estaba segura de que iba a ganar. Después de todo, era la madre de los niños, y una buena madre. Cuando el juez falló en favor de Larry argumentando que los niños ya habían pasado varios meses con su padre y que no quería cambiar su situación, creí que me iba a desmayar de la impresión.

Nunca había oído hablar de una madre que hubiera perdido la custodia de sus hijos. Era como si solo se los pudiesen quitar a las mujeres maltratadoras o delincuentes. Sin embargo, había sucedido lo impensable y ahora solo podía ver a los niños durante los fines de semana, que me tocaba visita. El hecho de no tener la custodia de mis hijos me hacía sentirme espantosamente triste y avergonzada, por lo que me mudé a otra ciudad y no le dije a nadie que tenía hijos. Me sentía demasiado dolida para responder a preguntas del tipo «¿y por qué no viven tus hijos contigo?».

Tardé dos años en enterarme de que había más de dos millones de mujeres estadounidenses en mi misma situación. La mayoría de ellas perdieron la custodia en circunstancias similares a la mía. Contrariamente a lo que afirman los estereotipos, solo una parte muy pequeña de mujeres la pierden por ser unas madres «no aptas».

Entablé otro pleito para conseguir la custodia de mis hijos y esta vez contraté los servicios de un abogado que era el presidente del Colegio de Abogados y juez a jornada parcial en el condado de San Diego. Este nuevo abogado le contó al juez que Larry no me dejaba ver a mis hijos cuando me tocaba visita. El juez entonces amonestó a Larry y le habló de la importancia que tenía para los niños mantener un contacto regular con ambos progenitores. Yo le prometí que, si me concedía la custodia, me aseguraría de que los niños veían a su padre con regularidad.

Tres días antes de Navidad obtuve la custodia, y Chuck y Grant vinieron a vivir conmigo.

En aquella época estaba saliendo con un hombre llamado Dwight Virtue al que había conocido en la universidad. Dwight, que también se había licenciado en Psicología, tenía una memoria fotográfica asombrosa. De hecho, lo primero que me atrajo de él fue que siempre sacaba las mejores notas de la clase. Afirmaba que solo estudiaba una hora antes del examen. Era budista, un hombre alto y fornido hijo de padre francocanadiense y madre japonesa. Había sido controlador aéreo en los marines y me contó que soñaba con llegar a ser controlador aéreo de la Administración Federal de Aviación estadounidense (FAA). En aquel entonces aquello parecía un sueño muy lejano, pero los acontecimientos se pusieron en marcha a nuestro favor.

En el verano de 1981 los miembros de la Organización Profesional de Controladores del Tráfico Aéreo estadounidense (PATCO) protagonizaron una huelga en masa. Controladores aéreos de toda la nación formaron piquetes y exigieron cambios en sus condiciones laborales. Se suspendió el tráfico aéreo en todo el país y el presidente Reagan les exigió que volvieran al trabajo de inmediato o serían despedidos. Los controladores creyeron que era un farol y continuaron la huelga. Dos días más tarde, Reagan cumplió su amenaza y la mayor parte de los controladores aéreos de Estados Unidos se quedaron sin empleo.

La FAA tuvo que contratar sustitutos a toda velocidad y dio empleo inmediato a cualquier persona que tuviera experiencia en el control del tráfico aéreo militar. Dwight formó parte del primer grupo de alumnos que asistieron a la escuela de la FAA, en la ciudad de Oklahoma, antes de obtener un puesto a jornada completa como controlador de tráfico aéreo. Como no queríamos estar separados, nos casamos. Él aceptó un puesto como controlador de alto nivel en el centro de tránsito de Los Ángeles, situado en el desierto de California del Sur. Empezamos nuestra vida juntos como una pequeña familia en un modesto adosado en Lancaster, y yo trasladé mi matrícula a la Universidad de Antelope Valley.

Seguía compatibilizando las clases con un trabajo de secretaria, pero cada vez me disgustaba más el trabajo administrativo.
Me sentía preparada para meterme de lleno en la labor de orientación, pero ¿quién iba a contratar mis servicios si no tenía un
título universitario? La respuesta me llegó como una intuición
que me dijo que me presentara voluntaria en un centro de salud
mental. El trabajo de voluntaria me permitiría adquirir la experiencia que tanto necesitaba para mi currículo, ¡e incluso podía dar como resultado que me contrataran!

CAPÍTULO SEIS

La «Care Unit»

> *Dejar que la mente diga la verdad a través de los labios, o pensar la verdad de forma consciente, puede traer al mundo toda la satisfacción que el mundo está buscando. No existe nada material capaz de fortalecer a las personas, sino que es la Verdad Omnipotente la que es capaz de fortalecerlas con todo el poder de la Verdad.*
>
> EMMA CURTIS HOPKINS,
> autora de *Scientific Christian Mental Practice*

EL DÍA QUE EMPECÉ A LLAMAR a los centros de salud mental para preguntar si necesitaban voluntarios estaba nerviosísima. En muchos me contestaron que no los necesitaban y me dieron amablemente las gracias. Al final, en una unidad hospitalaria especializada en el tratamiento del alcoholismo, denominada «CareUnit», un hombre muy amable llamado Andy Palmer me dijo que me pasara para hacer una entrevista.

Me preguntó si tenía experiencia con «los doce pasos», y yo tuve que admitir que no tenía ninguna. ¡Ni siquiera había oído hablar de ellos! Aunque era una completa novata en el tema del alcoholismo, Andy debió de darse cuenta de que estaba llena de buena voluntad. O eso, o que el espíritu que me dio la idea de presentarme como voluntaria influyó sobre la decisión de Andy. Fuera lo que fuese, lo cierto es que me dijo que podía trabajar cuatro horas a la semana como voluntaria en la unidad de desintoxicación y que él me supervisaría. ¡Me sentí eufórica!

Mi primer día de voluntaria en la CareUnit del hospital Palmdale me abrió los ojos a la realidad. Me senté junto a un hombre en pijama llamado Dave, que descansaba adormilado en una cama de la sala semiprivada de desintoxicación. Hablamos sobre su vida, sobre su familia y sobre sus razones para estar en el hospital. Me dio la sensación de que conectamos a un nivel espiritual muy profundo y me sentí orgullosa de estar haciendo algo bueno. ¡Imagina mi sorpresa cuando, la siguiente vez que vi a Dave, no me reconoció ni fue capaz de recordar ni una sola de las cosas de las que habíamos hablado! Su estado de estupor, inducido por las drogas, había borrado de su memoria todo lo sucedido durante el proceso de desintoxicación. Y la mayor parte de mis relaciones con pacientes en este tipo de tratamiento fueron muy parecidas.

Me inicié con rapidez en el mundo del alcoholismo y la drogadicción. Aprendí a base de golpes que los drogadictos dirán *cualquier cosa* con tal de conseguir la droga. Una vez un hombre me juró que su abuelo acababa de morir y que tenían que permitirle salir del hospital para asistir a su funeral. Embelleció la historia con lágrimas y detalles sentimentales acerca de su querido abuelito. Cuando le conté la historia a la enfermera jefe, esta puso los ojos en blanco y llamó por teléfono a la familia del paciente para confirmar la muerte. Era cierto que el abuelo había fallecido... diez años atrás.

A los dos meses ya trabajaba como voluntaria dos horas al día. La mayor parte de mi tarea consistía en hacer entrevistas de admisión. Eso suponía sentarme con los pacientes recién admitidos y hacerles preguntas sobre su familia y su historial de adicción basándome en un «cuestionario psicosocial». Una de las páginas de este cuestionario trataba de su historial de arrestos. Prácticamente todos los pacientes habían sido arrestados en alguna ocasión, y algunos por delitos muy graves. Con el tiempo, en lugar de preguntar al paciente si le habían arrestado alguna vez, empecé a preguntar: «¿Cuántas veces te han arrestado y por qué motivos?».

En cierta ocasión me encontraba sola en una sala de orientación haciendo una entrevista de admisión a un hombre que, según me pareció, se mostraba sumamente tenso. Cuando llegué a las preguntas sobre los arrestos, me dijo que había estado en prisión condenado por asesinato. Yo no quise entrar en detalles, sino que me limité a terminar corriendo las preguntas que me quedaban por hacer para alejarme de él cuanto antes. En una de las preguntas que le hice, en lugar de contestarme me miró fijamente a los ojos y me dijo:

—¿Sabes? Te pareces muchísimo a mi antigua novia. ¡La que me acaba de dejar!

Aquello fue suficiente para mí; me excusé a toda prisa y me fui. Acorralé a un enfermero psiquiátrico y le pedí que terminara el cuestionario del paciente por mí.

Cuando ya llevaba cuatro meses trabajando como voluntaria pedí a la dirección del programa CareUnit que me contrataran con un sueldo. Como accedieron, pude dejar el trabajo de secretaria y dedicarme a jornada completa a la orientación. Acababa de recibir la diplomatura en Artes y estaba empezando las clases nocturnas para conseguir la licenciatura en Psicología por la Universidad Chapman.

Mi padre siempre decía que las coincidencias no existen. Por aquel entonces yo no lo sabía, pero Bill, el hermano de mi abuela Pearl, había muerto tiempo atrás en ese mismo hospital Palmdale en el que yo estaba trabajando. En cierta ocasión, cruzando una calle cerca de allí, fue atropellado por un coche y llevado a urgencias, donde no consiguieron salvarle la vida. ¿Había sido conducida a trabajar en ese mismo hospital para resolver algún karma familiar o para cumplir algún asunto inacabado en favor del espíritu de Bill? Sigo sin saberlo, pero el hecho de que dos miembros de una misma familia acaben en el mismo hospital —un hospital pequeño, por otra parte—, situado a *muchos* kilómetros de su lugar de residencia, sigue asombrándome.

Yo seguía sintiendo un deseo ardiente de escribir libros de autoayuda, pero no conseguía encontrar un tema que me gustara. Por aquel entonces no creía que pudiera haber nadie interesado en leer algo sobre alcoholismo o drogadicción, pues esto fue antes de que Melodie Beattie y John Bradshaw escribieran sus obras sobre la disfunción familiar y la codependencia. Por tanto, seguía preguntándome a mí misma: «¿Qué tema hay sobre el que me gustaría leer y del que aún no se han publicado libros?».

La respuesta me llegó como un relámpago que me atravesó el cerebro, y sé que procedía de Dios, porque fue una visión completa. De repente comprendí que iba a escribir un libro de autoayuda para padres que estuvieran librando una batalla por conseguir la custodia de sus hijos. En aquel entonces no existía ningún libro sobre este tema, pues si hubiera existido alguno yo lo habría leído unos años antes sin dudarlo. Pero había un problema: la profunda vergüenza que me producía la época en la que no tuve la custodia de mis hijos. Para escribir un libro así con autoridad tendría que romper mi propia confidencialidad y hablar de mis experiencias. Llevaba tanto tiempo manteniéndolas en secreto que se habían convertido en un monstruo horrible y distorsionado. Había llegado a convencerme a mí misma de que, si cualquiera de mis amigos se enteraba de que en un momento dado yo había perdido la custodia de mis hijos, me juzgaría y me rechazaría.

Al final, mi profundo deseo por ofrecer al mundo un libro muy necesario para todos superó a los miedos que acobardaban a mi ego. Compré un manual titulado *How to Write a Book Proposal* [*Cómo escribir una propuesta de libro*], de Michael Larsen[1], y decidí crear una propuesta de mi libro de autoayuda. Al principio, sin embargo, me costaba ponerme a ello, y una y otra vez posponía la escritura para otro momento. Tenía tantos deseos de que me lo publicaran que la presión interior era casi dolorosa. Una parte de mí tenía miedo de que me muriera antes de la publicación. Lo que buscaba no era tanto la fama ni la fortuna como poder hacer una contribución que marcara una diferencia en el mundo. Constantemente les decía a mis amigos:

—No importa si mis libros acaban en las estanterías del Ejército de Salvación. Al menos quedará una evidencia de mi paso por este mundo.

Le había dado tanta importancia a la publicación de mi libro, lo había convertido en un objetivo tan crucial, que sentía un profundo terror al fracaso. Si mantenía mi sueño como una posibilidad eternamente futura no tendría que afrontar la realidad de luchar por él y quizá fracasar. Por eso, cada vez que me sentaba a escribir la propuesta del libro, se me ocurría alguna tarea doméstica que había que hacer sin falta, como fregar los platos, pasar la aspiradora o incluso barrer las pelusas de debajo de la nevera. Me convertí en una limpiadora compulsiva, todo con tal de evitar el dolor de un posible rechazo.

También le conté mis frustraciones a una de mis profesoras de psicología, Ricki Gherardi, con la esperanza de que se solidarizara conmigo, pero ella me motivó amablemente diciendo:

—¿Quieres conocer el secreto de cómo puedes conseguir escribir tu libro? Pues sencillamente, escríbelo.

Aquellas palabras resonaron en mis oídos con la fuerza de una verdad que necesitaba oír. Me compré un enorme calendario y me hice una planificación. Cada noche, cuando los niños ya estaban acostados, la ponía en práctica sin excusa ni pretexto. Cuando Dwight se iba con amigos nuestros al cine, a cenar a un restaurante o a una fiesta, si mi planificación decía que esa noche tocaba escribir, yo no iba.

Al fin conseguí terminar la propuesta de mi libro *The Cus-*

tody Crisis. Contenía una sinopsis, un esquema capítulo por capítulo y dos capítulos de muestra cuidadosamente mecanografiados. Hice varias fotocopias y las envié con una carta de presentación a cuatro editoriales que publicaban libros de autoayuda y que había elegido en el libro *Writer's Market* [*El mercado del escritor*] [2].

A lo largo del mes siguiente los cuatro editores me comunicaron que rechazaban el proyecto. Yo intenté racionalizar el asunto, pero en realidad me sentí como si me hubieran rechazado *a mí*. Metí el original de la propuesta en un cajón y me dije con un suspiro: «Ya sabía yo que no estaba destinada a ser escritora».

Sin embargo, un mes después me llegó una carta de la Universidad Pepperdine. Me pedían que participara en la Conferencia Internacional sobre Estudios de la Familia que estaban organizando. Querían que hablara sobre el efecto que ejercen las batallas por la custodia de los hijos en las emociones y en la salud mental de sus padres. ¡Se me había olvidado que dos meses antes había mandado mi colaboración a la solicitud de propuestas de ponencias de Pepperdine! El hecho de que esta universidad se interesara por el tema de mi libro reavivó mi determinación de conseguir que se publicara.

Esta vez pensé que iba a hacer que la ley de probabilidades trabajara a mi favor, con lo que fotocopié y envié propuestas del libro a cuarenta editoriales al mismo tiempo. En la carta de presentación mencioné también la conferencia sobre la custodia de los hijos que iba a pronunciar en Pepperdine. Todavía recuerdo la expresión de curiosidad del empleado de correos cuando le entregué mis cuarenta sobres almohadillados.

El siguiente día laborable le hablé a mi psicólogo supervisor de mis aspiraciones literarias. Al instante me contestó:

—Jamás te publicarán un libro mientras no tengas la licenciatura.

Lo dijo como si se tratara de un hecho irrefutable. Yo, sin embargo, no dejé que sus palabras me echaran atrás. En cualquier caso, las propuestas del libro ya estaban enviadas. Me prometí a mí misma que, a partir de ese momento, iba a guardarme para mí mis proyectos, o al menos no iba a compartirlos con personas escépticas.

Seguí trabajando mientras esperaba la llegada de noticias de las editoriales. Para entonces la CareUnit me tenía encomendada la realización de las entrevistas iniciales con los posibles pacientes. Me tenía que sentar a hablar con gente que, por propia convicción, por amenazas de sus jefes o por presión familiar estaban planteándose la posibilidad de ingresar en nuestra unidad durante treinta días. Naturalmente, el hecho de comprometerse a realizar un tratamiento de un mes, las preocupaciones por si iban a conseguir o no que el seguro les reembolsara el coste de la estancia, la pérdida del sueldo de un mes, el hecho de estar todo ese tiempo alejados de su familia y, sobre todo, el tener que privarse de su droga les hacía mostrarse muy dubitativos.

Mi trabajo consistía en responder a sus preguntas y, si lo consideraba apropiado, animarlos a que se apuntaran a nuestro programa de desintoxicación. En cierta ocasión fui incapaz de convencer a un hombre ya mayor, aunque su médico y su familia le habían advertido que el alcoholismo le estaba quitando la vida. La semana siguiente tuvieron que llevarle en ambulancia a las urgencias del Hospital General de Palmdale por complicaciones relacionadas con el exceso de consumo de bebidas alcohólicas. Aunque los médicos hicieron todo lo posible por salvarle la vida, no lo consiguieron y el hombre murió.

Cuando me enteré al día siguiente de la noticia, me sentí anonadada y furiosa conmigo misma por no haber conseguido convencerle de que se sometiera al tratamiento. Me juré entonces que sacaría algo positivo de aquella tragedia. Unas horas más tarde vinieron a verme un hombre y su mujer para hablar de la posibilidad de que el marido ingresara en la CareUnit. En aquel momento decidí utilizar lo que había aprendido en el libro de Norman Vincent Peale para conseguir el resultado deseado.

Mientras el hombre y su mujer me hablaban, yo le miré fijamente y le visualicé diciéndome: «Sí, voy a ingresar en la CareUnit ahora mismo». Estuve repitiendo mentalmente esta imagen hasta que llegué a estar plenamente convencida de que lo iba a hacer. Cuando unos minutos después el hombre dijo las mismas palabras que yo había imaginado, me sobresalté un poco. Entonces le conté la historia del hombre que había fallecido la noche anterior por no haberse sometido a la cura contra el alcoholismo. Él sonrió y me dijo que eso le hacía sentirse aún más contento de su decisión de someterse a un tratamiento.

Sin embargo, me pregunté si aquella decisión habría sido realmente suya. Cuando me di cuenta de que probablemente había influido sobre él con mi visualización, me inundó una terrible sensación de culpabilidad. En las reuniones testimoniales de Ciencia Cristiana había aprendido que, para ellos, este uso del poder mental se considera una «mala práctica». Debemos estar muy seguros de la pureza de nuestras razones para utilizar el poder mental. Si bien mi deseo de no ver morir innecesariamente a otro alcohólico era altruista, lo cierto es que estaba combinado con la voluntad de intentar manipular el comportamiento de otra persona. Jamás sabremos si aquel hombre habría ingresado en la CareUnit sin mi visualización. De todas formas, aquel día aprendí una lección muy importante: el fin no justifica los medios. Cualquier objetivo que procede del ego trae consigo dolor, incluso cuando ese objetivo es completamente honorable.

Una de las facetas del trabajo que más me gustaban era hablar con los pacientes. Uno de ellos me habló con una sinceridad solemnísima y con gran detalle de una experiencia cercana a la muerte que había vivido. Yo le escuché con atención, aunque no supe qué conclusión sacar de su historia. Había oído hablar de un libro titulado *Vida después de la vida,* del doctor Raymond Moody [3], e incluso había leído un extracto en *The Readers Digest.* Aquel hombre me preguntó:

—¿Me crees?

Yo le respondí:

—Sí —y luego le conté la historia de mi encuentro con mi abuelo Ben después de su fallecimiento.

De todas maneras, como la experiencia cercana a la muerte de aquel hombre no me pareció relevante para mi vida diaria, sencillamente la olvidé.

Dedicaba la mayor parte de mi atención a recoger información sobre un patrón de conducta que, según había comprobado, se repetía entre los pacientes de la CareUnit. Había observado que los adictos a la cocaína tenían una personalidad claramente distinta de los que consumían marihuana, que a su vez eran distintos de los heroinómanos, etc. Incluso los que consumían una mezcla de drogas, o aquellos que no tenían preferencia por ninguna en concreto, mostraban unas características de personalidad únicas. Empecé a escribir estas observaciones en un fichero y fui incluyendo otros dados de los clientes tales como su historial familiar de adicciones, su ocupación y los patrones que mostraban de sus relaciones personales. A veces jugaba mentalmente conmigo misma cuando estaba hablando con pacientes nuevos. Intentaba averiguar la droga a la que eran adictos antes de que me lo dijesen basándome en su personalidad y su ocupación. Comprobé que casi siempre acertaba. Cuando fallaba, analizaba cuidadosamente los indicadores que me habían despistado.

Me esforzaba mucho por comprender los motivos que habían llevado a los clientes al consumo de drogas. Después de todo, yo había tenido unas experiencias intensamente placenteras y otras horribles con la marihuana y el alcohol. Y una parte de mí seguía en carne viva y sin curarse del maltrato que había recibido como consecuencia de los cambios de humor que la marihuana le producía a Larry. A veces sentía como si la marihuana fuera un dragón personal al que ansiaba matar para que otros no sufrieran ese mismo tipo de dolor. De todas formas, sabía que los juicios que emitimos estando enfadados no podrán nunca curar a alguien de su adicción. Por eso me esforzaba por meterme en la cabeza de mis clientes y ver el mundo a través de sus ojos. Tenía la esperanza de que con ello sería capaz de pronunciar las palabras concretas que pudieran resultarles significativas.

Al principio me costaba un poco empatizar con los heroinómanos. La idea de clavarme una aguja en el brazo me parecía horripilante. Por eso intentaba concentrarme en las emociones de mi cliente y no en mis juicios y mis miedos hacia las agujas. Siempre que algún cliente pronunciaba la palabra *heroína*, yo la sustituía mentalmente por una imagen de una tarta o un helado de chocolate. No me sentía capaz de identificarme con la atracción hacia la heroína, pero *claramente* podía empatizar con la persona que siente el impulso irresistible de comer chocolate.

El trabajo de orientadora implica poner en práctica un delicado acto de equilibrio. Eres la profesora, pero no eres superior al alumno. De hecho, la profesora que mantiene la mente abierta está constantemente aprendiendo de sus alumnos. Un orientador debe permanecer apartado objetivamente de las emociones del paciente. Sin embargo, esta separación no puede ser tan extrema que impida al alumno recibir el amor del orientador, que es en último término el agente que permite la curación. La orientación intuitiva, que es lo que yo hacía siempre que me metía dentro de la cabeza de un cliente, exige al orientador que sea consciente tanto de los pensamientos y sentimientos del cliente como de los suyos propios.

Debo admitir que, hasta cierto punto, yo juzgaba a mis clientes y los consideraba unas personas débiles, sin darme cuenta de que me estaba engañando a mí misma porque no afrontaba el hecho de que mi propio patrón de sobreingesta compulsiva era una adicción exactamente igual a su consumo de drogas. Cada tarde salía del hospital con la sensación de que no había conseguido ayudar plenamente a los clientes. Siempre me decía lo mismo: «Si supiera más psicología, podría curar las adicciones de mis clientes». Esta creencia, absolutamente irreal, era la responsable de que el intento de rescatar a mis clientes y liberarles de sus adicciones me dejara la sensación de estar vacía por dentro, lo que me llevaba a intentar llenar este vacío con cosas externas como comer helados y tartas de chocolate o comprar cosas sin sentido.

Un día, mientras me daba un atracón propiciado por mi trastorno de sobreingesta compulsiva, me vino de pronto la idea de que mis clientes estaban intentando mejorar su vida. Un pensamiento me atravesó la mente como un rayo: «¡Al menos ellos están recibiendo ayuda para superar sus adicciones!». A partir de entonces ya no tuve más opción que buscar ayuda para superar la mía.

Mi profesor de psicología, Dan Matzke, trabajaba también en la CareUnit conmigo. Uno de los trabajos que nos había puesto en clase era que debíamos asistir a una reunión de los doce pasos y escribir luego acerca de ella. El origen de las reuniones de los doce pasos se remonta a cierta ocasión en que dos alcohólicos se juntaron para utilizar la oración y poner en práctica un conjunto de ideas y conductas que les ayudaran a dejar de beber. Mucha gente considera que estos pasos tienen una inspiración divina porque han ayudado a superar adicciones mucho más que cualquier otra forma de tratamiento. El primer grupo que se formó sobre la base de los doce pasos fue Alcohólicos Anónimos, y a raíz del éxito obtenido se han formado otros para combatir las adicciones por drogas (Narcóticos Anónimos, Cocainómanos Anónimos y Marihuana Anónimos), los desajustes psicológicos (Incompetentes Emocionales Anónimos), los problemas de los familiares de drogadictos y alcohólicos (Al-Anon), las compras compulsivas, el juego o la promiscuidad (Deudores Anónimos, Jugadores Anónimos, Adictos al Sexo y al Amor Anónimos) y los trastornos alimentarios (Comedores Compulsivos Anónimos).

Como mi profesor sabía que una parte de mi trabajo en la CareUnit consistía en acompañar a los pacientes a las reuniones de Alcohólicos Anónimos y Narcóticos Anónimos, me dijo que para mi trabajo de clase debía elegir otro de los grupos que siguen los doce pasos. Sin un motivo aparente elegí Comedores Compulsivos Anónimos (CCA). Acudí a la reunión del grupo con actitud científica; mi única intención era observar al grupo como una estudiante y no como una participante, sin implicarme en sus actividades. Cuando los participantes se presentaron diciendo: «Hola, soy Fulano de Tal y soy un comedor compulsivo», yo me limité a decir: «Hola, soy Doreen y soy una observadora». Los demás sonrieron, asintieron y respondieron: «Hola, Doreen». Esa noche estuve escuchando las historias que contaban todos aquellos hombres y mujeres. Como estaba encerrada en una actitud de enjuiciamiento, a la defensiva, decidí con una falta total de sensibilidad que todos excepto yo estaban majaretas.

Sin embargo, el día que me atreví a reconocer honestamente que comía de forma compulsiva, que mi conducta era exactamente igual a la de mis pacientes drogadictos, decidí volver a probar con CCA. Esa vez escuché a los miembros del grupo con otra actitud y todo lo que dijeron me pareció completamente lógico. Cuando afirmaron que hablar de nuestros trastornos alimentarios tenía un efecto terapéutico y nos ayudaba a poner los pies sobre la tierra, reuní el coraje necesario para hablar en público de mi problema de sobreingesta compulsiva.

¡Aquella experiencia me hizo aceptar la realidad! Entre los participantes de CCA reconocí a las esposas de dos pacientes que estaban en aquel momento en la CareUnit (es muy corriente que los comedores compulsivos se casen con personas alcohólicas). Me asusté al pensar que, si aquellas mujeres se enteraban de mis trastornos alimentarios, podrían juzgarme y mi reputación en la CareUnit se vendría abajo. Nada más lejos de la verdad, según pude comprobar. Hablar abiertamente de mi adicción al chocolate fue un paso importante en mi recuperación de la sobreingesta compulsiva.

Dediqué tiempo y energía a recuperarme de aquel trastorno alimentario. Para ello consultaba con mi «padrino» (una persona que se ha recuperado hace tiempo y que sirve de mentor para los que acaban de empezar el proceso) antes de cada comida, leía todos los libros que encontraba sobre este tema y acudía a las reuniones de CCA. También me presenté como voluntaria al programa de tratamiento externo de trastornos alimentarios de la CareUnit. Me sentía afín a todas aquellas participantes en el programa que luchaban por librarse de sus obsesiones con la comida y pedí a mi jefe que me trasladara al programa de trastornos alimentarios. Por desgracia, las restricciones presupuestarias no permitían que un programa tan pequeño tuviera otra orientadora en plantilla.

De todas formas, el poco tiempo que dediqué al trabajo voluntario en la unidad de trastornos alimentarios despertó en mí el deseo de trabajar a jornada completa con comedores compulsivos, bulímicos y anoréxicos. Una vez identificado mi objetivo, me sentí cada vez más inquieta. Muy dentro de mí ardía una sensación de impaciencia que me gritaba: «¡Escribe libros!

¡Dedícate a orientar a las personas con trastornos alimentarios!, ¡Libérate de restricciones y limitaciones!».

«¿Pero cómo?», me preguntaba a altas horas de la noche, cuando la quietud de la madrugada me enfrentaba cara a cara conmigo misma. «¿*Cómo*?».

CAPÍTULO SIETE

El plan divino

Cuando se converge en la unidad, todo se puede conseguir. Mediante la virtud que carece de interés en uno mismo, hasta lo sobrenatural puede ser dominado.

Chuang Tzu 12,
texto espiritual taoísta

*L*A PRESIÓN QUE SENTÍA DENTRO de mí aumentaba cada vez que entraba en la CareUnit. Aunque me sentía muy agradecida por todo lo que había aprendido en ella, sabía que había llegado el momento de abandonarla y de empezar a trabajar en el campo que había elegido: la orientación a personas con trastornos alimentarios. Es más, ardía en deseos de escribir libros. Ahora que ya había conseguido superar mis viejas compulsiones de comer en exceso y comprar, no tenía forma de amortiguar el dolor de mis sueños incumplidos. Decidí entonces que la única solución, la única forma de encontrar alivio al incombustible anhelo interior, era trabajar para conseguir que mis sueños se hicieran realidad.

Decidí poner en práctica mis conocimientos sobre visualización. Hacía casi seis semanas que había mandado las cuarenta propuestas de libro de *The Custody Crisis*. Me había ido llegando alguna que otra respuesta rechazándolo y de vez en cuando perdía la confianza en llegar a editarlo jamás. Pero mi deseo de publicar un libro seguía ahí, incesante, por lo que casi por desesperación recurrí a la visualización. Tal y como había aprendido de las instrucciones de mi madre y del libro de Norman Vincent Peale, cerré los ojos e imaginé mi sueño como una realidad presente. Imaginé mi nombre impreso en el lomo de un libro editado, colocado en la estantería de la tienda B. Dalton Bookseller de mi barrio. Por alguna razón, cada vez que evocaba esta imagen mental veía el logotipo del gallo de la editorial Bantam Books encima de mi nombre.

Consideré que aquella imagen era una señal, así que reuní todos mis viejos libros en rústica de Bantam y les recorté el logotipo. Luego pegué con celo todos aquellos gallitos en el espejo del cuarto de baño, en el salpicadero del coche y en los paneles de corcho de mi casa y de las oficinas de la CareUnit. Todos los días visualizaba mi nombre y el gallo de Bantam en el lomo de mi libro, que estaba colocado en la estantería de la tienda B. Dalton. Y como aconsejaba el doctor Peale, le daba las gracias a Dios por que esta imagen ya fuera una realidad.

Cuando una semana más tarde me llamó un editor de Bantam para decir que estaba interesado en mi propuesta de libro, me quedé un poco aturdida. «¡La visualización funciona de verdad!», me dije a mí misma mientras me esforzaba por parecer lúcida mientras hablaba con el editor. Él me explicó que cada propuesta de libro tenía que ser aprobada por un comité de representantes de ventas, comerciales y editores jefes. Si mi libro conseguía la aprobación de este comité, me llamaría para negociar una oferta. «¡Santo cielo!», pensé mientras colgaba el teléfono. ¡Gracias, Dios mío!

La visualización se basa en la Ley de Causa y Efecto. Todo aquello que ves y en lo que crees forma un molde al que se ajusta tu realidad exterior. En mis meditaciones vi realmente y creí que Bantam publicaba mi libro. Si te aferras a tu fe y a tus sueños, cualquier cosa que veas se convierte a su debido momento en una realidad física. Sin embargo, si tu fe flaquea o tus sueños revolotean constantemente de una imagen a otra, tu realidad reflejará este miedo y esta confusión. Y eso fue lo que me sucedió a mí.

Lo repentino de la manifestación de mi visualización me cogió desprevenida. Eso me llevó a pensar: «¡No puedo creerlo!», y aquella negación contaminó todo el buen trabajo que había llevado a cabo. En algún nivel de mi mente sentía que no merecía aquel sueño. Muchos años después conseguí averiguar por qué.

Aquella llamada del editor de Bantam fue como la apertura de una compuerta. Cada día recibía cartas en las que me notificaban que habían rechazado mi propuesta. Yo había oído hablar de autores que cubrían las paredes de su despacho con las cartas de rechazo como si estuvieran empapelándolo, pero a mí me daba la impresión de que cada una de aquellas cartas contenía una energía negativa que me repelía. Por eso las destruí y con ello eliminé de mi casa la sensación de rechazo de una vez por todas. Luego me obligué a albergar pensamientos positivos sobre la publicación de mi libro.

Pronto descubrí que los rechazos llegaban en forma de cartas, mientras que las llamadas telefónicas comunicaban aceptaciones. Me llamaron tres editores más, y cada uno de ellos me ofreció comprarme el libro en el acto. Pero como yo estaba esperando noticias de Bantam, no quise comprometerme con ninguna otra editorial, sobre todo porque aquellas otras eran mucho más pequeñas que Bantam. Sin embargo, me preocupaba la idea de perder esas ofertas de «pájaro en mano» por esperar demasiado a Bantam. Pregunté a los tres editores si me podían conceder algo de tiempo para meditar sus ofertas y ellos accedieron. ¿Qué iba a hacer ahora? En lo más profundo de mi ser tenía muchas dudas de que Bantam aceptara publicar mi libro. Pasaron dos semanas más sin noticias de ellos, con lo que me armé de valor y los llamé para preguntar por el estado de mi libro. El editor me respondió que en aquel momento me estaba escribiendo una carta explicando que mi propuesta se parecía demasiado a otros libros que ya habían publicado.

Aquella experiencia me enseñó la importancia de mantenerme centrada en mi mundo interior. Para que las visualizaciones se manifiesten es necesario permitir que las creencias sobre la realidad fluyan *desde* el ojo interior de la mente *hacia* el mundo exterior. Cuando estés manifestando tus sueños, no prestes atención a los obstáculos aparentes que puedan surgir o estarás invirtiendo la dirección y el flujo de la manifestación. En otras palabras, estarás utilizando imágenes del mundo exterior y permitiéndoles que influyan sobre las imágenes del ojo interior de tu mente.

Mis dudas de que Bantam fuera a publicar el libro habían influido sobre el resultado, igual que mis pensamientos afirmativos originales habían atraído el interés inicial del editor. En meditación escuché estas frases de explicación:

Nuestros pensamientos son mensajeros e imanes. Guárdalos con cuidado y elige solo pensamientos de amor y éxito. De esta forma te aseguras de que solo vas a atraer amor y éxito.

¡Claro! Yo no era una víctima de un mundo funesto y cruel que muestra su favoritismo por las vidas de unas personas determinadas. Yo misma había elegido deliberadamente mi ruta con mis propios pensamientos. En lugar de venirme abajo por la negativa de Bantam —y estropear las ofertas de las otras tres editoriales—, me visualicé negociando muy contenta un estupendo contrato. Hablé con las tres y al final me fui con la mayor de ellas. El editor me preguntó si podía cambiar el título del libro por el de *My Kids Don't Live with Me Anymore* [*Mis hijos ya no viven conmigo*]. Yo accedí y sellamos el acuerdo.

Me sentía eufórica, pero también muy consciente de la enorme responsabilidad que acababa de asumir. Tenía que escribir doscientas cincuenta páginas en seis meses. Es más, gran parte de lo que iba a escribir me obligaría a divulgar abiertamente algunos de mis recuerdos más dolorosos. De todas formas, me establecí una planificación concreta de escritura.

Por aquel entonces asistía a clases nocturnas para terminar la licenciatura en Orientación Psicológica y estaba a mitad de curso. Me había hecho muy amiga de varias compañeras de clase, entre ellas una que se llamaba Judy Wiseheart. Esta mujer procedía de un entorno metafísico muy parecido al mío, pero también había realizado estudios independientes sobre meditación oriental, hipnosis y programación neurolingüística (PNL). Su marido, Robert, había asistido a clases de religiones y filosofías esotéricas en la Universidad de California, en Santa Cruz. Además, había sido alumno de uno de los fundadores de la PNL.

Robert era un maestro innato y siempre vestía de blanco, un color que casaba a la perfección con su cabello y su barba semicanos. Los invité a mi casa y les pregunté si podrían darnos clases particulares a mi marido Dwight, a un puñado de amigos íntimos y a mí. Como accedieron, un fin de semana al mes teníamos clase en el cuarto de estar de mi casa.

En las clases de Robert adquirí conocimientos teóricos sobre las regresiones a vidas pasadas y diversas formas de hipnotismo y meditación, y también las practiqué. Desde que en una reunión del instituto vi la actuación de un hipnotizador, esta práctica me provocaba una enorme curiosidad. En cierta ocasión acudí con mis padres a una exhibición en la feria de Del Mar (en California, EE. UU.), y un hipnotizador pidió voluntarios entre el público. Yo le pregunté a mi madre si podía salir y ella me explicó que los miembros de la Ciencia Cristiana no utilizan la hipnosis. Mi padre estuvo de acuerdo con ella y añadió que, si una persona se dejaba hipnotizar una vez, a partir de ese momento quedaría a merced de la sugestión que los demás pudieran ejercer sobre ella.

No volví a pensar en esta práctica hasta que las conversaciones con Robert y Judy despertaron de nuevo mi interés por el tema, olvidado desde hacía tanto tiempo. Yo seguía queriendo saber más de la hipnosis y deseaba experimentarla para poder sacar mis propias conclusiones. Cuando por fin la probé, me pareció al mismo tiempo relajante y estimulante. En lugar de convertirme en una persona débil y vulnerable me ayudó a concentrar mi mente intensamente en mis objetivos. Como disfrutaba enormemente con cada una de las clases de Robert y Judy, decidí compartir lo que había aprendido con los pacientes de la CareUnit.

Mi supervisor psicológico de la CareUnit accedió a que hiciera sesiones de relajación e hipnosis en grupo con los pacientes. Cada tarde, las personas interesadas se reunían en la «Sala de Día» y se tumbaban en colchonetas en el suelo. A veces me llamaba la atención ver a antiguos criminales reincidentes y a drogadictos de aspecto duro tumbados en el suelo como niños de guardería. Solía empezar las sesiones explicando lo que eran la hipnosis y la relajación progresiva. De vez en cuando, algún que otro paciente exclamaba desafiante:

—¡A mí no vas a ser capaz de hipnotizarme!

Descubrí que los que hacían esos comentarios solían ser los primeros en entrar en trance hipnótico durante los procesos de grupo.

La opinión de los pacientes y de mis compañeros de trabajo sobre estas experiencias de hipnosis grupal fue positiva, lo que aumentó aún más mi autoestima. Decidí que había llegado el momento de abandonar el nido y volar sola. Una de mis compañeras de la universidad, Melinda, me habló de una oferta de trabajo como directora de programa en un centro de tratamiento externo del alcoholismo y la drogadicción para adolescentes en el que ella trabajaba. Presenté mi solicitud y conseguí el puesto, y aunque seguía sin estar trabajando en trastornos alimentarios como quería, el nuevo trabajo me daba la sensación de que había avanzado un paso más en la dirección correcta. Me encantaba trabajar con los adolescentes, y aquel trabajo me ayudaba a curar las heridas abiertas durante la época en la que consumí alcohol y marihuana de forma abusiva.

El número de adolescentes adscritos al programa se duplicó rápidamente y corrió la voz en la comunidad del éxito clínico y empresarial que estábamos obteniendo. Un psiquiatra local pidió reunirse conmigo para hablar del trabajo que yo llevaba a cabo. Cuando la conversación giró hacia la posibilidad de que yo abriera un centro de consultas externas para pacientes con trastornos alimentarios para él, me sentí al mismo tiempo entusiasmada y aterrada. Una vez más mis visualizaciones estaban adquiriendo forma. Y, como ya me había sucedido antes, cuando me llamó el editor de Bantam, no estaba segura de estar preparada para aceptar que el sueño se hiciera realidad.

Sin embargo, decidí aprender de mi error con el editor de Bantam y mantuve mis pensamientos y acciones muy fijas en mi visión de tratar clientes con trastornos alimentarios. Aunque mi decisión de dejar el programa para adolescentes no fue bien recibida por mi jefe, mis colegas ni mis clientes, supe que tenía que aprovechar la ocasión. Uno de mis colegas, al que respetaba muchísimo, incluso me aconsejó que no trabajara con aquel psiquiatra:

—Tiene una reputación horrible —me dijo—. Se le acusa de maltratar a la gente.

Sin embargo, sentí que tenía que confiar en aquel instinto visceral que me impulsaba a que hiciera el cambio.

Ahora sé que el consejo más fiable que podemos recibir es el que procede de nuestras intuiciones y de nuestras sensaciones viscerales. Muchas veces me preguntan cómo podemos saber si un sentimiento es realmente «intuitivo». La gente me cuenta incidentes en los que escucharon a su voz interior y más tarde comprobaron que se habían equivocado. Existen grandes diferencias entre la verdadera orientación interior y la voz de nuestro ego. En primer lugar, las instrucciones que proceden de nuestro guía interior son amorosas y positivas, mientras que el consejo del ego se basa en el miedo, el desafío y el sentimiento de escasez. El guía interior nos indica de vez en cuando que pasemos a la acción de repente, pero jamás utiliza para ello la táctica del miedo ni las palabras despectivas. En segundo lugar, la voz del guía interior suele dejarnos una sensación de certeza, de que *sabes* que debes seguir tu intuición.

Si no haces caso a esta voz interior, seguirá repitiendo el consejo pacientemente hasta que estés preparado para oírlo. La orientación del ego, por el contrario, te anima a tomar decisiones impulsivas en su búsqueda de subidones temporales de adrenalina. El ego está constantemente cambiando de opinión, y si lo sigues hará que tu vida sea caótica y esté llena de crisis. A algunas personas les gusta este tipo de vida, esta montaña rusa vital, sobre todo porque, si siempre tienes algún fuego que apagar, no tienes que pensar en cumplir tu propósito en la vida.

Está claro que todos tenemos un propósito o una misión en la vida. Esa es la razón de que nos hayamos encarnado en este planeta. Como trabajadores de la luz, nos ofrecimos voluntarios a venir a la Tierra en la época crucial que engloba el antes y el después del año 2000 para esparcir nuestras energías amorosas y disipar la destructiva conciencia de masa. La mayoría de nosotros vinimos con el propósito concreto de utilizar nuestros conocimientos sanadores para enseñar, escribir, orientar, sanar o iluminar a otros habitantes de la Tierra.

Cada uno creó su propio plan de vida básico antes de encarnarse. Sin embargo, elaboramos este plan de vida en un momento en el que estábamos exclusivamente en el estado mental de nuestro «yo verdadero». Tras la encarnación, quedamos atrapados en pensamientos sobre asuntos materiales y se desarrolló nuestro ego. Sin embargo, todos los trabajadores de la luz con los que he hablado me dicen siempre que, en lo más profundo de su ser, saben que han venido a la Tierra con un propósito más elevado. Cuando este propósito permanece dormido, sentimos que una presión terriblemente dolorosa nos burbujea en el plexo solar, cerca del estómago. Se tiene la terrible sensación de que nos estamos olvidando de hacer algo, y es cierto, pues no estamos trabajando para cumplir nuestro propósito de vida.

Yo no me había dado cuenta de todo el tiempo que llevaba sintiendo esta presión alrededor del plexo solar hasta el día en que el correo me trajo mi libro publicado. Cogí la copia recién impresa de *My Kids Don't Live with Me Anymore* con el mismo cuidado con el que cogería a un bebé recién nacido. Ver mi nombre en la cubierta de un libro me parecía algo surrealista; me sentía desligada del libro, como si este tuviera una vida propia, separada de la mía. Yo sabía que no era su creadora. Sin embargo, me daba cuenta de que había participado en algo que podía aportar a mucha gente un alivio enorme, tanto físico como emocional. El miedo al que me había aferrado —de morir o de que algo me impidiera cumplir esta misión— abandonó mi cuerpo al instante y jamás ha regresado.

Según aprendí en las consultas con los clientes y en meditación contemplativa, estos miedos son al mismo tiempo paralizantes y vertiginosos entre los trabajadores de la luz. Uno de los mayores miedos que sufrimos, quizá el único, es el de no cumplir el propósito para el cual vinimos a la Tierra. Este miedo es lo que, paradójicamente, nos ata a una situación en la que nos olvidamos de cuál es nuestro propósito de vida. Es importante que los trabajadores de la luz comprendan este punto porque somos muchísimos los que tenemos la sensación de ser los únicos que padecemos miedo y confusión.

Las circunstancias que sostienen la creación del propósito vital me fueron explicadas más tarde en mis meditaciones:

Antes de que nacieras, un comité espiritual de guías y tú creasteis un plan de vida especialmente diseñado para responder a tus necesidades materiales, espirituales y kármicas. Este plan divino tiene tres elementos: un propósito, unas lecciones de crecimiento personal y unas relaciones con otras personas que sirvan para apoyar el plan general.

Tu propósito es una tarea que debes cumplir mediante tu profesión, tu trabajo como voluntario o con un proyecto especial que utilice tus talentos e intereses naturales para beneficiar a la humanidad. El segundo elemento de tu plan entraña unos acontecimientos vitales bien programados que te enseñarán cosas sobre el amor y te ayudarán a deshacerte de aquellas características de tu personalidad que te resulten perjudiciales. El tercer elemento incluye unos conciertos que hiciste antes de nacer con determinadas personas que servirán como catalizadores de tu propósito y tu crecimiento personal. Estas personas pueden actuar como miembros de tu familia, colegas del trabajo, amigos o conocidos. En vuestras interacciones, también ellos reciben ayuda para cumplir sus propios planes.

Predestinaste tu plan como un esbozo de lo que sería tu vida, y en él incluiste tu propósito, una serie de lecciones de vida significativas y unas relaciones con unas personas concretas. Como este plan no es más que un esbozo, debes ir eligiendo sus detalles a medida que avanza tu vida. Eres libre de ignorarlo por completo, pero las consecuencias emocionales y sociales de hacerlo pueden resultar devastadoras.

Muchos de nosotros no cumplimos el propósito que teníamos en nuestras encarnaciones anteriores. En la revisión que hacemos de nuestra vida después de morir, nos avergüenza comprobar que los miedos y los deseos materiales frustraron nuestro plan. Por eso, antes de nacer a esta vida nos juramos a nosotros mismos que no olvidaríamos nuestro propósito. El problema es que diseñamos el plan divino en un estado «verdadero» de conciencia plena y apacible. Cuando, a lo largo de nuestra vida humana, experimentamos miedos basados en el ego, no somos capaces de recordar por qué vinimos. Y si lo recordamos, el miedo nos impide la puesta en práctica de nuestro plan.

Las personas que dejan para otro día sus planes o los olvidan, como yo había hecho, sienten una ansiedad profunda y sorda. De forma inconsciente saben que les espera otra dolorosa revisión de su vida si vuelven a dejarse plantados a sí mismos. Se sienten deprimidos, como si se estuvieran olvidando de hacer algo importante, que es justamente lo que están haciendo. Muchos trabajadores de la luz tienen una idea vaga o una sensación visceral de la vida que deberían vivir. Sin embargo, se sienten inmerecedores o no cualificados para seguir sus impulsos intuitivos. Muchas veces intentan sofocar la voz de su intuición apagando con la comida, el alcohol o las conductas delictivas sus sentimientos viscerales. Sin embargo, no hay en el mundo sustancias suficientes como para amortiguar los impulsos interiores que los llevan a dar pasos hacia la consecución de su plan. Lo único que pueden hacer los trabajadores de la luz es dejar de dar espacio a las comunicaciones del ego y permitir que su yo verdadero y sanado brille. *¡El planeta depende de nosotros!*

Fueron muchas las cosas que cambiaron en mi vida después de la publicación de mi libro. Si sientes que tu plan divino conlleva escribir un libro, permíteme que te anime a enfocar tu energía en esa empresa. Lo primero que yo noté, aparte de la sensación de haberme liberado de una enorme cantidad de ansiedad, fue que empecé a recuperar la clarividencia de la que había gozado siendo niña. Sin embargo, las primeras veces que esto sucedió no supe qué hacer con ella.

Empecé a ver lo que iba a ocurrir medio minuto antes de que sucediera. Cuando iba conduciendo, por ejemplo, sabía de forma intuitiva lo que iban a hacer los conductores que estaban delante de mí. Primero veía con el ojo de la mente a un conductor girando a la izquierda y, medio minuto después, su coche giraba en esa dirección.

Cuando estaba con los clientes de mi nueva clínica de trastornos alimentarios, podía ver imágenes de lo que estaban a punto de describirme antes de que pronunciaran las palabras concretas. Percibía imágenes visuales muy claras de las comidas que habían consumido en exceso. Por ejemplo, si una cliente se había dado un atracón de helado, veía un enorme cucurucho de dos bolas o algún otro símbolo parecido junto a ella antes de que me hablara del atracón.

Esta clarividencia me permitía escuchar a los clientes sin necesidad de tomar muchas notas. Ellos me felicitaban por mi capacidad para «recordar» todos los detalles de sus vidas. Sin embargo, lo cierto era que yo no estaba *recordando* sus circunstancias. Lo único que hacía era sintonizarme y repasar mentalmente una especie de película de su vida. Podía realmente *ver* lo que les molestaba, y esta percepción nos permitía a ambos llegar con rapidez al asunto central.

Muchos de mis clientes habían sido maltratados de niños; muchos en concreto habían sufrido abusos sexuales. En ocasiones yo conocía por intuición su lucha emocional tan bien que prácticamente podía describir cómo se sentían sin que ellos tuvieran necesidad de decir ni una sola palabra. En más de una ocasión me pregunté cómo podía saber lo que se siente cuando has sufrido un maltrato en tu infancia. ¿Sería que estaba reprimiendo un recuerdo de maltrato en mi propia infancia? No podía ser así, puesto que era capaz de recordar cada uno de los años de mi vida. En lugar de estar reprimiendo un recuerdo, lo que estaba experimentando era clarisensibilidad.

No hablé con nadie de mi conciencia psíquica, en parte porque no estaba segura de lo que podía significar. Solo en una ocasión compartí un instante de presciencia con una persona, y lo hice de forma accidental. Le hablé a mi amiga Melinda de un sueño muy extraño que había tenido la noche anterior en el que veía una tienda llena de unos quesos que resultaban ser venenosos. Al día siguiente, los titulares de todo el país anunciaron una retirada masiva de un determinado queso contaminado con bacterias venenosas. Melinda creyó que la naturaleza psíquica de mi sueño había sido algo excepcional. Yo, sin embargo, en lugar de alegrarme de lo que había sucedido, me negué a analizarlo.

Después de todo, de niña me habían dicho muchas veces que no debía hablar de fenómenos psíquicos o espirituales. El código de mi familia era que jamás se debían discutir las curaciones milagrosas en público. Con muy pocas excepciones, siempre que le contaba a alguien que pertenecíamos a la Ciencia Cristiana, me ridiculizaban. Y cuando le hablé a mi madre sobre la gente a la que «veía» (y que ahora sé que estaban muertos), ella me aseguró que era obra de mi imaginación o un reflejo de la pantalla de la televisión. No me sentía suficientemente segura como para hablar de mi presciencia con nadie. Apenas quería admitir su existencia ante mí misma.

Lo que hice fue centrarme en mis investigaciones clínicas sobre los trastornos alimentarios. Cuando trabajaba en la CareUnit observé que existía una relación entre las características de personalidad de mis clientes y la droga que consumían. Esos mismos patrones estaban emergiendo con claridad ante mí en los pacientes que sufrían de trastornos alimentarios. Los que se atiborraban de pan tenían un temperamento bastante distinto de los que se daban atracones de helado. Empecé a investigar este fenómeno y descubrí que todos los «alimentos preferidos a la hora de darse un atracón» —chocolate, productos lácteos, bollos y frutos secos, por mencionar unos pocos— contenían sustancias capaces de alterar el estado de ánimo y la energía. Mis clientes elegían de forma intuitiva el alimento capaz de aliviar su problema emocional concreto.

Por ejemplo, descubrí que las propiedades químicas y organolépticas de muchos productos lácteos tienen un efecto antidepresivo. No era, por tanto, una coincidencia que aquellos clientes que padecían depresión los anhelaran. Es más, el tipo concreto de productos lácteos elegido, el helado con frutos secos, por ejemplo, tenía una relación aún más concreta con las características emocionales del cliente. Esto se debe a que el helado con frutos secos contiene unas sustancias químicas que no solo elevan el ánimo sino que también activan el centro del placer del cerebro.

Al principio de cada sesión empecé a preguntar a los clientes qué alimento era el que ansiaban tomar para así poder dirigir la terapia a los problemas centrales. Varios años más tarde escribí un libro sobre esta forma de analizar el deseo ferviente de un tipo concreto de alimentos. El libro se tituló *Constant Craving: What Your Food Cravings Mean and How to Overcome Them* [*Los anhelos constantes: lo que significan los antojos de comida y cómo superarlos*].

Los pacientes empezaron a acudir en masa a la clínica y en seguida me vi abrumada por más pacientes de los que mi tiempo me permitía tratar. Diana Whitfield, una amiga mía que había trabajado conmigo en la CareUnit, vino para ayudarme. Sin embargo, eran tantas las personas que acudían a nuestra clínica y que se curaban de su obsesión por la comida que la noticia corría de boca en boca y generaba más clientes de los que podíamos atender.

En aquella época recibí una orientación intuitiva repentina. En la mayoría de las ocasiones, nuestra intuición nos va guiando mediante diminutos incrementos sucesivos. Sin embargo, a veces recibimos una idea completa. Este fue el tipo de mensaje intuitivo que yo recibí un día, y supe que había llegado el momento de escribir otro libro. También supe que se iba a titular *The Yo-Yo Diet Syndrome* [*El síndrome de las dietas yoyó*], que iba a tratar de las causas y curas emocionales de las fluctuaciones de peso y que iba a tener mucho éxito. Toda esta información brotó de repente un día en mi mente y yo estuve tan segura de que era inevitable que incluso llegué a hablar de él en conferencias y en un par de entrevistas que me hicieron para unos periódicos.

Para que algo se manifieste, es necesario tener fe. Normalmente tenemos más fe en que nuestros miedos se van a cumplir que en que nuestros sueños felices se van a hacer realidad. La única razón por la que nos parece difícil que algo se manifieste es que a veces tenemos la sensación de que debemos esforzarnos para hacer realidad nuestros sueños. Sin embargo, con *The Yo-Yo Diet Syndrome* mi visión del libro me vino acompañada de una fe ciega en que se iba a realizar. No tuve que luchar contra ningún tipo de duda ni de miedo. Sencillamente supe que iba a hacerlo y ahora me doy cuenta de que la infalible Ley de Causa y Efecto fue lo que impulsó su existencia.

Dejándome guiar completamente por mis instintos decidí contratar los servicios de un agente literario para que negociara un contrato para *The Yo-Yo Diet Syndrome*. Algo me dijo que mirara en el capítulo de «Agradecimientos» de un libro sobre pérdida de peso que encontré en la biblioteca, y allí vi que los autores daban las gracias a una agente concreta. A continuación busqué el número de teléfono y la dirección de esta agente en un libro titulado *Literary Marketplace*[1] [*Mercado literario*] que encontré en la sección de consulta de la biblioteca. Llamé a la agencia y pedí a la recepcionista que me informara de cómo podía enviar mi propuesta. La mujer me respondió de forma abrupta:

—Nunca aceptamos clientes nuevos que no vengan recomendados por uno de nuestros clientes.

Pensé qué podía hacer y decidí llamar a mi tío Lee Reynolds para pedirle consejo. Quizá, como era guionista en Hollywood, conociera a alguien de esa agencia que pudiera recomendarme como cliente. Mi tío me respondió que sí, que tenía mucha relación con ellos. Sin embargo, me convenció de que mandara primero una carta de consulta.

—La labor de la recepcionista es filtrar las llamadas. No dejes que te asuste y te impida luchar por tu sueño.

Escribí una carta de una página. Antes de enviarla pasé ceremonialmente la mano por encima del sobre dibujando un círculo y elevé una oración. Una semana más tarde me llamó la agente para decirme que quería ver mi propuesta de libro. Me puse a escribir sin parar hasta que consideré con satisfacción que era la mejor propuesta que podía escribir. Cuando envié el manuscrito por correo volví a rodearlo de oraciones.

Al cabo de dos días recibí la llamada de la agente. Me invitaba a ir a Beverly Hills a comer con ella. Accedí y poco después fui a tomar un café con el tío Lee para celebrar que había firmado un contrato con la agencia literaria.

Mi agente vendió el libro en subasta y una de las editoriales que pujó por *The Yo-Yo Diet Syndrome* fue Bantam Books. Yo seguía teniendo el gallito en el espejo del cuarto de baño y no había abandonado la visión de mi nombre en el lomo de un libro bajo aquel anagrama. Sin embargo, su puja no fue lo bastante alta y Harper & Row, por el contrario, pagaron un adelanto muy sustancioso para obtener el contrato.

Llena de ilusión, me puse a escribir el nuevo libro. La escritura ha sido siempre uno de mis pasatiempos favoritos. Sentir que estás haciendo algo que va a marcar una diferencia para los demás, y el hecho de que te paguen por algo que te entusiasma hacer, es un auténtico milagro. Cuando estaba escribiendo el primer libro descubrí también lo catártico que puede resultar contar los momentos más dolorosos de nuestra vida. De hecho, algunos terapeutas existenciales como Viktor Frankl creen que la felicidad y la salud mental dependen de nuestra capacidad para encontrarle un sentido a nuestra vida[2]. Es lo que hacemos cuando convertimos una tragedia en algo significativo como enseñar a otras personas aquellas lecciones que nos resultó tan duro aprender. Cuando escribí sobre mis luchas con la comida y el peso en *The Yo-Yo Diet Syndrome*, experimenté ese mismo tipo de liberación existencial.

Gracias al anticipo que me habían dado por el libro, los ingresos que obtenía como psicoterapeuta y el sueldo de mi marido, la verdad es que gozábamos de una buena situación económica. Nos mudamos a un adosado nuevo en Quartz Hill, a quince kilómetros de Lancaster. Sin embargo, aunque no teníamos problemas económicos, yo me sentía estresada por la cantidad de cosas que hacía a lo largo del día: muchas horas de trabajo en la clínica y el tiempo que dedicaba a la familia, a asistir a clases nocturnas y a terminar el nuevo libro. Además, las exigencias publicitarias de mi primer libro habían sido incesantes desde que salió publicado. Ya había aparecido en varios programas nacionales de televisión y radio y a diario me llegaban avisos para acudir a más tertulias.

Mientras estaba abriendo cajas en nuestra nueva casa, me cayó un papel arrugado a los pies. Lo estiré y reconocí un trabajo que nos habían mandado en clase de sociología varios años atrás. Durante una conferencia sobre establecimiento de objetivos, el profesor había pedido a cada uno de los miembros de la clase que escribiera diez objetivos concretos a cinco años vista. En aquel momento yo no tenía ni idea de cómo podría conseguir ninguno de ellos. Sin embargo, los había alcanzado todos: la custodia de los niños, la publicación de un libro, terminar la carrera, una casa nueva, un Mercedes nuevo, una consulta privada de psicoterapia, vacaciones frecuentes en Hawai, mantener mi peso dentro de unos límites concretos, aparecer en programas de televisión como «Donahue» y una cantidad concreta de dinero ahorrado. La teoría de mi profesor de que es necesario escribir los objetivos había demostrado ser correcta.

Me asaltó una sensación de desasosiego al pensar que tenía todo lo que había deseado. Me eché una regañina a mí misma diciéndome que debería sentirme absolutamente feliz, pero lo cierto era que no lo estaba. Había algo que fallaba, y necesitaba descubrir qué era. Organicé a toda prisa unas vacaciones familiares en Maui, pues allí podría estar alejada del teléfono y de las presiones de la clínica. Necesitaba dedicar un tiempo a estar entre flores perfumadas y a reflexionar sobre mi vida.

CAPÍTULO OCHO

«Se abrirá
una nueva puerta»

El Yo que está dentro del corazón es como una frontera que divide el mundo de Eso. Por ello, aquel que ha cruzado esta frontera y ha comprendido la existencia del Yo, si está ciego, deja de estar ciego; si está herido, deja de estar herido; si está afligido, deja de estar afligido.

Chandogya Upanishad,
texto espiritual hindú

AL LLEGAR A OAHU NOS MONTAMOS en un pequeño avión de vuelos interinsulares con destino a Maui. El largo trayecto desde el continente me había dejado agotada. Como el vuelo a Maui no tenía asientos asignados, me dejé caer en uno de la primera fila. Los chicos y Dwight, por el contrario, prefirieron sentarse en la parte de atrás.

Un hombre bronceado y de cabello blanco se sentó a mi lado y nos entretuvimos charlando un poco sobre las islas. Tal y como se acostumbra a hacer entre personas que ocupan asientos contiguos en los aviones, también hablamos de nuestras respectivas ocupaciones. Yo le hablé de mi consulta de psicoterapia y de que estaba escribiendo un libro, y descubrimos que su hija y yo asistíamos a la misma facultad. Luego le pregunté cómo se ganaba la vida.

—Bueno, imparto una especie de seminarios —me dijo dubitativo. Aquello despertó mi interés, puesto que yo también dirigía seminarios con frecuencia.

—¿Qué tipo de seminarios? —pregunté.

Una vez más pareció reacio a contestar. Por último, me miró cara a cara y me preguntó:

—¿Has oído hablar de la Catedral de Cristal?

—Claro —respondí—. ¿Te refieres a la de Robert Schuller?

—Sí. Yo soy Robert Schuller —me contestó sin asomo alguno de orgullo ni de arrogancia.

Yo me sentí fatal por no haber reconocido un rostro tan famoso, con su nariz y sus ojos característicos. Sin embargo, durante la gira de presentación del libro había conocido a muchas estrellas del cine y de la televisión. Cuando están alejadas de las cámaras, sin maquillaje y con el carisma menguado en varios puntos, es frecuente que los famosos no se parezcan a las personas que salen en pantalla.

Durante los siguientes veinte minutos de vuelo me abrí al doctor Schuller y le hablé de la confusión que me producía no saber en qué dirección avanzar. Le conté que a mis treinta años había alcanzado todos los objetivos que me había marcado. Ahora no tenía ninguna meta nueva y me sentía vacía y asustada por tener que afrontar un futuro sin saber adónde iba. Él me habló de las encrucijadas de su propia vida y de cómo había resuelto sus momentos difíciles recurriendo a la fe y a la oración.

Sin sermonearme, el doctor Schuller me animó gentilmente a confiar en el proceso de la vida.

—Ya verás, se abrirá una nueva puerta para ti, Doreen —me aseguró—. Mientras tanto, que no te preocupe no saber lo que debes hacer a continuación. Cuando la puerta se abra *sabrás* que es la correcta.

Cuando el avión aterrizó, el doctor Schuller y yo nos abrazamos y sentí cómo se renovaba mi esperanza. Dios había organizado las cosas para que yo dispusiera del compañero de asiento perfecto en el momento más adecuado.

Decidí seguir el consejo del doctor Schuller y confiar en que se abriría ante mí una nueva puerta.

Llegué a la conclusión de que la mejor manera de encontrar la puerta era dejar de marcarme objetivos y ver lo que la vida me traía. Después de todo, era la segunda vez que conseguía todos mis objetivos (la primera fue cuando alcancé la popularidad en el instituto). Las dos veces había estado convencida de que, al alcanzarlos, me iba a encontrar en un estado de felicidad que me haría pensar que se habían abierto los cielos y que los ángeles cantaban mis alabanzas. La realidad era que aquellos logros me habían resultado decepcionantemente vulgares. Mi reacción ante esos desengaños había sido la de subir el listón de mis nuevos objetivos y pensar: «Bueno, salir en "Donahue" no era lo que quería en realidad. Quizá si salgo en "Oprah", *entonces* sí será distinto». Y me ponía un nuevo objetivo, lo alcanzaba y descubría que, por muy alta que fuera la cumbre a la que escalara, seguía sin aportarme una satisfacción duradera.

Mi nuevo objetivo, después de mi encuentro con el doctor Schuller, fue la felicidad. Yo sabía que la felicidad es posible, puesto que la había experimentado. Pero esa vez quería que fuera duradera.

Al poco tiempo de volver a casa desde Maui, mi agente vendió mi tercer libro, y esta vez el que se llevó la puja fue Bantam Books. Supongo que mi decisión de poner todos mis objetivos en manos de Dios tuvo algo que ver con el hecho de que mi visualización de Bantam se manifestara finalmente.

Lo normal es que un autor vea por primera vez su libro terminado cuando la editorial le envía algunas copias de cortesía. En el caso de este libro, sin embargo, yo lo vi por primera vez yendo de compras. Mi hijo Chuck necesitaba unos zapatos nuevos y una tarde nos fuimos al centro comercial. Al pasar por una tienda de B. Dalton Bookseller, paramos para ver si tenían mis libros. Se me cortó la respiración cuando el lomo de un reluciente libro marrón captó mi atención. Allí, delante de mí, había una copia tangible de la visualización mental que había albergado durante tanto tiempo. Un brillante gallo rojo, anagrama de Bantam, sobre mi nombre en el lomo de un libro, en un estante de B. Dalton, tal y como lo había imaginado durante casi cuatro años.

Las visualizaciones pueden convertirse en realidad si tu mente acepta esta posibilidad. Lo hacemos todo el tiempo; por ejemplo, cuando hacemos la lista de la compra y luego vamos cogiendo las cosas en la tienda. Jamás nos cuestionamos: «¿Seré capaz de conseguir la crema de champiñones que tengo anotada?». Aceptamos el hecho de que va a ser así.

Sin embargo, cuando tenemos miedo o no nos sentimos merecedores de que una imagen se haga realidad, muchas veces intentamos forzarla. Nuestras visualizaciones se vuelven tensas y cargadas de presión, como si estuviéramos intentando escurrir la materia del éter. Eso es lo que yo había estado haciendo en mis visualizaciones del anagrama del gallo de Bantam, y la tensión que yo sentía estaba bloqueando la consecución del objetivo. Era como si hubiese escrito una petición a Dios pero luego me hubiera negado a entregársela. Sin embargo, cuando puse la visión completamente en sus manos, esta pudo producirse.

«No existe orden de dificultad en los milagros», afirma *Un curso de milagros*[1]. Esto significa que no es más difícil manifestar un milagro que otro a menos que nosotros lo creamos así. Cuando emitimos juicios tales como «este objetivo es demasiado alto para mí» o «no tengo ninguna posibilidad de conseguir eso», estamos creando una tensión que nos impide manifestar nuestras visiones interiores.

Empecé a ver el delicado equilibrio que supone la manifestación de los objetivos. Por un lado tenemos que sentir un fuerte impulso de crear y de servir a un propósito de vida significativo. Como fuimos creados a imagen y semejanza de un Creador eternamente creativo, esto es totalmente lógico. Sin embargo, nuestra salud y nuestra felicidad dependen de que mantengamos el corazón centrado en el espíritu y no en el mundo material.

Al mismo tiempo observé que las necesidades compulsivas de mis clientes con trastornos alimentarios y adicciones enmascaraban profundos miedos y la depresión que les producía el no haber cumplido el propósito de su vida. Tenían creencias falsas como «no tengo suficiente tiempo, dinero, inteligencia, buen aspecto, contactos, educación o talento para convertir mi sueño en realidad», que les impedían siquiera intentarlo. Pero la voz interior seguía espoleándolos para que cumplieran su propósito. Sin embargo, en lugar de escucharla, mis clientes intentaban silenciarla con comida, alcohol o cualquier otra conducta compulsiva para ocultar sus sentimientos viscerales.

Una de las cosas que descubrí fue que siempre que un cliente conseguía abstenerse de consumir aquello que le provocaba adicción, empezaba a recordar el propósito de su vida. Su voz interior volvía a incitarlo a dar una serie de pasos determinados que le permitieran alcanzar su objetivo. Cuando esto sucedía, si la persona daba estos pasos, su anhelo por lo que le producía adicción se curaba. Sin embargo, algunos clientes, aterrados o intimidados por verse espoleados por su voz interior, regresaban a su adicción para taparla y dejar de oírla.

Mi trabajo en la clínica y las giras de promoción del libro me obligaban a menudo a viajar a distintas zonas de Estados Unidos para impartir cursos de capacitación interna a trabajadores de hospitales y para pronunciar conferencias. Por aquel entonces acepté también un trabajo como administradora de un hospital psiquiátrico exclusivo para mujeres situado en Woodside, cerca de San Francisco (EE. UU.).

Dwight y yo habíamos puesto fin hacía poco a un matrimonio que había durado siete años. Las razones de la ruptura fueron tantas que me resultaría demasiado difícil resumirlas brevemente. Lo único que deseo decir es que el divorcio fue muy doloroso. Siempre que mis clientes me dicen que están sopesando la posibilidad de divorciarse, les advierto que analicen bien las razones que les llevan a querer poner fin a su matrimonio. Con demasiada frecuencia recurrimos a cosas externas —como casarse o divorciarse— para llenar el vacío que sentimos en nuestro interior. Pero lo cierto es que nuestro anhelo interno de amor no puede calmarse con nada que provenga del exterior. Solo el amor celestial, que todos albergamos en nuestro interior, es capaz de llenar ese vacío.

Volvía a ser una madre sin pareja, y para los niños y para mí supuso una especie de aventura mudarnos a vivir a Bay Area. Encontramos una casa preciosa cerca de un colegio de primaria, y yo cruzaba a diario la bahía por el puente Dumbarton para acudir a mi trabajo en el hospital.

El hospital en el que trabajaba estaba especializado en tratar a mujeres que habían sufrido malos tratos y que, como consecuencia de ellos, padecían trastornos alimentarios y otras adicciones. Estaba rodeado por unos lujosos jardines de estilo romántico y decorado con muebles blancos de mimbre y almohadones anaranjados. Era un lugar de retiro muy popular para las mujeres de San Francisco. Casi nunca teníamos camas libres y siempre había lista de espera de posibles pacientes.

Cuando tuvo lugar el terremoto de 1989 en San Francisco, mis hijos y yo estábamos en casa. Al haber nacido en California, he sido testigo de muchos terremotos y mi actitud hacia ellos era de indiferencia. Sin embargo, aquel fue completamente distinto. Vi con horror cómo el vestíbulo de losas y las paredes de mi casa se retorcían y se doblaban como la correa de un reloj de pulsera. Abracé con fuerza a Grant y oí a Chuck gritar de pánico en su dormitorio. Fue horrible comprobar con desesperación que era incapaz de acudir a su lado. Lo único que podía hacer era abrazar a Grant y rezar para que el terremoto acabara pronto. En otros desastres naturales, uno puede echar a correr o buscar cobijo, pero cuando la tierra tiembla bajo tus pies no hay escapatoria.

Varios meses más tarde tomé parte en un reportaje publicitario relacionado con *The Yo-Yo Diet Syndrome* que rodamos en Nashville (EE.UU.). Me hice amiga del director y él me presentó a la directora comercial de un hospital psiquiátrico de esa ciudad con la que hice muy buenas migas. Se mostró muy interesada en el éxito del hospital psiquiátrico de California en el que trabajaba y los administradores de su hospital me ofrecieron la posibilidad de abrir una unidad psiquiátrica parecida, solo para mujeres. Los niños, todavía temblorosos por causa del terremoto, no pusieron ninguna objeción cuando les sugerí que podíamos mudarnos otra vez.

Durante los dos años siguientes me dediqué a fondo a supervisar una unidad hospitalaria que denominé «WomanKind»*. Mi trabajo incluía la administración, la comercialización y el tratamiento de los pacientes. Todas las tardes acudía a Music Row, un barrio a las afueras de Nashville en el que están situadas las oficinas de muchas emisoras de radio y casas discográ-

---

* Juego de palabras intraducible en el que la autora juega con el término *mankind*, que significa «humanidad». La primera parte de esta palabra, man, que significa «hombre», la sustituye por *woman*, que significa «mujer», con lo que da a entender algo parecido al conjunto de todas las mujeres. Además, la segunda parte, *kind*, significa «amable», por lo que podría también hacer referencia a la amabilidad con que se debe tratar a las mujeres ingresadas en ella y a la amabilidad que ellas debían mostrar hacia sí mismas. *(N. de la T.)*

ficas, para presentar un programa de radio diario en la emisora WSIX. A última hora de la tarde solía dedicarme a pronunciar conferencias en organizaciones cívicas locales.

El trabajo terapéutico que desarrollaba en Nashville se centraba en pacientes que habían sufrido maltrato infantil. Las diferencias culturales entre California y la zona sur de Estados Unidos, en la que el incesto era aparentemente más frecuente, me perturbaron bastante. Muchas pacientes tenían también una imagen negativa de sí mismas que parecía surgir de los estereotipos regionales acerca de las mujeres. Escribí artículos en la prensa, pronuncié conferencias e hice programas de radio para animar a las mujeres sureñas a que dejaran atrás su ambición de desvivirse por todo el mundo. Estoy segura de que mis puntos de vista yanquis levantaron algunas ampollas. Sin embargo, las que a mí me preocupaban eran las mujeres abrumadas por la culpabilidad y una baja autoestima.

Al cabo de dos años regresé a California y decidí escribir más libros y publicar más artículos en revistas. Una de las cosas que me interesaban por aquel entonces eran las relaciones amorosas. Mis experiencias en este campo desde que me divorcié habían sido difíciles y complicadas. Anhelaba profundamente poder tener una relación comprometida y con perspectiva de futuro, pero no a costa de tener que aguantar a una pareja incompatible conmigo. Las rupturas amorosas y los divorcios son muy dolorosos, así que no tenía ningún deseo de entablar deprisa una relación nueva. Sin embargo, añoraba tener compañía.

El matrimonio de mis padres me había enseñado que el amor auténtico —profundamente romántico, impregnado de una gran amistad y fundado sobre las bases de la confianza y la fidelidad— es posible. También había experimentado éxitos clínicos en muchas de las sesiones de orientación de mis pacientes. Había sido testigo de muchos casos en los que se demostraba lo maravilloso que puede ser el amor, y quería experimentarlo yo también.

Casi por broma decidí experimentar con los principios metafísicos para ver si podía manifestar la relación que estaba buscando. Me propuse manifestar al hombre exacto que yo necesitaba de la misma forma que había manifestado otros éxitos en mi carrera. Para ello escribí una lista de dos páginas con todas las características que me parecían importantes en un compañero y en una relación. Omití todos aquellos detalles que no me importaban y me concentré solo en lo que me parecía fundamental.

Luego cerré los ojos y afirmé con suavidad que si realmente era mi hombre soñado, la persona de la lista también me querría exactamente como yo era. Afirmé que él me estaba buscando en ese mismo momento con el mismo fervor con el que yo le buscaba a él. Con una fe absoluta dejé la situación en manos del universo y metí la lista en un cajón.

Al cabo de unos días empecé a tener presentimientos de que debía acudir a unos sitios concretos y llamar a una serie de gente que no formaba parte de mi rutina habitual. A veces no hacía caso de estas intuiciones, pero seguían acosándome hasta que accedía. Todas aquellas actividades intuitivas culminaron cuando entré en un restaurante francés que había cerca de mi casa y me tropecé con un hombre en el vestíbulo. La primera vez que vi a Michael sentí que el tiempo se ralentizaba y que la habitación empezaba a girar como loca. Él me invitó a sentarme con él y a tomar un vaso de agua mineral y nos pusimos a charlar como si nos estuviésemos entrevistando mutuamente. Al terminar la velada supe que Michael era el hombre de mi lista. Después de aquel primer encuentro, nos hicimos inseparables.

A raíz de ese momento empecé a escribir artículos y libros sobre las relaciones amorosas. Una de las revistas en las que colaboraba, *Complete Woman*, me nombró editora externa. También empecé a participar en programas de televisión con el nombre de «Doctora del Amor» para dar consejos relacionados con las relaciones. Un agente literario de la ciudad de Nueva York que lleva a los autores más importantes sobre las relaciones me animó a que siguiera con este género. Sin embargo, al poco de terminar de escribir unos cuantos libros sobre este tema supe que no era lo que me pedía mi corazón. Yo quería escribir solamente sobre los principios espirituales de sanación de la mente, el cuerpo y las emociones.

Decidí escribir un libro sobre el montón de trabajos de investigación y los casos que había ido acumulando relacionados con el vínculo existente entre los trastornos alimentarios y el maltrato en la infancia. Con este motivo dejé el trabajo clínico y reuní todos los datos en una propuesta de libro que titulé *Losing Your Pounds of Pain* [*Pierde tus kilos de dolor*]. Necesitaba tener tiempo libre y aquella fue una de las mejores decisiones que he tomado en mi vida. Los contrastes entre mis creencias espirituales más profundas y las filosofías del tratamiento psicológico que había aprendido a utilizar en el trabajo clínico me habían estado perturbando. Tenía que reconciliar ambas cosas antes de poder dedicarme de nuevo a la orientación.

Mis creencias espirituales afirman que podemos crear todo aquello que deseamos. De hecho, cualquier cosa en la que nos concentremos se muestra siempre en el plano físico. Es la Ley de Causa y Efecto básica. Eso era lo que me provocaba el conflicto. La psicología me pedía que violara esta ley haciendo que mis clientes se concentraran en sus problemas. A los terapeutas y a los sanadores se les enseña que pregunten a sus clientes cuál es el problema y que luego lo analicen. Sin embargo, este tipo de planteamiento hace que al principio los problemas crezcan.

A menudo veía casos en los que las clientes, tanto mías

como de otros colegas, describían por ejemplo un problema
en una relación. El terapeuta dedicaba entonces horas a trabajar
con ella aquel problema. Nueve de cada diez veces la relación
empeoraba inmediatamente en respuesta a aquella actitud tan
centrada en él. El terapeuta aseguraba a la cliente que ese em-
peoramiento significaba que había «dejado de negar» el problema y que por fin estaba empezando a ver la relación con
claridad.

De repente, un día me di cuenta de que aquello no respondía a la filosofía en la que me habían educado. Me habían enseñado a centrarme en la verdad de una situación y a declarar
siempre que todos somos perfectos y completos, y que solo el
amor es real. Este enfoque permitía el crecimiento de la armonía y sustituía lo que se consideraba un problema. Sin embargo,
¿cómo reaccionarían mis clientes si de repente empezaba a decirles que eran perfectas? ¿Qué iban a decir si les aseguraba
que eran completamente amadas, amables y amantes? Supuse que saldrían chillando y corriendo de mi despacho; sería
algo parecido a las burlas y el rechazo que había sufrido de
niña. Como me daba miedo la idea de salir del armario espiritual, me había apartado de mis creencias.

CAPÍTULO NUEVE

La presencia

La vida es algo espiritual. La forma puede destruirse, pero el espíritu permanece y está vivo, pues es la vida subjetiva.

PARACELSO (1493-1541),
alquimista y médico [1]

ME ENCONTRABA EN LA CASA DE MONTAÑA de mis padres, cerca de Paradise (California, EE.UU.), cuando Reid Tracy, el vicepresidente de la editorial Hay House, me invitó a comer para hablar de la propuesta de libro que le había enviado. Se lo conté a mi madre y ambas rompimos a gritar de alegría, pues somos grandes admiradoras de Louise Hay (la fundadora y editora de Hay House) y de su trabajo.

Una semana después estaba sentada en un reservado de un restaurante con Reid y Dan Olmos, el director editorial de Hay House. Desde el primer momento me sentí muy a gusto con aquellos dos hombres. Cuando Reid me dijo que el vocabulario de mi propuesta de libro sonaba como el que podría utilizar Louise, supe que había encontrado la editorial perfecta. Estuvimos hablando de nuestras creencias metafísicas y acordamos que Hay House publicaría *Losing Your Pounds of Pain*. Yo estaba entusiasmada.

Al poco tiempo de empezar a escribir el libro, llamé a Dan para hacerle una pregunta. La recepcionista de Hay House pareció un tanto azorada cuando pregunté por él y oí cómo transfería mi llamada a otra extensión. Como esperaba oír la voz de Dan al descolgar el teléfono, me sorprendió escuchar la de una mujer.

—Deben haberme transferido a una extensión equivocada —dije—. Estoy llamando a Dan Olmos.

Se produjo un silencio al otro lado de la línea. Luego la mujer preguntó:

—¿No se lo han dicho?

—¿El qué?

—Dan Olmos ha fallecido. Soy la nueva editora.

Jill Kramer me explicó que Dan había fallecido tras una larga enfermedad justo el día que ella entró a trabajar en Hay House. Jill y Dan habían sido amigos durante años y Jill estaba convencida de que Dan «se permitió a sí mismo abandonar el planeta» cuando se aseguró de que alguien a quien conocía y en quien confiaba se iba a hacer cargo del puesto. Como directora editorial, Jill se convirtió en una buena amiga mía y de mis libros. Sin embargo, mientras escribía *Losing Your Pounds of Pain* comprobé que Dan no estaba aún preparado para traspasar las tareas editoriales.

Nunca había dedicado demasiado tiempo a reflexionar sobre la vida después de la muerte, lo que puede resultar llamativo si tenemos en cuenta la visita que me hizo el abuelo Ben después de fallecer. Sin embargo, durante el tiempo que estuve escribiendo el libro, la presencia de Dan era palpable, tanto física como mentalmente. Cada vez que abría el libro en la pantalla del ordenador, percibía un cambio en la presión del aire justo encima de mi hombro izquierdo. E igual que notamos la presencia de una persona en la habitación, e incluso sabemos quién es sin necesidad de girarnos para verla, yo podía percibir con claridad a Dan a mi lado.

Es más, hasta oía sus palabras en mi mente. Él me entregó gran parte de las ideas filosóficas del libro y me dictó mensajes muy bellos sobre el papel que el perdón desempeña en la sanación de nuestro dolor. Eran unos mensajes que jamás había oído y en los que no había pensado con anterioridad. Por mi trabajo clínico sabía que la mayor parte de las personas que han sufrido malos tratos se culpan en parte a sí mismas de su experiencia. También sabía que ser honesto con esta autoinculpación es fundamental para recuperarse del dolor emocional del maltrato.

Sin embargo, durante los años que asistí a clase en la iglesia y en la universidad jamás oí hablar de la importancia del perdón. Dan me dijo que perdonarnos a nosotros mismos es la clave para sanar las heridas producidas por los malos tratos en la infancia. La mayoría de las víctimas no quiere perdonar a sus maltratadores, pero al perdonarse a sí mismas son capaces de curarse, pues lo cierto es que solo existe una mente. Me dijo que escribiera una afirmación que sanaría a las víctimas de malos tratos: «*Me perdono, me acepto y confío en mí*». Estos fueron los hermosos mensajes que Dan dejó a los lectores de *Losing Your Pounds of Pain*. Cuando leí las cartas de los lectores que recibí después de su publicación, me quedó claro que el mensaje de Dan había ejercido un efecto positivo sobre la vida de muchas personas.

No compartí con mucha gente la presencia de mi editor celestial porque yo misma seguía sin estar segura de lo que pensaba sobre la vida después de la muerte. Es curiosa la forma que tenemos de compartimentar nuestra lógica, ¿verdad? Por un lado, sabía que Ben me había visitado realmente después de morir. ¡Jamás había tenido ni el más mínimo asomo de duda a ese respecto! Y también sabía que Dan estaba guiando lo que escribía en el libro. Pero no quería dar el salto lógico de deducir de todo ello que había vida después de la muerte.

Cuando era niña, oía muchas veces a mi madre, a los profesores de la escuela dominical y a otros miembros de la iglesia decir: «la muerte es una ilusión» y «la muerte no existe». Siempre había dado por hecho que eso significaba que podíamos extender la vida del cuerpo humano de manera infinita mediante la oración. Ahora me doy cuenta de que lo que realmente querían decir es que el alma nunca muere y es eterna. Puede que nuestros cuerpos se marchiten, pero *nosotros* —es decir, la persona verdadera que está dentro del cuerpo— vivimos por siempre.

Tras la publicación de *Losing Your Pounds of Pain*, todos nos vimos sorprendidos por el éxito que obtuvo. Sin embargo, deberíamos haberlo esperado. Después de todo, la ayuda celestial abarca desde el principio hasta la conclusión de cualquier proyecto que se emprenda con inspiración divina. Dios no se limita a darnos una buena idea y luego a dejarnos a nuestra suerte para que la terminemos. Nos da el lote completo.

Durante la promoción del libro aparecí en varias tertulias de televisión, incluso en el programa de Oprah. Los presentadores y las audiencias de estos programas siempre gravitaban hacia la parte el libro en la que describía brevemente mis investigaciones sobre el significado emocional de nuestros antojos de comida. Cada uno de los alimentos que anhelamos se corresponde con un sentimiento concreto que queremos aliviar o enmascarar con la comida. En el libro había incluido una pequeña muestra de antojos concretos y sus significados respectivos, y esto era lo que una y otra vez querían tratar los presentadores.

Lo mismo me había sucedido en las conferencias y tertulias en las que había participado con ocasión del lanzamiento de *The Yo-Yo Diet Syndrome* años atrás. Cada vez que mencionaba que podíamos «interpretar» el significado que se esconde tras los antojos de comida, la audiencia me pedía a gritos más información. Hablé de esto con Reid y Jill, de Hay House, y juntos decidimos que había que escribir un libro dedicado en exclusiva a este tema.

Mientras tanto, Bonnie Krueger, editora jefa de la revista *Complete Woman*, me pidió que entrevistara a la autora de un libro que le había entusiasmado.

—Se titula *He visto la luz*[2]. Llevo compradas docenas de ejemplares y se lo estoy regalando a todas las personas que conozco —me explicó—. ¿Podrías encontrar y entrevistar a la autora, Betty Eadie?

Aunque había visto el título de *He visto la luz* en la lista de éxitos del *New York Times*, no sabía gran cosa del libro. El publicista de Betty Eadie me concertó una cita con ella para que la entrevistara en la exposición Whole Life de Los Ángeles. Michael me acompañó para hacer fotos para la revista y mi hijo Grant decidió que también quería venir.

La cita estaba concertada para cuando terminara la conferencia que iba a pronunciar la noche del viernes, por lo que nos sentamos entre el público a escucharla. Yo había leído el libro y el material de prensa para prepararme la entrevista. Sin embargo, al escucharla sentí que Betty hablaba en un nivel aún más elevado que el que había utilizado para escribir el libro. Describió la luz interior que todos llevamos dentro y explicó cómo podemos hacer que aumente el brillo de su fulgor gracias a nuestra conciencia de la presencia constante del amor. El estilo de su oratoria me entusiasmó, pues combinaba poder con dulzura, fuerza con belleza femenina. «Es un modelo de paz», pensé mientras la veía hablar. Llevaba un bonito vestido blanco muy vaporoso, al estilo indio, y brillaba con la misma luz de la que estaba hablando.

Sus palabras resonaron en unas áreas de mi psique que llevaban mucho tiempo desatendidas. Como si fuera una máquina oxidada por la falta de uso, sentí que una parte de mi conciencia respondía somnolienta a las palabras de Betty. Esa parte de mí, que había estado totalmente despierta cuando era más joven, llevaba muchos años hibernando. Allí sentada, oyendo la conferencia de Betty, con un estrecho traje de chaqueta azul marino y una blusa blanca de poliéster, de repente me sentí como una extraña en mi propia piel.

Y cuando la entrevisté después de la conferencia, me sentí aún más incómoda. Ella se mostró muy amable conmigo y fue muy generosa con su tiempo. De todas formas, pude percibir que la tensión que yo sentía y a la que ella no pudo evitar responder abría una distancia entre nosotras. Más tarde reproduje la cinta de la entrevista tres veces para escribir el artículo para *Complete Woman*, y en cada una de ellas percibía nuevos significados en sus palabras.

Me di cuenta entonces de que, en algún lugar del camino, había perdido gran parte de mi conciencia espiritual. Hacía mucho tiempo que no iba a la iglesia ni a ningún acto religioso, y llevaba siglos sin rezar, meditar ni leer ningún libro o artículo sobre metafísica. No es que mis creencias hubieran cambiado; sencillamente, había dejado de ser consciente de ellas. Me decía a mí misma: «Ya volveré a la metafísica cuando me ponga enferma». Como seguía teniendo una salud perfecta, no me centraba en la espiritualidad porque no me parecía relevante en aquel momento de mi vida. Además, estaba muy ocupada escribiendo *Constant Craving* y no quería dedicar mi tiempo a ninguna otra cosa.

Sin embargo, cuando a finales de noviembre mi madre me llamó para darme una noticia muy triste, tuve que apartar la atención del libro. Mi abuela paterna, Pearl, estaba bastante enferma y no esperaban que viviera mucho más tiempo. Mis padres iban a ir al día siguiente, que era día de Acción de Gracias, a casa de la prima Betty, cerca de Sacramento (EE. UU.). Tenían la intención de pasar allí la noche y al día siguiente ir a ver a la abuela Pearl.

Aquella noticia fue para mí una conmoción, pero como sabía que preocupándome no iba a aportar nada a la salud de mi abuela, seguí concentrada en la escritura del libro. Dos días más tarde, mi madre volvió a llamarme para decir que mi abuela había empeorado. Para complicar aún más la situación, a mi padre le habían robado el coche la noche que se quedaron en casa de Betty. La policía lo estaba buscando, pero no tenían muchas esperanzas de recuperarlo. Mientras tanto, mis padres iban a alquilar un coche para acudir al lado de la abuela Pearl.

Rompí a llorar con tal intensidad que las lágrimas me impedían hablar con mi madre.

Le entregué el teléfono a Michael para que le explicara que yo estaba abrumada por la noticia y que la llamaría más tarde. Cuando recobré la compostura, me di cuenta de que mis sentimientos estaban conectados con una sensación de tristeza por mi padre. Él siempre había tenido miedo de que le robaran el coche. Recordé cómo, cuando nos íbamos toda la familia de vacaciones, él solía levantarse en mitad de la noche para apartar las cortinas y asegurarse de que el coche seguía estando allí. Y ahora, su mayor temor se había hecho realidad. Me apenaba muchísimo el hecho de que mi padre, que es un hombre tan bueno, estuviera a punto de perder a su madre y que, al mismo tiempo, le hubieran robado el coche.

Por primera vez en mucho tiempo me puse a rezar. Recé por que mi abuela tuviera paz y por que mis padres recuperaran el coche. Afirmé una y otra vez lo que mi madre me enseñó hacía tanto tiempo: «Nada está perdido en la mente de Dios». Lo repetí hasta que supe que Dios veía dónde estaba el coche en ese momento.

También recé para que los ladrones accedieran a la luz. Estoy honestamente convencida de que no existe la gente mala, pues Dios está por encima de todo. Creo que solo hay gente asustada que actúa con maldad. Muchos textos espirituales afirman que el ego humano es el único demonio que camina por el mundo. Todos podemos despertar de nuestros miedos, basados en el ego, y recomponer nuestra forma de actuar, y yo recé para que los ladrones se hicieran conscientes de sus actos.

Mi abuela Ada también estaba rezando, así como muchos de nuestros amigos y parientes. Betty Eadie me había hablado del poder de unirse en oración con otras personas. Me dijo que una oración envía un rayo de luz al cielo. Cuando las oraciones de varias personas se unen por la misma causa, es como si se entrelazaran los rayos hasta formar una inmensa cuerda de luz.

Cinco días después de haberme enterado del robo del coche de mis padres, me llamó mi hermano, Ken.

—Creo que la abuela Pearl no va a vivir mucho más tiempo —me dijo.

Ken tiene una conexión extremadamente fina con el universo invisible. Uno de sus episodios psíquicos más notables se produjo una semana antes del desastre del transbordador espacial *Challenger*. Ken tuvo una visión repentina y clara de cómo el transbordador explotaba en lo que él supuso fue un choque al aterrizar. Aquello le preocupó y se puso en contacto con un ingeniero amigo suyo que había trabajado en el diseño del aparato. Le contó su visión y le preguntó:

—¿Podría suceder esto que te he contado?

—¡Desde luego que no! —respondió el ingeniero, y Ken apartó la visión de su mente.

Cuando se conoció la noticia de la explosión del transbordador espacial una semana más tarde, Ken se quedó horrorizado. El ingeniero, por su parte, estaba absolutamente asombrado. Ambos reflexionaron con tristeza sobre si la presciencia de Ken podría haber evitado el desastre.

En mi niñez escuché con frecuencia la frase: «Solo existe una única mente». Las experiencias psíquicas nos recuerdan nuestra conexión con esta mente única. Investigadores de todo el mundo están también buscando evidencia científica de la existencia de esta mente. Por ejemplo, hay estudios que revelan que cuando alguien piensa en ti, tu cuerpo muestra unos cambios en los impulsos fisiológicos que están relacionados con el tipo de pensamientos que esa persona está teniendo, según sean tranquilos o agitados[3]. Otros estudios han descubierto que *antes* de ver una diapositiva de una escena tranquila o agitada, las ondas cerebrales y el ritmo cardiaco de los sujetos que van a verlas muestran señales de tranquilidad o agitación. En otras palabras, sus cuerpos registran las reacciones emocionales apropiadas a cada imagen antes de que esta les sea mostrada [4].

Existen también estudios que muestran que las ondas cerebrales de las personas que meditan se sincronizan para identificarse totalmente con las del resto de personas de la habitación, en especial cuando los otros también están mediando. Las ondas cerebrales de una persona que está en meditación son también idénticas a las de la persona en la que está pensando el meditante y con la que existe un lazo emocional, incluso en el caso de que estén separados por una distancia grande [5].

El estrecho vínculo de mi hermano con la mente única le había alertado del fallecimiento inminente de la abuela Pearl, por lo que se apresuró a reservar un vuelo para acudir a su lado, a Oregón. Me pidió que fuera con él, pero antes de que tuviera tiempo de comprar los billetes tuvo otra visión que le indicaba que ya era demasiado tarde. Tras hacer dos llamadas telefónicas a unos parientes en Oregón, Ken pudo confirmar que la abuela Pearl acababa de fallecer. Había aguantado justo lo suficiente para que mi padre y mi tío Lee pudieran llegar a estar con ella antes de la transición.

Todo el mundo tiene habilidades psíquicas por naturaleza, y esto resulta muy evidente en los niños pequeños que dicen que ven ángeles y que tienen amigos invisibles. En las familias que no estimulan estas visiones psíquicas, los niños cierran su capacidad de visión espiritual. En nuestra familia se estimulaba un aspecto de las habilidades psíquicas: la de sintonizarse con los seres queridos. De hecho, mi madre nos llama con frecuencia a mi hermano o a mí cuando sabe por intuición que estamos viviendo un desafío. Yo había utilizado esta habilidad como psicoterapeuta y con mis propios hijos. Mi hermano, Ken, se había sintonizado psíquicamente con la abuela Pearl y había intuido con exactitud el momento de su fallecimiento.

Yo nunca cuestioné las percepciones psíquicas de Ken ni

las consideré algo extraño. Esto se debió, en parte, a que había crecido con ellas, por lo que las consideraba una faceta corriente de la vida, y en parte a que rara vez presté atención a mis propias intuiciones. Aunque la entrevista que le había hecho a Betty Eadie me había picado momentáneamente el interés, durante los meses anteriores había estado centrada en el mundo material superficial. Como escritora independiente utilizaba mi energía diaria para escribir cartas de solicitud, negociar tratos y hacer las entregas correspondientes antes de la fecha límite. También bebía vino todas las noches para dormir mejor y luego tomaba café por las mañanas para estimular mi energía.

El día después del fallecimiento de la abuela Pearl, la policía recuperó el coche de mis padres. Nos dijeron que en muy raras ocasiones conseguían encontrar los coches que se robaban en su distrito y que les había sorprendido mucho haberlo logrado en este caso. Es más, el coche tenía hasta un nuevo complemento: un reluciente ambientador que colgaba del espejo retrovisor. ¡Era evidente que los ladrones habían sido cuidadosos y no quisieron tener que aguantar el olor de los cigarrillos que se fumaban dentro del coche! Yo creo que la abuela Pearl —que una vez liberada de las limitaciones corporales pudo dedicarse a ayudar a su querido hijo— y nuestra cuerda colectiva de oraciones consiguieron una recuperación milagrosa del automóvil de mis padres.

Aproximadamente una semana después del fallecimiento de mi abuela, escuché claramente una voz que me hablaba desde fuera de mi cabeza. No había vuelto a escuchar esta especie de voz desconectada de todo cuerpo físico desde la experiencia extracorpórea que tuve casi treinta años antes. Igual que cuando tenía ocho años, escuché una potente voz masculina que procedía de fuera de mí. La voz me dijo estas palabras exactas: «Deja de beber y apúntate al Curso de Milagros».

No se trataba de una petición sino de una orden muy firme, pronunciada sin enfado ni acusación. Al oír aquellas palabras me estremecí, pues en lo más hondo de mi ser sabía que el estilo de vida que llevaba, incluida mi costumbre de beber vino por la noche, no me beneficiaba ni física ni emocionalmente. Sin embargo, la última parte de la frase, «... y apúntate al Curso de Milagros», me desconcertaba. Había oído hablar de «el Curso», pero no estaba segura de lo que significaba. ¿Sería una serie de clases que se impartían en escuelas especiales? Me pregunté dónde se darían estos cursos y cómo podría informarme más a fondo.

Sin mencionar el motivo de mis preguntas, le pedí a mi madre que me hablara de *Un curso de milagros*. A ella le gustó que le preguntara y me reveló el profundo interés que ella misma sentía por ese tema. También me recordó que años antes, cuando estaba en primero de Psicología, me había hablado del *Curso*. Me recordó que, cuando me habló de «un libro que Jesucristo canalizaba como antídoto al dolor que sufre el mundo», le dije que su autor debía padecer esquizofrenia. Lo cierto, sin embargo, era que la que en ese momento tenía un problema era yo, que sufría la manía de psicoanalizar de esa forma ingenua y estrecha de miras que es tan corriente en las personas que están estudiando los fundamentos básicos de la psicología.

Mi madre me envió por fax unas cuantas páginas de una entrevista que le habían hecho a Marianne Williamson, una escritora muy conocida que da conferencias sobre *Un curso de milagros*. Leí todo el material, pero seguía sin estar preparada para dejar de beber y convertirme en una estudiante del *Curso*. Sin embargo, sí me intrigó lo suficiente como para investigar un poco más sobre el tema.

Le pregunté a Bonnie Krueger, la editora de la revista *Complete Woman*, si podía encargarme una entrevista a Marianne Williamson. Bonnie accedió y, tras varias llamadas telefónicas a la oficina y al publicista de Marianne, conseguí una cita para entrevistarla por teléfono. También organicé una sesión de fotografías para la revista un viernes por la noche en que iba a dar una conferencia en la iglesia de la Ciencia Religiosa de Huntington Beach.

La idea de llamar por teléfono a Marianne para entrevistarla me tenía bastante nerviosa. Sentía un profundo respeto hacia ella y admiraba el candor con el que hablaba públicamente de sus creencias espirituales. Yo, por el contrario, apenas era capaz de admitir mi fe, tan profundamente sentida, ante mí misma, conque no hablemos de hacerlo ante mis amigos o ante los lectores de mis libros. Al pensar en el trabajo de Marianne me preguntaba si yo también podría hablar y escribir abiertamente acerca de mi fe, si sería capaz de enseñar los principios de la sanación espiritual sin poner en riesgo mi reputación ni mis ingresos. Ella volvió a despertar en mí el deseo de utilizar mis conocimientos espirituales para aportar algo significativo al mundo.

Durante la entrevista, Marianne se mostró sumamente amable. Mientras la oía hablar sobre los principios de *Un curso de milagros* pensé: «¡Esto es igual que los principios que me enseñaron de niña mi madre y los profesores de la escuela dominical!». Unos días más tarde nos reunimos el fotógrafo, la directora de publicidad de Hay House, Kristina Reece, y yo con Marianne Williamson en la iglesia de Huntington Beach. Al instante sentí que se establecía una conexión inmediata y profunda entre nosotras dos cuando Marianne me envolvió en un abrazo cálido y familiar. También sentí afinidad con la atmósfera de aquella iglesia concreta, lo que me llevó más tarde a asistir con regularidad a sus servicios.

La noche siguiente, cuando me senté ante el ordenador para escribir el artículo sobre Marianne, sentí un cambio en la presión del aire a mi alrededor. Fue algo parecido a lo que sentí en aquella ocasión en la que noté la presencia espiritual de Dan Olmos mientras escribía *Losing Your Pounds of Pain*. Sin embargo, lo que percibí en este caso era más que una única alma. La presencia de Dan parecía llenar el espacio físico aproximado de una persona. Esta presencia, por el contrario, se extendía en horizontal por toda la mitad superior de la habitación, como si una nube gigantesca y espesa hubiera entrado en mi despacho. Noté que la presencia se agazapaba a la expectativa, esperando pacientemente a que empezara a escribir. Sentí que estaba en compañía de algo muy evolucionado y extremadamente inteligente —un maestro ascendido, una revelación divina, un grupo de entidades o el Espíritu Santo— que había venido para ayudarme a escribir el artículo sobre Marianne Williamson.

La presencia parecía dirigir lo que estaba escribiendo, para lo cual iba haciendo cambios en la presión del aire que rodeaba la parte superior de mi cuerpo. Si escribía según lo que la presencia deseaba, me envolvía el pecho en un abrazo cálido y amoroso. Si lo que escribía se volvía inadecuado o no se ajustaba a la realidad, me empujaba los hombros hacia abajo como si me estuviera haciendo una aguadilla. Lo más extraño fue que yo no cuestioné ni me asusté en ningún momento por aquella intervención espiritual. Es posible que su fuerte esencia amorosa me ayudara a aceptarla inmediatamente como algo real y positivo.

A las diez y media de la noche ya tenía casi acabado el artículo. Siempre escribo «30-30-30» al final de mis artículos. Es una señal habitual en periodismo para indicar a los editores que ahí se terminan. Aquella noche, cuando tecleé el primer 30, el ordenador se bloqueó de repente. Pulsé la tecla intro y la barra espaciadora, pero el cursor no se movió. Sentí la intervención de la presencia en el ordenador y le pedí mentalmente que me explicara el mensaje que quería transmitirme. Al instante vi que un párrafo se oscurecía mediante la función de resaltar del ordenador.

Mentalmente pregunté: «¿Quieres que cambie este párrafo?», y percibí una sensación afirmativa. Al releerlo descubrí que las palabras que había empleado eran ambiguas y podían haber llevado al lector a sacar conclusiones erróneas sobre el *Curso*. Ajusté la redacción y cambié algunas frases y luego pregunté:

«¿Así está bien?». De repente, sentí cómo la presión del aire del despacho volvía a la normalidad. La presencia se había desvanecido, lo que parecía indicar que «el trabajo que hemos hecho juntas está concluido». Al teclear «30-30-30» en la parte inferior del artículo, pensé: «¡Asombroso!».

Aquella noche, por primera vez en mucho tiempo, me fui a la cama sin el acostumbrado vaso de vino. ¡No quería que nada embotara los pensamientos y las emociones que me habían producido los acontecimientos milagrosos que acababa de experimentar! Al meterme en la cama tuve un vívido sueño lúcido en el que yo era la única pasajera de un autobús enorme que circulaba por un valle cercano a una playa. Los colores del cielo, los paisajes y el océano eran tan intensamente brillantes que parecían fosforescentes. Aquel sueño no se parecía en nada a ninguno de los que había experimentado con anterioridad en mi vida adulta. Era absolutamente real, rebosante de colorido, y todavía hoy me pregunto qué fue lo que de verdad sucedió. Lo único que sé es que aquella experiencia estaba conectada con la presencia que me ayudó a escribir el artículo.

Cuando me desperté a la mañana siguiente, me sentía muy confusa. Mi sistema de valores estaba claramente cambiando para situarse en un plano más espiritual, pero yo no estaba todavía preparada para realizar cambios grandes en mi estilo de vida. En los días siguientes desoí el consejo de la voz espiritual que me había dicho que dejara de beber e iniciara *Un curso de milagros*. Seguí bebiendo vino y expulsé de mi mente cualquier pensamiento relacionado con el *Curso*.

CAPÍTULO DIEZ

Un nuevo despertar

> El Camino que conduce a la luz parece con frecuencia
> oscuro.
> El camino que avanza hacia adelante da muchas veces
> la impresión de retroceder.

Tao Te Ching, texto espiritual

ONSEGUÍ TERMINAR *Constant Craving* y envié el manuscrito a Jill Kramer, de Hay House. Una semana más tarde recibí una llamada de la propia Jill para decirme que el libro no era exactamente lo que ella quería. Tenía razón. Había escrito un libro muy frío y con un enfoque muy mecánico sobre distintos estudios científicos relacionados con los antojos alimentarios. La metafísica estaba muy poco presente en él, y mucho menos lo estaban el calor o la emoción. Me pidió que lo volviera a escribir y que, cuando lo tuviera listo, se lo enviara otra vez.

Yo estaba agotada y tenía la sensación de que la vida me estaba machacando. Había invertido meses de investigaciones y escritura en el libro y me sentía emocionalmente agotada por las tragedias que habían caído sobre nuestra familia. Ahora tenía que reescribir totalmente el manuscrito, y era consciente de que aquello era imprescindible para sacar el libro que yo sabía que podía sacar.

Cuando me senté ante la pantalla del ordenador y abrí una copia del texto del libro, sentí un cambio en la presión del aire alrededor de la cabeza, los hombros y el pecho que me era familiar. ¡La presencia que me había ayudado a escribir el artículo sobre Marianne Williamson había regresado! Sentí una enorme alegría. En seguida, mis dedos empezaron a teclear como si tuvieran vida propia, vertiendo ideas sobre la pantalla del ordenador. Estaba escribiendo sobre principios espirituales que no eran producto de mis propios pensamientos o actuaciones. Aquellas ideas me resultaban totalmente originales y, en mi opinión, contenían muchas verdades sobre las bases metafísicas de los antojos alimentarios, los sentimientos viscerales y el miedo a confiar en nuestra voz interior.

Me daba cuenta de que no era plenamente consciente de lo que estaba escribiendo. Era como si estuviera medio dormida y la escritura tuviera vida propia. Solo era consciente de que unas ideas únicas y verdaderas iban entrando en mi mente y luego vertiéndose a través de las yemas de mis dedos al teclado del ordenador. También me di cuenta de que, mientras escribía, no era consciente del paso del tiempo. Muchas veces tenía la sensación de que llevaba veinte minutos escribiendo y habían pasado cuatro o cinco horas.

Reescribí, o más bien «reescribimos», *Constant Craving* y se lo devolví a Jill en dos semanas. Unos días más tarde me llamó por teléfono y me confirmó que durante el proceso de reescritura se había producido un milagro.

—Me sorprendió mucho ver lo rápido que conseguiste cambiar todo el libro —me dijo—. ¡Este manuscrito es exactamente lo que había imaginado y voy a ponerlo en producción!

No le expliqué lo que había sucedido, ni a ella ni a nadie más. Solo se lo conté a mi madre. Seguía temiendo que cualquier persona no perteneciente a mi familia descubriera mis creencias espirituales y mis experiencias místicas y me rechazara por ellas. Me dedicaba a encubrir lo que realmente era y las ideas en las que creía, y no dejaba que nadie conociera aquellas experiencias o creencias que pudieran parecer de otro mundo. Me repetía constantemente a mí misma que no estaba aún preparada para escribir sobre la sanación espiritual y me prometía hacerlo algún día, pero no en ese momento.

Una o dos veces al mes recibía invitaciones para participar como la «Doctora del Amor» en tertulias televisivas. Era una consecuencia de haber escrito libros sobre las relaciones amorosas. Un par de semanas después de que Jill hubiera aceptado *Constant Craving*, dos emisoras nacionales de la costa Este solicitaron mi participación en los programas que estaban preparando con motivo del día de San Valentín. Aunque consideraba que ser la Doctora del Amor no formaba parte de mi propósito en la vida, no me atrevía a rechazar las oportunidades de salir en los medios de comunicación que se me presentaban. En aquel entonces estaba convencida de que tenía que salir en la televisión para impulsar mi carrera como escritora y accedí a estar presente en ambos programas.

El primero de ellos, «The 700 Club», es un programa de debate producido y televisado por la emisora Christian Broadcasting Network, de ideología cristiana, y lo presenta Pat Robertson. Tenía que volar hasta sus estudios en Virginia Beach y participar en el programa en directo el día de San Valentín. De ahí volaría a la ciudad de Nueva York para participar en el programa del difunto Charles Pérez.

La noche del 13 de febrero dormí en un hotel precioso situado dentro del complejo de la emisora Christian Broadcasting Network, una ciudad autosuficiente que alberga un restaurante, un hotel, diversas tiendas y oficinas y los estudios de televisión. El hecho de pertenecer a una confesión religiosa cristiana no tradicional me hacía sentirme un poco nerviosa. Era consciente de que Pat Robertson era un personaje de enorme influencia política y muy controvertido.

Aquella tarde leí en la habitación del hotel su autobiografía, *Shout It From the Housetops* [1], y descubrí que me identificaba bastante con su historia personal. Robertson había sido un inadaptado, bebedor y desdichado, hasta que un predicador amigo suyo le inspiró para que encontrara a Dios. Su amigo hablaba de Jesús y de Dios a todo el que encontraba, lo que muchas veces abochornaba a Robertson. Sin embargo, aquel ejemplo incitó más tarde a Robertson a gritar su propio mensaje desde todos los tejados. A pesar de mis reservas iniciales, su valor para salir del «armario espiritual» me produjo una gran admiración, puesto que yo estaba luchando por hacer lo mismo.

A la mañana siguiente, en la sala de espera de los estudios de «The 700 Club», los productores del programa, los invitados, el personal, dos copresentadores y yo nos cogimos de las manos formando un círculo. Cada uno pronunció una oración en voz alta antes de que empezara el programa. Me asombró lo distinta que era aquella sala de espera de las de las tertulias televisivas en las que solía tomar parte. Nunca había participado en un grupo de oración en un estudio de televisión. Me gustó y empecé a sentirme más a gusto.

Pasé casi una hora en directo dando consejos románticos para el día de San Valentín y sugerencias a una pareja que acababa de empezar y que estaba conmigo en el programa. Yo quería hablar de espiritualidad, pero no me atrevía a hacerlo porque nunca había hablado de Dios en la televisión. Terminé mi participación en el programa con una frase vaga pero inconfundible: «Y todos sabemos cuál es la verdadera fuente del amor». La copresentadora aprovechó mis palabras y acabó el programa diciéndole a la audiencia:

—Sí, la verdadera fuente del amor es Dios.

Yo la miré y tragué saliva; ¡ojalá hubiera tenido el valor de decir aquella verdad tan sencilla y tan poderosa al mismo tiempo!

Más tarde, todos los invitados y el personal del programa fuimos a comer al restaurante situado detrás del estudio. Durante la comida estuvimos charlando alegremente y yo me sentí muy cómoda, hasta que uno de los comensales empezó a preguntar a cada uno de los invitados del programa a qué iglesia iban. Antes de que me llegara el turno de hablar pensé qué debería responder. Alguna que otra vez acudía a una iglesia metodista, pero lo habitual era que asistiera a una de la Ciencia Religiosa. Sabía que correría menos riesgos si me limitaba a mencionar la iglesia metodista, pero eso me habría producido la sensación de no ser auténtica. Decidí decir la verdad, aunque me daba cuenta de que mi respuesta iba a provocar reacciones negativas. Sabía que era cristiana, pero también que la Ciencia Religiosa se consideraba no cristiana, aunque su fundadora la hubiera basado en los principios sanadores de Jesucristo.

Cuando me llegó el turno, di una respuesta vaga:

—Bueno, voy a una iglesia en Huntington Beach, California.

Ante esta respuesta, uno de los comensales dijo que era del sur de California y me preguntó a qué iglesia me refería exactamente. «Vamos allá», pensé, y noté cómo se me encendía el rostro cuando respondí:

—A la iglesia de la Ciencia Religiosa.

—¿Te refieres a la cienciología? —me preguntaron.

Yo respondí que no y expliqué brevemente lo que sabía de Ciencia Cristiana, Unidad y Ciencia Religiosa. Noté cómo se producía un súbito cambio en la atmósfera de la reunión. Los comensales empezaron a murmurar excusas nerviosas para abandonar la mesa y la comida terminó de forma súbita e incómoda.

Una de las productoras del programa, llamada Ivory, me acompañó en silencio hasta la habitación del hotel para que recogiera mis pertenencias antes de que uno de los empleados del programa me llevara al aeropuerto para coger el avión. Al entrar en la habitación del hotel, Ivory me preguntó:

—¿Te importa que te haga una pregunta? —yo negué con la cabeza y ella siguió—: ¿Tienes una relación personal con Jesucristo?

Sentí cómo me bañaba el rostro una oleada de calor producida por las intensas sensaciones que me invadían. Tuve la sensación de que aquello ya me había sucedido en otras ocasiones, como si estuviera reviviendo la vez en que me expulsaron del campamento juvenil de Ciencia Cristiana y el ultimátum que me dieron los miembros de mi banda para que me uniera a su iglesia de Emanuel. Una vez más me habían asignado el papel de niña mala que no merecía estar con los justos.

Tartamudeando respondí a Ivory que consideraba que mi relación con Jesús era correcta. También mencioné que leía la Biblia con regularidad. Ella se giró hacia mí y me pidió que le volviera a decir la religión en la que me habían educado. Cuando respondí «Ciencia Cristiana», contestó que nunca había oído hablar de ella y que iba a investigar.

Luego me dijo una frase que al principio me dejó anonadada por sus implicaciones:

—¿No tienes miedo de que Dios pueda estar enfadado contigo?

La miré a los ojos y le dije:

—Yo no creo en un Dios enfadado.

¿Qué podía ella contestar a una afirmación semejante? Nos despedimos rápidamente y un miembro del personal de «The 700 Club» me llevó al aeropuerto. Cuando me bajé del coche, me dijo:

—Espero que tengas una vida agradable.

Sus palabras me confirmaron lo que ya sabía: me acababan de expulsar de la Christian Broadcasting Network por pertenecer a la iglesia «equivocada».

Intenté expulsar de mi cabeza todo lo sucedido, pero tuve

que hacer un gran esfuerzo por dentro para recuperar la tranquilidad. Las preguntas de Ivory habían desenterrado en mí una profunda sensación de confusión en todo lo relativo a la religión y la espiritualidad. Sus palabras, que llegaban a mis oídos en el momento en que mi cabeza albergaba más dudas sobre cómo poner en práctica mis creencias espirituales, hicieron surgir más preguntas en mi mente. ¿Existe una definición auténtica de cristiano más allá de la de ser una persona que ama a Jesucristo? Yo sabía que la religión del Nuevo Pensamiento se basaba por completo en las enseñanzas de Jesucristo contenidas en el Nuevo Testamento. Sin embargo, tenía que admitir que no había estudiado la Biblia hasta *ese* punto. ¿Eso me hacía menos cristiana? También me preguntaba qué sería lo que Ivory había querido decir con «una relación personal con Jesús».

Aquella noche, en la habitación de un hotel de Manhattan, recordé un incidente que tuvo lugar cuando yo tenía dieciocho años y estaba pasando el verano en casa de mi amiga Kathy, cerca de Palm Springs. Me desperté una noche y tuve una visión de tres figuras muy iluminadas flotando sobre mi cama. Avanzaban hacia mí muy despacio y yo sentí que la del centro era Jesús y que una de las otras era María. El brillo tan intenso me impedía ver sus rostros, pero yo sabía quiénes eran aquellas dos figuras.

Supuse que aquello debía significar que estaba a punto de morir, así que cerré los ojos para intentar que desaparecieran. Cuando los volví a abrir, las figuras seguían estando allí, cada vez más cerca. «¡Soy demasiado joven para morir!», pensé allí sola, en aquella habitación a oscuras. Abrí y cerré los ojos varias veces, pero el trío de figuras estaba cada vez más cerca. Al final, decidí rendirme a ellos. «Vale —pensé—, no me asusta la muerte. Venid a llevarme con vosotros. Soy vuestra».

En aquel momento, las figuras me envolvieron en su luz y desaparecieron. Sentí un alivio enorme al ver que la aterradora experiencia había pasado, pero me quedó la sensación de que mi decisión de rendirme había cambiado de algún modo mi conciencia. Los días siguientes no pude dejar de pensar que eso debía ser lo que significa aceptar a Jesús en tu corazón y renacer.

Mis experiencias en el «700 Club» sirvieron para despertar el recuerdo de aquel incidente, aunque yo seguía sin saber cómo afrontar la confusión que me embargaba en todo lo relativo al cristianismo. Una parte de mí estaba furiosa por el tratamiento que había recibido por parte del personal del estudio y los prejuicios que habían mostrado. También me había decepcionado mi reacción a la defensiva ante las preguntas de Ivory, y me fustigaba diciéndome: «Debería estar más segura de mis creencias».

En la habitación del hotel de Manhattan permanecí totalmente despierta recordando el trabajo que había llevado a cabo con algunos pacientes a los que les costaba superar experiencias negativas que habían sufrido de niños relacionadas con la religión y la iglesia. Muchas veces había tenido que atender a pacientes que me hablaban de una sensación abrumadora de culpabilidad que brotaba de las enseñanzas recibidas en la iglesia. Muchos de ellos se juzgaban a sí mismos con mucha dureza porque de niños habían escuchado sermones que aseguraban que todos somos pecadores. También me acordé de una cliente que me dijo en cierta ocasión que su ministro predicaba que estaba mal enfadarse. Desde ese momento ella se había esforzado por reprimir su ira, que se fue acumulando hasta que la hizo caer en una depresión.

Yo había probado distintas confesiones, algunas tradicionales y muchas no tradicionales, y cada una de ellas me ofrecía una belleza especial, pero ninguna era capaz de ofrecerme todo lo que yo estaba buscando. Intenté encontrar una iglesia que aunara los debates en grupo, las enseñanzas del Evangelio y una sabiduría metafísica elevada, como la que había experimentado en la escuela dominical de Ciencia Cristiana. Eso me llevaba a asistir con frecuencia a más de una iglesia en los fines de semana. Sin embargo, ninguno de los servicios a los que asistí me ofrecieron lo que anhelaba oír y experimentar.

Pensé en la pregunta de Ivory sobre si tenía miedo de que Dios estuviera enfadado conmigo. Hasta ese momento jamás había experimentado lo que significaba ver a Dios como un ser vengativo o poco amoroso. Me educaron en la creencia de que Dios es todo amor y que en su mente no hay sitio para ver o reconocer el error. Además, como Dios no comete ningún error, el error no es real. Carece por tanto de sentido la idea de que alguien pueda ser castigado por hacer algo que no es real. Lo único que Él conoce es lo que es real: el amor.

He visto a muchos clientes luchar para desechar sus imágenes de un «Dios enfadado». Una cliente, que había sido educada en una religión fundamentalista, me dijo en cierta ocasión:

—Tengo miedo de cambiar mi concepto de Dios, aunque me encantaría hacerlo. ¿Qué pasaría si las iglesias del Nuevo Pensamiento estuvieran equivocadas y Dios me castigara por verle como un Dios amoroso?

Aquella cliente empezó a leer el Nuevo Testamento y, tras muchas sesiones en las que recé pidiendo orientación, fue poco a poco permitiendo que una imagen amorosa de Dios empezara a crecer en su conciencia.

«Qué paradójico resulta —me dije a mí misma— que tantos de mis amigos y clientes, que asisten a iglesias metafísicas, se sientan rechazados por miembros de su familia pertenecientes a religiones tradicionales. En cambio yo, que fui educada en la metafísica, solo me siento cómoda hablando de mis auténticas creencias con mi familia. Me asusta la idea de revelarlas en público porque tengo miedo de que me rechacen tal y como hicieron hoy en el "700 Club"».

Al final me quedé dormida. Al día siguiente tuve que darme prisa para prepararme para el programa de Charles Pérez, y eso me impidió seguir pensando en lo que me había sucedido en el otro programa. El conductor de la limusina me recogió en el vestíbulo del hotel, situado en el centro de la ciudad, y me llevó a toda velocidad a los estudios CBS. El programa me había contratado como invitada experta en el tema «Dividido entre dos amores» y tenían previsto que tres parejas debatieran sobre sus infidelidades junto con «el otro o la otra». Yo debía darles consejos y sugerencias. Sin embargo, veinte minutos antes de la hora establecida para grabar el programa, una productora nos convocó a todos en la sala de espera y nos dijo que habían cancelado nuestra sección. Según nos explicó, dos de los invitados no habían acudido y no podían hacer el programa sin ellos.

Se hicieron entonces los arreglos necesarios para que unas limusinas nos condujeran a cada uno a nuestro hotel o al aeropuerto. A mí me habían reservado un vuelo vespertino a California desde el aeropuerto JFK. Con profundo alivio salí al exterior de los estudios CBS a que me dijeran en qué coche debía subir para volver a casa. ¡Había sido un viaje muy duro!

Al fin, el empleado encargado de adjudicarnos a cada uno nuestro coche me dirigió hacia un Lincoln Towncar plateado y yo me hundí en el asiento trasero llena de agradecimiento. Saludé al conductor, un hombre de piel oscura elegantemente vestido y de voz suave. En un inglés defectuoso me explicó que conducía con regularidad a los invitados del programa al aeropuerto y luego me preguntó el motivo por el que había acudido al programa de Charles Pérez.

—Soy psicoterapeuta —respondí.

—Oh —me dijo en su inglés defectuoso—, ¿y qué es lo que ve en mi futuro?

Era evidente que creía que había dicho que era «psíquica»

en lugar de «psicoterapeuta». Sin embargo, antes de que tuviera tiempo de sacarle de su error, recibí un aluvión de pensamientos y visiones mentales. Su pregunta, en la que revelaba una fe plena en mis capacidades psíquicas, debió disparar aquella reacción en mi mente.

De repente fui consciente de que conocía muchos detalles de la vida del conductor. Le dije que en la India tenía una novia muy hermosa con una larga melena negra de corte recto.

—Se llama Syrena, o Syria, o algo parecido.

El conductor se quedó mudo y me entregó una gran tarjeta de San Valentín para que la abriera. Era de su novia india y estaba firmada por Syrina.

Me pidió que le aconsejara sobre su relación, en especial sobre cómo podía convencer a Syrina para que se trasladara a Estados Unidos y se casara con él. La respuesta estaba contenida en la información que había recibido y le expliqué que la muchacha no estaba segura de cuáles eran las verdaderas intenciones de él ni de si era sincero.

—Quiere que te comprometas firmemente a casarte con ella, para lo cual debes comprar un anillo de compromiso y hacerle una proposición formal —le expliqué, aunque seguía sin estar segura de cómo había conseguido saber tantos detalles de un extraño.

El conductor me respondió:

—Eso es exactamente lo que sospechaba —y me dio las gracias por confirmar sus sentimientos.

Mi visión continuaba y vi a la pareja casada y viviendo en un barrio cercano a las afueras de Nueva Jersey. También vi que uno de sus hijos iba a convertirse en un médico importante. El conductor se quedó boquiabierto y me dijo:

—He rezado para que me concedieran la suerte de tener un hijo que ayudara de verdad al mundo.

No le dije que yo también estaba asombrada por aquella

lectura psíquica repentina, porque no sabía cómo había sucedido. Lo único que sabía era que de forma espontánea había accedido a los pensamientos más recónditos de aquel hombre y que estaba viendo su pasado, su presente y su futuro. Pero ¿cómo lo había conseguido? Pasamos el resto del viaje hasta el aeropuerto charlando. Él me contó que su padre era ministro cristiano en la India, y hablamos de cómo podría encajar en nuestra fe la lectura psíquica que acabábamos de experimentar.

Llegué a California decidida a analizar mis preguntas más a fondo. Ya no me era posible seguir ignorando el poderoso terremoto de experiencias espirituales que temblaba en mi interior. Tenía que descubrir más cosas sobre él, y tenía que hacerlo deprisa.

CAPÍTULO ONCE

Visiones de los dones de los trabajadores de la luz

*Aquellos que han desarrollado poderes «psíquicos»,
sencillamente han permitido que se levanten algunas de
las limitaciones que habían impuesto a su mente.*

Un curso de milagros

AL DÍA SIGUIENTE DE VOLVER de Nueva York me apunté a un curso de desarrollo psíquico en la Fundación Learning Light, de Anaheim. Quería descubrir si la experiencia que había tenido con el conductor de la limusina había sido fortuita o si era cierto que poseía habilidades psíquicas.

En la primera tarde del curso me senté, junto con otros veinte alumnos, ante una mesa en forma de U situada en el segundo piso de una antigua iglesia que había sido reconvertida para albergar una escuela para personas con poderes psíquicos. Todos dábamos la impresión de estar bastante nerviosos y, mientras esperábamos la llegada de la profesora, estuvimos charlando de cosas intrascendentes.

Al fin entró en la clase nuestra instructora, una mujer desenvuelta de llamativa cabellera negra como el azabache llamada Lucretia Scott. Nos entregó unos papeles, uno de los cuales era un cuestionario sobre nosotros mismos.

—Este cuestionario es para determinar cuáles son vuestros principales canales de comunicación —nos explicó.

Contenía preguntas como estas:

1. Después de volver de las vacaciones, es más probable que les cuentes a tus amigos: (a) lo que viste, (b) lo que sentiste, (c) lo que oíste, o (d) lo que aprendiste.
2. Cuando recuerdas tu película favorita, lo primero que te viene a la mente es: (a) lo bellas que eran las escenas, (b) cómo te hizo llorar o reír, (c) la música de la película o el sonido de las voces de los actores, o (d) el mensaje que contenía.

Lucretia nos explicó que las respuestas *a, b, c* y *d* se correspondían respectivamente con el canal de comunicación visual, el emocional, el auditivo y el cognitivo. En otras palabras, las respuestas «a» estaban relacionadas con la vista, las «b» con los sentimientos, las «c» con el oído y las «d» con el pensamiento.

—Los psíquicos están dotados de forma natural en uno o dos canales —nos explicó la profesora—. Si sois fundamentalmente visuales, recibiréis las impresiones psíquicas como si fueran imágenes. Eso significará que sois clarividentes.

A continuación siguió explicando que los que se orientan más hacia los sentimientos reciben la información psíquica en forma de corazonadas, emociones, olores o sensaciones físicas. Eso se denomina clarisentencia.

Del mismo modo, las personas auditivas reciben las impresiones psíquicas como sonidos o voces. Es lo que se conoce como clariaudiencia. Por último, las personas que son muy cognitivas, es decir, que están orientadas hacia el pensamiento, se denominan claricognitivas y reciben la información psíquica en forma de ideas completas. Sencillamente *conocen* la información, sin saber cómo lo consiguen.

Mi cuestionario reveló que yo soy principalmente clarividente y claricognitiva. Dicho de otro modo, la información psíquica me llega a través de imágenes mentales y de un conocimiento acerca de una situación o de una persona.

Nos explicó también cómo se relacionan los centros de energía del organismo —los «chakras»— con el trabajo psíquico. Yo estaba bastante familiarizada con ellos, pues me los habían enseñado en una clase de parapsicología a la que asistí en la universidad. Los chakras se parecen a torbellinos de agua de colores y son círculos de energía que giran en torno a unos centros que actúan como vórtices.

Aunque el organismo contiene muchos chakras, los psíquicos y los sanadores suelen ocuparse solo de los siete principales, cada uno de los cuales está situado junto a una glándula hormonal. Los chakras impulsan la energía vital (también conocida como «ki», «chi» o «prana») y la hacen circular por todo el cuerpo para que este adquiera vitalidad, algo parecido a las palas de una máquina de *pinball* que obligan a la bola a circular por todo su recorrido. Esta energía vital brota de la divinidad y nos da acceso a toda la sabiduría o información psíquica.

Nuestros chakras están constantemente irradiando y recibiendo energía. Si albergamos pensamientos negativos, la energía densa y oscura los ensucia. Unos chakras atascados son incapaces de impulsar la suficiente energía, lo que hace que la persona se sienta lenta y desequilibrada y pierda el contacto con sus fuentes naturales de información psíquica.

Cada uno de los chakras se corresponde con unos asuntos específicos de la vida, o «formas de pensamiento». El primero de ellos, el «chakra raíz», está situado junto a la base de la columna vertebral y regula todo lo relacionado con la supervivencia y la satisfacción de nuestras necesidades físicas de alimento y cobijo. Unos doce centímetros por debajo del ombligo está el segundo chakra, el «chakra del sacro», que se corresponde con los deseos y apetitos físicos. Justo detrás del ombligo está situado el tercer chakra, o «chakra del plexo solar», relacionado con el poder y el control. El cuarto chakra, situado detrás del corazón, se denomina lógicamente «chakra del corazón» y se corresponde con todos los temas relacionados con el amor. A continuación está el «chakra de la garganta», junto a la nuez, que se corresponde con nuestras creencias, nuestros pensamientos y todos los actos que implican una comunicación. Entre los dos ojos tenemos el «chakra del tercer ojo», que rige la visión espiritual y la clarividencia. El séptimo chakra, el «chakra de la coronilla», está situado en el interior de la parte superior de la cabeza. Su misión es la de dejar entrar el conocimiento universal y divino y es la entrada de la sabiduría, la orientación y la comprensión.

Los chakras de la parte inferior del cuerpo tratan asuntos físicos. A medida que vamos ascendiendo vemos cómo los chakras se van correspondiendo con asuntos cada vez más espirituales. Por eso la energía de cada uno de ellos vibra con una frecuencia distinta, dependiendo de si rigen temas terrenales o etéreos. Los inferiores tienen unas vibraciones más lentas y densas, mientras que los superiores giran a mayor velocidad y tienen una vibración más alta. Los patrones de energía de los chakras emiten unos colores que se corresponden con la frecuencia de sus respectivas ondas lumínicas. De ese modo, el chakra raíz es rojo, el color que tiene una frecuencia de onda más lenta, y el del sacro es naranja, pues este color tiene una frecuencia de onda ligeramente más alta. Al ir ascendiendo por el cuerpo, vemos cómo los colores de las ondas lumínicas reflejan una frecuencia vibratoria cada vez más elevada. Así, el chakra del plexo solar es amarillo; el del corazón, verde; el de la garganta, azul claro; el del tercer ojo, azul oscuro, y el de la coronilla, violeta, el color con una frecuencia de onda más elevada.

Cuando una persona se centra sobre un asunto concreto, el chakra correspondiente aumenta de tamaño. Por ejemplo, una persona que dedica gran parte de su atención al dinero tiene un chakra raíz grande porque este centro de energía se corresponde con los asuntos relacionados con la supervivencia física. No es malo tener chakras grandes; de hecho, que la radiación de los chakras sea muy amplia tiene ventajas. Sin embargo, cuando existe mucha diferencia de tamaño entre los siete chakras, el flujo de energía vital por el organismo se desequilibra. En otras palabras, es importante que todos tengan un tamaño similar.

Unos chakras sucios o desequilibrados dificultan la comunicación psíquica. Por eso, aquel que desee abrir sus canales psíquicos tiene que limpiar y equilibrar sus chakras a través de la visualización y la meditación. Años más tarde me enteré de que existen estudios científicos que confirman que la meditación aumenta las habilidades psíquicas de la persona porque modifica la frecuencia de las ondas cerebrales [1].

Varios meses antes de asistir a las clases de Lucretia yo ya había empezado a meditar con regularidad y a limpiar y equilibrar mis chakras. (En el capítulo 17 y en el casete de Hay House titulado *Chakra Clearing* explico el método que utilizo). Al escuchar la explicación de Lucretia, comprendí que el hecho de tener los chakras limpios y equilibrados había provocado mis experiencias psíquicas con el conductor de la limusina.

Lucretia nos pidió que nos colocáramos junto a algún alumno al que no conociéramos. Aquello me hizo sentirme bastante nerviosa. ¿Querría que hiciéramos una lectura psíquica así, directamente? Todavía no nos había dado ninguna instrucción sobre cómo hacer el trabajo psíquico. Solo habíamos aprendido cosas sobre él, no cómo hacerlo.

Lucretia nos leyó el pensamiento y nos aseguró que estábamos preparados. Nos explicó que el trabajo psíquico es un fenómeno natural y no una habilidad que se adquiere.

—La forma de aprender a confiar en las impresiones psíquicas es haciendo lecturas psíquicas —nos dijo.

Para que nos fuera más fácil relajarnos, nos describió una lectura que había hecho cuando todavía estaba aprendiendo:

—Estaba con un cliente, toda nerviosa. No hacía más que recibir una imagen mental de un caballito de tiovivo y pensé: «Esto no puede estar bien». Sin embargo, la imagen seguía surgiendo, y finalmente le conté al cliente lo que veía. El hombre me dijo que hacía poco se había dedicado a buscar y comprar un caballito muy raro, y se sintió muy impresionado por mi exactitud. A partir de ese momento aprendí a confiar en todas las impresiones psíquicas que recibo.

También añadió que la diferencia entre un psíquico medio y un gran psíquico es su nivel de confianza en las impresiones que recibe.

Mi compañera para mi primera lectura psíquica formal de esa noche fue una mujer guapa de veintitantos años y de origen hispano llamada Suzanne. Lucretia nos explicó que debíamos sentarnos uno frente al otro y cogernos de las manos. Luego nos pidió que cerráramos los ojos y preguntáramos mentalmente a nuestra Fuente Divina: «¿Qué quieres que sepa acerca de esta persona?». A continuación, nos indicó que acalláramos la mente y esperáramos a recibir una impresión, que podía llegarnos como una imagen, un sentimiento, un sonido o un pensamiento.

Mi compañera y yo nos cogimos de las manos y yo cerré los ojos con fuerza; me preocupaba que mis impresiones psíquicas pudieran estar equivocadas, pero recordando la historia del tiovivo que nos había contado Lucretia respiré hondo y decidí abordar la experiencia con una actitud de diversión y aventura. Aquello me ayudó a relajarme.

Mentalmente formulé la pregunta: «¿Qué quieres que sepa acerca de esta persona?», y respiré hondo unas cuantas veces hasta que mi mente se tranquilizó. De repente vi lo que parecía una película a gran velocidad de la vida de mi compañera Suzanne. Vi a un hombre, que de un modo u otro supe que era su padre, que la estaba azotando con violencia en el trasero. La niña tenía aparentemente unos seis o siete años de edad. El hombre la tenía cogida con una de las manos y en la otra sostenía un cinturón. Vi cómo Suzanne luchaba en vano por escapar de él y del cinturón con que la azotaba. También vi a un niño pequeño. Una vez más supe sin ningún género de dudas que era el hermano pequeño de Suzanne, que estaba escondido para evitar aquella explosión de violencia.

La película se adentró en el presente y esta vez mis impresiones psíquicas llegaron más como pensamientos que como imágenes. Empezó a fluir a mi mente información sobre Suzanne como cuando se descarga un texto de un disco en un ordenador. En un instante supe que estaba sopesando la posibilidad de apuntarse a un curso de nivel universitario relacionado con algún trabajo creativo. Este conocimiento vino acompañado por más información, que parecía como una combinación de un consejo y un aviso que supe que debía transmitirle. Mi lectura me dijo que Suzanne era una mujer sumamente inteligente. Sin embargo, los malos tratos que había sufrido en su infancia a manos de su padre la habían convencido de que era estúpida. Tenía capacidad intelectual suficiente como para alcanzar el éxito en cualquier universidad que eligiera. También tenía deseo y motivación de recibir una educación de nivel elevado y hacer una carrera. Sin embargo, el miedo a fracasar en una universidad buena la llevaba a conformarse con una educación sencilla y de segundo nivel.

Recibí toda esta información en menos de cinco minutos. Lucretia nos dijo que abriéramos los ojos y compartiéramos nuestras impresiones con nuestro compañero. Cuando le conté a Suzanne lo que había visto y de lo que me había enterado, los ojos se le llenaron de lágrimas. Me dijo que, efectivamente, su padre les había pegado a su hermano menor y a ella, y que eso había influido claramente en la opinión que tenía de su propia inteligencia. Luego me dijo que estaba a punto de inscribirse en una escuela de cosmética y que tenía razón al decir que no era la carrera que más le gustaba.

Me quedé anonadada al comprobar que había conseguido llevar a cabo una lectura psíquica bien dirigida y exacta, pero el mensaje que me habían encargado transmitir a Suzanne me preocupaba. Me preguntaba si debería hacer hincapié en la advertencia que había recibido de que no se minusvalorara y no se conformara con una carrera que no le apetecía. Apenas conocía a aquella mujer y no quería forzarla a escuchar un consejo. Sin embargo, mis propias experiencias con los abusos psicológicos me habían enseñado el efecto que ejercían sobre la autoimagen de una persona. Al final decidí explicarle lo esencial del aviso tal y como lo había recibido. Pensé que lo mejor era no interpretar la impresión psíquica y transmitírsela literalmente para que ella hiciera lo que mejor le pareciera con aquella información. Más tarde he aprendido que este método de transmitir las impresiones psíquicas es la mejor forma de hacer una lectura exacta y no contaminada con mis propias opiniones personales.

Mientras yo estaba haciendo la lectura psíquica a Suzanne, ella había estado también haciendo la mía. Ahora le tocaba el turno de decirme lo que había recibido. Tal y como me había sucedido a mí, sus impresiones psíquicas le habían llegado fundamentalmente como imágenes clarividentes. Me describió codirigiendo un hospital o una clínica junto a otras dos personas. Las descripciones que hizo de estas dos personas correspondían exactamente con mi novio, Michael, y mi difunta abuela, Pearl. El canal psíquico secundario de Suzanne era la clarisentencia, las sensaciones. Me dijo que sentía que la clínica estaba en South Laguna Beach (California). También me transmitió un mensaje que había recibido para mí: «No te preocupes tanto, porque todo va a salir perfectamente».

Al oír aquella frase, me sonrojé. Era cierto que me había estado preocupando mucho. Estaba asistiendo al cambio de gran parte de mi mundo, de mis pensamientos, de mis creencias y de mis relaciones, y sentía que la base sobre la que me asentaba era muy inestable. Cuanto más abría la puerta a mis intereses espirituales, largo tiempo descuidados, menos me interesaba la psicología tradicional. Sin embargo, me asustaba pensar que mis ingresos dependían de lo que escribía sobre el trabajo psicológico «académicamente correcto» y de mi práctica profesional en este campo. ¿De qué iba a poder vivir si me apartaba de los métodos y creencias psicológicas tradicionales?

Otra de mis grandes preocupaciones era mi relación con mi novio, Michael. Aunque le quería de verdad, no sabía si mi espiritualidad emergente podría llegar a separarnos. Ansiaba comentar con él mis experiencias clarividentes, que me resultaban tan emocionantes, pero daba por hecho que él se iba a burlar de mis palabras o las iba a analizar demasiado. Jamás me había dado motivos para sacar unas conclusiones semejantes, pero a mí no me resultaba cómodo compartir con él aquel mundo nuevo, tan frágil, en el que me estaba adentrando. Solo me sentía segura compartiendo mis descubrimientos psíquicos con mi madre y con un puñado de amigos.

Estaba convencida de que Michael era mi compañero del alma y, sin embargo, me preguntaba cómo podía llegar a ser realmente feliz en una relación en la que tenía que esconder ante mi pareja unas facetas mías tan importantes. También me censuraba no haber puesto la espiritualidad en la lista cuando manifesté la relación. En aquel momento, la espiritualidad no había sido una característica que considerara importante para el compañero de mi vida.

Anhelaba hablarle a Michael de mi nuevo mundo, pero no me atrevía a correr el riesgo de sufrir un rechazo por su parte.

Después de todo, las heridas que había recibido de niña cuando hablaba de mis creencias espirituales no se habían cerrado aún. Y también me seguía escociendo la experiencia padecida en el «700 Club». No quería que el rechazo de mi novio pudiera aumentar mi dolor. Además, seguía sin saber adónde me iba a conducir el camino espiritual que había emprendido. Yo seguía caminando a ciegas, confiando totalmente en que mis guías y mis ángeles me iban a dirigir para que pudiera superar el torbellino caótico en el que estaba inmersa y consiguiera llegar a experimentar una cierta paz. Decidí esperar hasta que la tormenta espiritual interior se calmara antes de decidir qué debía hacer con respecto a mi relación.

Mientras tanto, seguía asistiendo a las clases de desarrollo psíquico, que acabaron convenciéndome de la autenticidad de mis impresiones psíquicas. También dedicaba un tiempo todas las mañanas y todas las tardes a meditar y a leer libros espirituales. Compré cintas magnetofónicas del Nuevo Testamento y las escuchaba mientras hacía mis ejercicios diarios. Escuchar la Biblia constituía una experiencia nueva para mí. Con anterioridad nunca la había leído de forma constante. Ahora, sin embargo, estaba apreciando la continuidad cronológica de la historia de Jesús y de sus discípulos. Prestaba mucha atención a su consejo de que la fe es el «secreto» para sanar nuestro cuerpo y nuestra vida.

También leía pasajes de la Biblia tanto para degustar el consuelo que me proporcionaban aquellas palabras como para intentar responder a mis preguntas sobre cómo encajaba el cristianismo con mis experiencias y creencias místicas. Una amiga, nacida y criada en una religión del Nuevo Pensamiento y que más tarde se cambió a una fe cristiana más tradicional, me resultó especialmente útil en aquellos momentos. Cuando le hablé abiertamente de mis preocupaciones acerca de mis habilidades psíquicas, me dijo que el apóstol Pablo lo denominaba «el don de la profecía». Al leer sus palabras sentí un gran apoyo y comprensión:

> Aunque tuviera el don de la profecía y conociera todos los misterios y toda la ciencia, aunque tuviera toda la fe, una fe capaz de mover montañas, si no tengo amor, no soy nada. Busca el amor y desea los dones espirituales, en especial el de poder profetizar. Pues todos vosotros podéis profetizar, todos podéis aprender y a todos se os animará. Por tanto, hermanos, desead ardientemente profetizar...[2]

¡Esta era la clave que estaba buscando! Amor. Qué simple, pero qué importante al mismo tiempo, era conocer la distinción entre las habilidades psíquicas que se utilizan en aras de un servicio amoroso y las habilidades psíquicas que se emplean por miedo o como medio de manipulación.

Como dijo el apóstol Pablo, todos tenemos el don de la profecía, es decir, habilidades psíquicas. Estamos constantemente recibiendo impresiones psíquicas: a veces sabemos quién nos llama por teléfono, o pensamos en un viejo amigo y luego lo vemos ese mismo día.

Varios estudios científicos han demostrado que todos tenemos capacidad para comunicarnos psíquicamente. Una de las investigaciones más impresionantes sobre este tema es el amplio estudio dirigido por Daryl Bem y Charles Honorton en la Universidad Cornell. Esta investigación comenzó cuando Bem (que practica la magia de escenario como afición) intentó demostrar que los «poderes psíquicos» no eran otra cosa que la capacidad de los psíquicos para leer el lenguaje corporal de sus clientes y para utilizar trucos de magia corrientes. Eso le llevó a diseñar un estudio científico en el que utilizaba una metodología férreamente controlada para que nadie tuviera la posibilidad de hacerse pasar por psíquico mediante el engaño.

Contra la voluntad de sus directores, el programa acabó sosteniendo la evidencia de que las habilidades psíquicas son reales. Es más, prácticamente todas las personas que fueron investigadas por Bem mostraron evidencias de poseer habilidades psíquicas.

La investigación de Bem y Honorton, formada por once estudios realizados entre 1983 y 1989, dejó a los científicos de todo el mundo sin base con la que explicar los hallazgos. A la vista de unos resultados semejantes, y tras analizar los datos extraídos de la investigación, muchos científicos, incluido Bem, aceptaron la existencia de la comunicación psíquica.

En el estudio participaron cien voluntarios masculinos y ciento cuarenta femeninos. Durante el experimento, los sujetos permanecieron sentados en una habitación sellada diseñada especialmente para impedir cualquier posibilidad de ver u oír la información procedente del exterior. Por ejemplo, los sujetos debían llevar auriculares por los que escuchaban un zumbido constante y tenían los ojos cubiertos con medias pelotas de ping pong firmemente sujetas a ellos. Entonces los investigadores les pedían que dijeran todas y cada una de las imágenes que llegaran a su mente durante los treinta minutos que permanecían en la habitación.

Al mismo tiempo, otras personas situadas fuera de la habitación veían de forma sucesiva ciento sesenta fotografías y videoclips elegidos al azar. Los investigadores les pedían que «enviaran» mentalmente esas imágenes a la persona que estaba en la habitación sellada. Si el sujeto de la habitación sellada expresaba un pensamiento que se correspondía con la imagen que en ese momento estaba viendo el que la enviaba, se consideraba un «acierto». Según la ley de probabilidades, lo correcto habría sido acertar una de cada cuatro imágenes. Sin embargo, los sujetos conseguían un acierto de cada tres. Los estudiantes de arte, música y teatro conseguían una marca aún más impresionante: una de cada dos. Estos resultados mostraron un efecto estadísticamente significativo, y dado que los investigadores excluyeron las variables extrañas del estudio, solo podemos sacar la conclusión de que el estudio demuestra la existencia de la telepatía. Este estudio fue repetido en once ocasiones distintas y en cada una de ellas los investigadores obtuvieron los mismos resultados sorprendentes[3].

Cuanto más aceptas las habilidades psíquicas como parte natural de la vida, más frecuentemente se producen. Algunas formas de amplificar el don de la profecía son hacer un diario en el que vayas apuntando las «coincidencias» que se producen cada día o conducir por un aparcamiento y permitir que tu instinto te guíe hacia una plaza libre. También puedes *confiar* en tus impresiones psíquicas, y entonces te irás sintiendo cada vez más guiado por tu ser superior y por tus ángeles.

A mí me gustaba muchísimo meditar y leer libros sobre espiritualidad, pero también me preocupaba la idea de que aquello estuviera haciéndose con el control de mi vida. Estuve varias semanas en las que lo único que me apetecía era sentarme en mi sala de meditación a rezar o a leer. Pensaba: «Esto es una locura. ¡Tengo que trabajar y ganar dinero! No puedo pasarme todo el día sentada en esta habitación». Sin embargo, el impulso que me guiaba a leer y a meditar era muy fuerte. Muchos días pasaba dos, tres o incluso cuatro horas en meditación. Algo me aseguraba que existía una razón para que me diera un respiro y me apartara un poco del mundo exterior. Sentía un deseo intenso de que alguien me pagara por meditar, pero había una parte de mí que conservaba la antigua creencia de que tenemos que sufrir para obtener nuestros ingresos. Meditar era algo divertido y aparentemente improductivo; por tanto, ¿cómo iba a poder utilizarlo para mantenerme?

Seguí escribiendo artículos periodísticos sobre las relaciones amorosas, del tipo «Cómo saber si se acerca una ruptura» o «¿Es él de los que engañan?». Aunque tenía la sensación de que aquellos artículos suponían una contribución menor al mundo, no disfrutaba escribiéndolos y el hecho de verlos impresos me producía una satisfacción muy pequeña. No me veía como la «Doctora del Amor», pero daba la sensación de que los medios de comunicación me habían encasillado en ese papel. Los productores de tertulias televisivas me llamaban constantemente para pedirme que participara en sus programas como experta en las relaciones amorosas y los editores de revistas no dejaban de asignarme artículos sobre este tema. Yo accedía a sus peticiones porque me asustaba la idea de rechazar una fuente constante de ingresos.

Solo era remotamente consciente del alto precio que mi alma estaba pagando por traicionar a mi verdadero yo. En lo más profundo de mi ser sabía lo que quería hacer —escribir artículos y libros que trataran solo de metafísica y de sanación espiritual—, pero tenía miedo de no ganar el dinero suficiente para mantenerme si seguía aquel instinto.

Este anhelo de mi conciencia, preocupada por el dinero pero ansiando la serenidad, me llevó a buscar libros que pudieran ayudarme. Compré y leí *El libro de la abundancia*, de John Randolph Price, y varios de los libros sobre prosperidad de Catherine Ponder. También estudié el Sermón de la Montaña, del Evangelio de san Mateo.

En el libro de Price aparece una meditación de prosperidad que dura cuarenta días. La puse en práctica y conseguí desechar mis preocupaciones monetarias. Durante este periodo viví también una experiencia curiosa y de lo más misteriosa. Aunque había entregado muchos cheques para pagar los seguros, las facturas domésticas y demás, ni uno solo de ellos fue cobrado durante casi tres semanas. Mi cuenta bancaria permaneció inmóvil, como si estuviera congelada, y yo no me atreví a cuestionar lo que me parecía una afirmación del poder de Dios. Me limité a rezar para superar las dudas que aún me impedían rendirme por completo al cuidado de Dios.

Las lecturas y las meditaciones me enseñaron que mis preocupaciones económicas eran la causa de todos los problemas monetarios que experimentaba. Esta idea me parecía completamente lógica. Igual que la Ciencia Cristiana enseña que el pensamiento de la enfermedad es lo que crea los problemas físicos, el miedo a la carencia que yo albergaba se había manifestado en experiencias de carencia.

Durante mis meditaciones, a veces planteaba preguntas. Las respuestas me llegaban como imágenes dentro de mi mente o por fuera de mis ojos, como si fueran una película. Preguntaba, por ejemplo: «¿Cómo es posible que todos estemos conectados entre nosotros para formar una sola unidad cuando todos parecemos tan distintos e independientes?». Al instante veía un árbol y recibía el conocimiento de que cada persona es como una hoja de un árbol gigante. Cada hoja tiene sus experiencias individuales, distintas a las de las demás hojas. Sin embargo, cada hoja influye sobre las demás. Por ejemplo, si una de ellas se aflige, su negatividad vierte veneno en las venas de todo el árbol.

Hacía preguntas sobre la naturaleza de la materia y veía unas imágenes que parecían coloridas burbujas de jabón en miniatura unidas unas con otras hasta formar una cadena gigantesca. Eso me hacía comprender que estaba viendo las partículas más diminutas de la vida. A continuación me preguntaba sobre la vida después de la muerte y al instante me veía rodeada por una imagen muy real de un cielo azul y un edificio largo y alto de cristal. Sentía que algo exterior a mí me preguntaba: «¿Quieres visitar este castillo de cristal?». Yo dudaba, pues no sabía si sería un viaje seguro. Sin embargo, contestaba afirmativamente y me sentía transportada por las hermosas torres blancoazuladas del castillo. Al instante, volvía a mi cuarto de meditación.

Cuanto más meditaba, más comprendía lo fácil que es recibir respuestas e información. Lo *único* que hace falta es *pedirlas*. Recibí la explicación a esto en meditación cuando escuché estás palabras: «Tus experiencias siguen a tus intenciones». Vi que no conseguimos aprovechar este gran recurso porque nuestras intenciones permanecen centradas en los esfuerzos humanos que hacemos para atender a nuestras necesidades, en lugar de intentar reunirnos con el amor de Dios. Se me hizo la luz cuando comprendí que no tenemos necesidad de luchar para satisfacer nuestras necesidades. Sencillamente tenemos que pedir orientación y luego seguirla. Pensé en las veces en las que me había enfrentado a la vida, esforzándome por conseguir objetivos. Aquellos esfuerzos siempre daban como resultado más tensión y unas manifestaciones muy breves. También recordé las veces que había manifestado la solución a mis necesidades sin esfuerzo alguno utilizando la fe, la visualización y las afirmaciones.

Al reflexionar sobre todo aquello recibí un montón de información, como si alguien hubiera escaneado las páginas de un libro en mi mente. El mensaje que recibí fue que los trabajadores de la luz, como yo, podemos manifestar y sanar cualquier cosa. Tuve una visión de un futuro en el que la atención sanitaria tradicional y los alimentos eran artificialmente limitados por una agencia gubernamental deseosa de controlar a las masas. Me recordó la profecía del Apocalipsis que advierte que los suministros son controlados por un anticristo.

Vi trabajadores de la luz ayudando a los enfermos y a los hambrientos para que no sucumbieran a la manipulación del gobierno. En esta visión, los trabajadores de la luz hacían aparecer la comida de la nada. También sanaban espiritualmente solo con el pensamiento y la oración, puesto que no había hierbas ni medicinas.

Mi visión contenía asimismo la información de que todas

las profecías, como las del Apocalipsis, podían evitarse utilizando la conciencia colectiva del amor que poseen los trabajadores de la luz. En otras palabras, el esfuerzo unido de los trabajadores de la luz podía evitar aquella situación de escasez de alimentos y suministros médicos. Sin embargo, si los trabajadores de la luz no se reunieran a tiempo para evitar la profecía, no dejarían por ello de ser capaces de aportar paz, sanación y suministros a la gente gracias a sus dones espirituales.

Tras recibir esta visión comprendí que necesitaba reavivar las enseñanzas sobre sanación espiritual que había aprendido de niña. Tenía que desempolvarlas y, en su momento, escribir sobre ellas y enseñarlas a aquellos trabajadores de la luz que se sintieran guiados a leer y escuchar mis palabras. Con esta visión supe que había llegado el momento de comprometerme plenamente con mi camino espiritual.

CAPÍTULO DOCE

Abrir el tercer ojo

*No hay más que un solo hombre. En el lado espiritual
de su ser, todos los hombres del universo tienen acceso a
ese hombre, que existe eternamente en la Mente Divina
como una idea del hombre perfecto.*

CHARLES FILLMORE,
fundador de la Iglesia de la Unidad
y autor de *Christian Mental Healing*

IENTRAS REPASABA UN PROGRAMA de cursos del centro de educación para adultos The Learning Annex vi el rostro familiar del exitoso escritor Wayne Dyer. Al leer la descripción del seminario, de un día de duración, que iba a dar en San Diego, sentí el impulso de asistir. No fue que en el programa hubiera alguna frase o palabra aislada que me resultara atractiva. Se trató más bien de un impulso interno que me animó a asistir a aquel seminario.

Diez años atrás había estado «enganchada» a los seminarios y asistía a todos y cada uno de los talleres sobre psicología que encontraba. Estuve en conferencias de Carl Rogers, Rollo May, Irvin Yalom, William Glasser y otras eminencias del campo psicológico. Sin embargo, llegó un momento en que me saturé de escuchar y ya no me apeteció asistir a más talleres.

Pero en este momento sentí el impulso de acudir a un seminario de ocho horas. Le pregunté a Bonnie Krueger, la editora jefe de la revista *Complete Woman*, si le interesaría un artículo sobre Dyer. Bonnie me dio vía libre y me puse en marcha para entrar en contacto con Dyer y organizar una sesión de fotos que coincidiera con el artículo.

Como Dyer escribía libros para Hay House, pedí a Reid Tracy que me ayudara a organizar la entrevista. Él me puso en contacto con la publicista de Dyer, Edna Farley. Según descubrí, Edna se encarga de la promoción de muchos autores metafísicos y actúa como intermediaria entre los medios de comunicación y sus autores. Me preparó una entrevista telefónica con Dyer una semana antes de la conferencia y una sesión de fotos al término de esta.

El auditorio de la Iglesia de Hoy de San Diego estaba rebosante de cientos de personas que, como yo, esperaban la conferencia de Dyer. Asistir a los concurridos servicios religiosos de la iglesia de Huntington Beach me había permitido aprender a apreciar el valor de estar en un recinto lleno de personas a las que les interesa la espiritualidad. Se produce una chispa de energía que se concentra en las muchedumbres pacíficas. Cuando asisto a servicios religiosos multitudinarios, suelo recibir con frecuencia ideas que parecen haber sido inspiradas por la divinidad.

Dyer nos contó que había pasado una temporada con el místico indio Sri Guriji. Cuando este último leyó el libro de Dyer *You'll See It When You Believe It*, decidió escribirle una carta. Más tarde voló de India a Los Ángeles para reunirse con él. En esa entrevista, Sri Guriji le regaló una cinta magnetofónica de cantos de meditación específicamente diseñados para manifestar deseos y hacer que cobren forma material. El místico le pidió que los mostrara en el mundo occidental, lo que Dyer hizo en aquella conferencia y en la cinta *Meditations for Manifesting*[1], publicada por Hay House.

Para empezar la meditación, Dyer nos pidió que cerráramos los ojos y centráramos nuestra atención en el chakra del tercer ojo. Luego nos dirigió en una serie de cantos en los que entonamos «Om» y «Ah» en diversos tonos. Nos explicó que el sonido «Ah» está en prácticamente todos los nombres que dan las distintas religiones a la divinidad, incluidos Alá, Buda y Krishna. Al entonarlo, nos sincronizamos con las vibraciones de la creación. Si cantamos y, al mismo tiempo, nos centramos en una idea, la imagen mental adquiere con rapidez forma física.

Allí sentada entre los cientos de asistentes al acto, me concentré en el tercer ojo y entoné «Om». Al principio, los cantos de la mayor parte de la gente eran tenues, pero poco a poco fuimos aumentando el volumen hasta que al final estábamos cantando «Om» a pleno pulmón y con gran sentimiento.

Mientras cantaba vi cómo una imagen ovalada aparecía delante de mí. El óvalo descansaba horizontalmente en el espacio oscuro situado entre mis dos ojos. Con cada entonación, la imagen se iba haciendo cada vez más clara y brillante, como cuando vas en un avión y, al atravesar un manto de nubes, atisbas la tierra por primera vez. De repente reconocí lo que estaba viendo. Me quedé boquiabierta al darme cuenta de que se trataba de un ojo, un ojo femenino con todos sus detalles, que me miraba. «¡Es mi tercer ojo!», pensé. La imagen pestañeó lentamente un par de veces mientras me contemplaba con expresión amorosa.

El ojo me miraba atentamente y yo miraba al ojo con la misma atención, y me sentí como si estuviera mirando por el espejo de Alicia en el País de las Maravillas. Sabía que me estaba viendo a mí misma, aunque aquel yo vivía en un mundo completamente independiente del mío. Era yo, pero estaba en un universo paralelo contemplándome como si me estuviese viendo a través del ojo de una cerradura. Así como algunas personas son capaces de determinar al instante si alguien que acaban de conocer ha tenido una vida complicada o fácil, yo pude ver que la dueña del ojo había tenido una vida llena de paz, seguridad y amor. Irradiaba todas esas cualidades.

El ojo era igual que los míos, aunque entre ellos había unas cuantas diferencias importantes. No mostraba ninguna señal de haber tenido que afrontar los dolores de la vida y la piel que lo rodeaba estaba tersa y carecía de arrugas. Su expresión irradiaba felicidad y una paz perfecta, y sentí que me estaba diciendo: «Bienvenida a casa. Es estupendo que por fin nos hayamos conocido». Aquel ojo era lo más bello que había visto jamás; no me estoy refiriendo a una belleza física sino al aura etérea de amor, paciencia, paz y bondad que emitía en dirección a mí. Yo tragué saliva y sentí cómo me bañaba una sensación de amor completo hacia aquel ser y procedente de aquel ser.

De repente supe, sin ningún género de duda, que mi verdadero yo jamás había sufrido ni experimentado dolor ni dificultades. Era solo mi yo irreal, el ego, el que creía que estaba soportando tragedias y alcanzando triunfos. Mi verdadero yo, *el yo verdadero de todo el mundo*, permanece en el ojo del huracán, donde reina la paz por siempre jamás.

Sentí que se me doblaban las rodillas ante aquella experiencia de encontrarme con mi verdadero yo. En las fotografías en las que aparezco con Dyer después de la conferencia se puede observar mi expresión fascinada. Me fui a casa con un millón de preguntas dando vueltas en mi cabeza. Estar conduciendo por la carretera interestatal 5 me pareció una experiencia totalmente incongruente con el estado de mi mente. Aunque la euforia que me provocaban los acontecimientos que habían tenido lugar aquel día me tenía como flotando, era consciente de que conducía una máquina de acero de dos toneladas, por lo que me obligué a mí misma a dejar de pensar en temas espirituales para concentrarme en lo que estaba haciendo. Pensé: «Quizá si pongo la radio y escucho alguna tertulia consiga poner los pies en la tierra».

Sintonicé KFI, una emisora de radio de Los Ángeles en la que no emiten más que este tipo de programas y que normalmente suele centrarse en temas de política. Sin embargo, el tema de aquella noche era *La Cábala*, el antiguo texto místico judío.

Estuve un rato escuchando y sentí que mi conciencia volvía a ascender y a colocarse muy por encima de la autovía, por lo que cambié rápidamente de emisora. Sin embargo, todas las que sintonizaba parecían centrarse ese día en temas espirituales.

Sentí cómo la presión del aire dentro del coche se volvía más densa y percibí la presencia del Espíritu. Durante unos momentos tuve una sensación similar a la de la persona que se está ahogando y tiene que boquear para conseguir aire. Quería apartar de mi mente todos los pensamientos y mensajes espirituales para poder concentrarme en la conducción. Sin embargo, las señales palpables y audibles del Espíritu me rodeaban por todas partes, en el coche y en la radio.

Con una furia provocada por el miedo pregunté:

—¿Qué es lo que quieres de mí?

La presencia me transmitió mentalmente: «No hay sitio en el que yo no esté. No puedes evitar al Espíritu, puesto que tú eres Espíritu. Yo soy todo y estoy en todo».

Comprendí que, como había ignorado la orden de «deja de beber y apúntate a *Un curso de milagros*», Dios había decidido emplear un método mucho más expeditivo. Por mucho que quisiera rebelarme contra todo y contra todos los que me pudieran controlar, sabía que la ayuda de Dios era lo que realmente deseaba.

En lo más profundo de mi ser agradecí la intervención divina. No me sentía feliz y me daba cuenta de que la bebida y mis intentos de ganarme la vida como la Doctora del Amor no reflejaban mi yo auténtico. Sabía que mis intentos humanos de alcanzar la felicidad no habían conseguido obtener lo que realmente estaba buscando. Había llegado el momento de ceder al cuidado amoroso de Dios y de probar lo que Él me estaba indicando que hiciera.

El día después del seminario de Wayne Dyer compré una edición en rústica de *Un curso de milagros* en una librería Barnes

& Noble. El libro tenía tres partes: un texto, un cuaderno de trabajo y un manual para profesores. Sentí que me guiaban para que empezara leyendo el cuaderno de trabajo y descubrí que consistía en un programa de meditación de un año compuesto por una meditación para cada día. Cada una de estas meditaciones estaba diseñada para ayudar a eliminar las creencias limitantes sobre el mundo y para aprender nuevas formas de entrenar a la mente a sustituir los pensamientos negativos por otros de amor. Llena de entusiasmo emprendí el programa de estudios de un año y, aunque existían muchos grupos de estudio de *Un curso de milagros* cerca de mi casa, decidí abordar el texto por mi cuenta. Me encantó descubrir que la filosofía básica y el trasfondo del *Curso* encajaban con las enseñanzas que había recibido de niña. De hecho, me alegré al comprobar que aquellas meditaciones me recordaban lo vivido en la escuela dominical.

Dejar de beber fue sencillamente cuestión de tomar la decisión de hacerlo, y desde ese momento no he vuelto a echar de menos el alcohol. En seguida observé que una mente sobria obedecía mucho mejor la decisión de mantenerme centrada en los pensamientos de amor y felicidad. Ahora, siempre que mis pensamientos se deslizaban hacia el territorio de la culpa y el temor, un territorio propiedad del ego, me resultaba mucho más fácil darme cuenta de que la mente estaba divagando y podía corregirlo. Sentía que mi músculo mental se volvía más fuerte y disciplinado gracias a la sobriedad y a las prácticas de meditación.

En los días que siguieron al seminario de Dyer, las impresiones psíquicas fueron inundando mi conciencia a un ritmo cada vez más constante. Recibía sin cesar información clarividente y clariconsciente. A veces, estas percepciones psíquicas eran fuente de confusión, tanto para mí como para los demás. Esto me sucedía, por ejemplo, cuando me encontraba con alguien y conocía una información que aún no me habían transmitido. En cierta ocasión conocí a una mujer y, en la conversación que mantuvimos, me dirigí a ella llamándola Mary. Yo sabía que así era como se llamaba, pero no me di cuenta de que aún no nos habíamos presentado formalmente. Ella se me quedó mirando y me preguntó:

—¿Cómo sabías que me llamo Mary?

«Vaya», pensé. A algunas personas les gustan los contactos con el universo invisible, pero hay otras, como Mary, que consideran este tipo de experiencias algo indeseablemente «paranormal».

En otra ocasión, una señora a la que acababa de conocer me mostró fotografías de su hija pequeña. Cuando las miré me vinieron a la mente unas imágenes en las que la veía dando vueltas como una bailarina. Sin pensarlo le dije a la señora que su hija demostraba ser muy inteligente si podía bailar como una bailarina a tan temprana edad. Como con Mary, la reacción que recibí fue: «¿Cómo lo sabes?», dicha en un tono que me dejó muy claro que a aquella mujer mi presciencia le producía más terror que placer. Tras esa conversación procuré mostrarme más precavida en mis contactos con otras personas. Aunque veía y conocía muchas cosas de la gente con la que estaba interactuando, solo compartía esta información cuando alguien me pedía que lo hiciera.

En mis meditaciones le pregunté a Dios cuáles eran la fuente y la naturaleza de esta precognición. En mi diario resumí la respuesta que me envió:

> El tiempo es una ilusión, y cuando nuestras mentes están libres de las «normas» terrenales, el tiempo no conoce restricciones. Se convierte en un término carente de significado. Cuando alguien me cuenta una historia, yo la «conozco» en mi ser después de haberla escuchado. Mis facultades «psíquicas» me permiten conocer la historia sin la restricción de tener que oír las palabras primero.

¡Conque de eso es de lo que se trataba! La precognición no es un «poder especial» sino una demostración de que el tiempo es una ilusión. No necesitamos que alguien nos cuente cosas sobre sí mismo para conocer esta información. Eso implicaría que existe un tiempo *antes* y un tiempo *después* de recibir la información personal sobre una persona. La realidad es que no hay pasado ni presente; solo existe el *ahora*. Por tanto, todas las situaciones están presentes para nosotros en este mismo momento, incluidos todos los conocimientos sobre cualquier tema.

También comprendí que cada uno de nuestros pensamientos está estampado en nuestros campos de energía, de un modo similar a como los datos se graban en un disco compacto. Esta información está siempre disponible para todo aquel que es sensible a la energía. Todos estamos recibiendo y «leyendo» energía a diario. Por ejemplo, es probable que hayas vivido en algún momento la experiencia de desconfiar instantáneamente de una persona a la que acabas de conocer. Esto se debe a que te has sintonizado con su campo de energía y has leído que las formas mentales de esa persona están relacionadas con la deshonestidad. Las lecturas psíquicas completas no hacen sino llevar esta actividad de percepción energética uno o dos pasos más allá. Si limpias y equilibras tus chakras a diario, tal y como se describe en el capítulo 17, comprobarás que la receptividad psíquica aparece de forma natural. Lo único que necesitas es la voluntad de confiar en las impresiones que recibas.

De todas formas, yo aprendí que existe una enorme diferencia entre *juzgar* y *recibir* impresiones de otras personas. Si juzgas las impresiones que recibes, tus lecturas psíquicas provendrán de tu ego o de tu mente inferior. Los juicios son una de las causas principales de inexactitud en las lecturas psíquicas y es algo que debes evitar.

Pongamos por ejemplo que una psíquica te está haciendo

una lectura y recibe una serie de impresiones acerca de tu pareja o de tu cónyuge. Si se trata de alguien que se esfuerza en evitar que el ego influya en sus lecturas, sencillamente te comunicará lo que está viendo y sintiendo a medida que vaya recibiendo la información. Te permitirá sacar tus propias conclusiones a partir de su lectura psíquica. Por el contrario, una psíquica que no sea consciente de las influencias de su ego filtrará sus impresiones psíquicas a través de sus juicios personales sobre tu cónyuge o tu pareja. Las experiencias negativas que ella haya tenido en su propia vida amorosa podrían influir sobre sus juicios, de forma que lo que te diga no estará relacionado solo contigo.

Casi todo el mundo puede recibir información psíquica acerca de otra persona. Lo que ya no resulta tan fácil es tener la capacidad de transmitir esta información al cliente sin hacerla pasar por el filtro del ego. Lo mejor es sencillamente decirle al cliente lo que estás viendo, sintiendo, percibiendo o conociendo durante la lectura psíquica. Confía en la información que recibas y confía también en que tu cliente va a ser capaz de interpretarla a su manera.

Unos meses antes había hablado a mis clientes de mis creencias espirituales y fue fantástico observar lo bien que aceptaron los tratamientos mentales espirituales. Mis fantasías terroríficas en las que veía a mis pacientes salir corriendo y gritando de la habitación si les hacía partícipes de mi espiritualidad no se habían cumplido, gracias a Dios. Más bien pude ser testigo de cómo mis clientes sanaban rápidamente de sus problemas de baja autoestima y trastornos alimentarios gracias a nuestro trabajo de psicoterapia espiritual.

Durante las sesiones de asesoramiento solía pedir en silencio a Jesús y a mis ángeles que guiaran mis palabras y mis pensamientos. En esos casos siempre percibo su ayuda y su presencia como respuesta a mi petición y muchas veces recibo unas instrucciones muy claras. Por ejemplo, en cierta ocasión estaba trabajando con una nueva cliente que había acudido a muchos otros terapeutas. Se quejaba de que la terapia no había conseguido curarle el sentimiento de falta de valía que padecía y que estaba conectado con unos abusos sexuales a los que había sido sometida de niña. Mentalmente le pregunté a Jesús: «¿Qué quieres que le diga a esta mujer?». Al instante sentí cómo me dirigía para que le preguntara: «¿Cuál es el secreto que estás guardando?».

Cuando formulé esta pregunta, la mujer se quedó en silencio durante un tiempo tan largo que me llegué a preguntar si la habría ofendido. Al cabo de un rato me contó, tartamudeando, una historia que había ocultado a todo el mundo desde que era una adolescente. Esta historia era lo que había provocado gran parte de la vergüenza y la baja autoestima que padecía. Sin embargo, al contarla abiertamente se dio cuenta de que los detalles no eran tan horribles como había imaginado. Comprendió que esconder un secreto en las mazmorras del alma es algo parecido a dar cobijo a un monstruo espantoso.

Cada nuevo éxito clínico que conseguía con el uso de la oración y las afirmaciones espirituales me hacía sentirme más feliz y más libre. Empecé a incluir las lecturas psíquicas en mi labor de orientación y a hablarles abiertamente a los clientes de las impresiones psíquicas que recibía en las sesiones. Cada uno de ellos me expresó su gratitud porque estas impresiones nos ayudaban a desvelar asuntos fundamentales.

Me juré a mí misma no volver jamás al estilo antiguo de psicoterapia que consideraba los problemas como algo real. Como lo que hacía ya no era psicoterapia, adopté un título nuevo, el de «metafísica».

El hecho de entrar en contacto con mi verdadero yo y de darme cuenta de que la única verdad es que no experimentamos ningún dolor había cambiado drásticamente mi forma de pensar. Anteriormente, el aforismo espiritual de que «el dolor es una

ilusión» había sido una especie de broma. Ahora sabía que es
una realidad. Este conocimiento me hizo sentirme tan entusiasmada como si acabara de enamorarme, y no quería que nadie
pudiera robarme esta alegría. Por eso evité todo contacto con
los periódicos, las noticias en radio o televisión y las discusiones
sobre problemas políticos o sociales. Sabía que, en el nivel mental, eran situaciones que había que corregir, y que si las leía o
hablaba sobre ellas las vería como realidades tangibles.

También solicité orientación sobre algunos amigos míos que
habían perdido el equilibrio. Como les sucede a muchos trabajadores de la luz, que son por naturaleza personas cariñosas
a las que les gusta ayudar, yo atraía a gentes con múltiples problemas. Tenía que esforzarme por ser una buena amiga sin que
me arrastraran a sus conversaciones sobre las preocupaciones
y los temores que los embargaban. Sabía que la sanación espiritual podía resolver cualquier problema en las relaciones, pero
también reconocía que todavía no había llegado al punto de
ser capaz de ver objetivamente a mis amigos como seres perfectos, íntegros y completos.

No quería hablar con gente que considerara que sus dilemas
carecían de esperanza. Mi conocimiento de la naturaleza irreal
de los problemas estaba todavía en pañales y tenía que prote-
gerlo hasta que fuera capaz de mirar cara a cara a esos problemas
y ver más allá de su naturaleza ilusoria. Hasta entonces sabía
que debía evitar a las personas que tuvieran un esquema mental
negativo. Tenía que distanciarme de ellos temporalmente, igual
que hacía con los periódicos, la radio y la televisión. Por eso les
dije a unas cuantas personas que no podría verlas durante un
mes, y me sorprendió lo bien que lo aceptaron. Mi ego me había
estado chantajeando para hacerme creer que, si seguía estas
orientaciones interiores, el cielo caería sobre mi cabeza. Sin embargo, estaba descubriendo poco a poco que la única fuente de
agitación era la que provenía de los supuestos consejos del ego.

CAPÍTULO TRECE

$\mathcal{D}$escorrer el velo

*¡Si realmente existe el espíritu, y si todos vivimos en
Una Mente, y si una mente se puede comunicar con otra
mente sin la ayuda de ningún instrumento físico, entonces
la comunicación espiritual tiene que ser posible!*

ERNEST HOLMES,
fundador de la Iglesia de la Ciencia Religiosa
y autor de *The Science of Mind*

$\mathcal{E}$DNA FARLEY, LA PUBLICISTA DE Wayne Dyer, me llamó y me
dijo:

—Estoy publicitando a una canalizadora que ha escrito un
libro. ¿Te interesaría ver un ejemplar por si quieres hacerle una
entrevista y escribir un artículo?

Sin pensarlo, respondí afirmativamente. Cuando colgó me
pareció raro haber aceptado, puesto que la «canalización» quedaba fuera de mis intereses y de mi campo de experiencia. Ni
siquiera sabía realmente lo que era un canalizador, más allá de
lo que había visto hacer a Kevin Ryerson en la película de Shir-
ley MacLaine *Cita con los dioses*.

En el momento en que abrí el ejemplar de imprenta del libro que me había enviado Edna, *The Eagle and the Rose*[1], percibí que lo que tenía entre mis manos era una obra importante.
La autora, Rosemary Altea, es una médium británica que habla
con los espíritus vivientes de las personas que han fallecido físicamente. Como ya he dicho, yo no tenía todavía claras mis

creencias sobre la vida después de la muerte, por lo que, al leer el relato de los casos en los que Altea había percibido detalles importantes de los parientes difuntos de sus clientes, no supe qué pensar.

El libro, de todas formas, me pareció fascinante y sentí deseos de leer más sobre el tema. Por desgracia, tenía todas las horas del día atiborradas de obligaciones, por lo cual solo podía leer unas cuantas páginas cada día. Por fin, una tarde de sábado en la que Michael había acudido a una regata y los chicos habían ido a casa de sus amigos, encontré el momento de acurrucarme con el libro y dedicarme a él en exclusiva.

Cuando llevaba leídas unas tres cuartas partes de los casos de estudio que presentaba Altea, una revelación repentina y abrumadora me atravesó la conciencia. Caí en la cuenta de que las palabras de Altea eran verdaderas y que sus descripciones de cómo se comunicaba con los muertos eran reales. En ese instante sentí una presencia a mi derecha, detrás de mí, y rompí en sollozos. Reconocí en ella a mi abuela Pearl y sentí también que ella era la que había orquestado muchos de mis milagros más recientes, entre ellos el hecho de que hubiera recibido un ejemplar de *The Eagle and the Rose*.

—¡Dios mío! —exclamé en voz alta entre sollozos—. ¡Existe de verdad la vida después de la muerte!

Y sentí cómo mi abuela me consolaba y me decía que todo iba a salir estupendamente.

Haberme dado cuenta de la existencia de la vida después de la muerte me aportó un gran consuelo, y en los días siguientes empecé a hablar con mi abuela durante mis meditaciones. También descubrí que los científicos llevaban siglos estudiando la labor de los médiums y que en las últimas décadas se habían estado realizando estudios muy controlados que presentaban evidencia convincente de que estas personas se comunican realmente con los espíritus vivos de personas fallecidas [2].

Mi relación con Michael seguía siendo una de mis principales preocupaciones. Ahora le veía como una persona decididamente no espiritual y tuve miedo de que la ruptura fuera inevitable. De todas formas, no me decidía porque le quería mucho y detestaba el proceso de romper con él.

Tres días después de terminar de leer el libro de Altea, me llamó una señora llamada Renée Swisko. Me explicó que era sanadora espiritual y que estaba buscando a alguien que pudiera escribir un libro sobre su trabajo. Me dijo que era Reid Tracy, de Hay House, quien le había dado mi nombre varios meses antes y que llevaba mucho tiempo con intención de llamarme, pero que, por una causa o por otra, lo había ido posponiendo. Me preguntó si estaba familiarizada con *Un curso de milagros*, porque este texto era la base de su práctica espiritual. Le expliqué que acababa de empezar a estudiarlo y que si me hubiera llamado cuando tuvo intención de hacerlo por primera vez, no lo habría conocido. Pensé que la sincronización de la llamada era un ejemplo del orden divino y accedí a acudir a su casa para experimentar una demostración de su trabajo de sanación espiritual.

La mañana en que debía acudir a casa de Renée, salí al patio a hacer ejercicio en la máquina de *step*. En el embarcadero anexo al patio se encontraba Michael rascando percebes de la quilla de su velero. Observé un barco que navegaba lentamente por la bahía detrás de Michael y que llevaba escrita en la borda una extraña inscripción. Cuando se aproximó más al embarcadero vi que lo que ponía era «Juan 3:16».

Ver aquella referencia bíblica aumentó las sensaciones místicas que me producía la reunión con Renée. Esta me había contado por teléfono suficientes cosas acerca de su trabajo como para llegar a intrigarme, aunque de todas formas yo era consciente de que existía una fuerza superior que había organizado las cosas para que nos conociéramos. Esa sensación se confirmó cuando, al salir del ascensor en la planta donde se encontraba su apartamento, escuché una voz interior que decía claramente: «A partir de esta noche tu vida no volverá a ser la misma».

Estuvimos charlando durante un rato antes de empezar la sesión de sanación. Ella me preguntó si tenía algún problema concreto o alguna pregunta que quisiera plantear, y yo decidí centrarme en mi relación con Michael. Quería saber en concreto qué debía hacer con nuestras aparentes diferencias en cuestiones religiosas.

Renée me indicó que me tumbara en un futón y empezó a practicar una inducción hipnótica. Me pidió que me abriera a Jesús, al que ella denominó «Emmanuel», y que estuviera dispuesta a perdonar a Michael. Yo cerré los ojos y sentí cómo mi cuerpo se agitaba y temblaba. Aquella pulsación me recordó el momento en que vi a Michael rascando los percebes del barco, porque eso fue exactamente lo que sentí que estaba ocurriendo en mi interior.

De repente vi el rostro de un hombre delante de mí. Aunque había fallecido antes de que yo naciera y no había visto ninguna fotografía suya desde que era muy niña, reconocí al instante que se trataba de mi abuelo materno. El reconocimiento se produjo en mi alma, tal y como había reconocido anteriormente las identidades de las presencias espirituales que habían acudido a mí.

Sin pronunciar palabra alguna, mi abuelo me transmitió una información esencial acerca de mi relación con Michael:

Tus temores a ser auténtica con Michael y con otras personas proceden en parte de mí. Cuando tu madre era joven, yo me sentía muy frustrado porque no teníamos dinero y con frecuencia discutía con tu abuela Ada delante de ella. Aquello la asustó tanto que, a partir de entonces, le resulta incómodo hablar abier-

tamente de sus sentimientos, especialmente con hombres, incluido
tu padre. Tú aprendiste este patrón de comportamiento de ella,
que a su vez lo aprendió porque me tenía mucho miedo. Por favor,
perdóname y no rompas con Michael, porque no le estás viendo
como realmente es.

Aquel mensaje me hizo tambalearme, pero mi abuelo siguió diciéndome cosas aún más sorprendentes. Me contó que yo debía haber nacido originalmente como el segundo hijo de la abuela Ada y de él, y que debía haber sido un niño. Él, sin embargo, convenció a mi abuela para que abortara debido a sus problemas financieros. De haber nacido, habría sido el segundo hermano de mi madre. Tras el aborto, mi alma permaneció cerca de mi madre mientras esta iba creciendo y, años más tarde, me encarné como su hija. Su mensaje resultaba verosímil y al instante lo creí. Mi abuelo volvió a pedirme que le perdonara por el dolor que me había infligido y se desvaneció.

La mañana siguiente a la sesión con Renée, abrí por fin mi corazón a Michael. Le conté el episodio psíquico que había vivido con el conductor de la limusina de Nueva York y mis frecuentes experiencias clarividentes. Le dije que había visto a mi abuelo Ben tras el accidente de coche en el que había fallecido y a mi otro abuelo durante la sesión con Renée. Michael aceptó de un modo admirable todo lo que le conté y en ningún momento me hizo sentirme menospreciada ni juzgada. A su vez me habló de algunas experiencias psíquicas notables que él también había tenido. A continuación, estuvimos hablando de algunas de nuestras creencias espirituales más profundas y descubrimos con alegría que compartíamos muchos puntos de vista.

Comprendí lo equivocada que había estado al considerar a Michael como una persona «no espiritual», sobre todo teniendo en cuenta que mi propia conciencia espiritual había estado adormecida durante muchos años. *Todo el mundo* es inherentemente espiritual, hasta el ateo más acérrimo, puesto que todos somos hijos del mismo Dios. De hecho, si yo juzgo a alguien como no espiritual, ese juicio procederá de mi ego. Y el ego es lo único no espiritual de una persona. Sin embargo, como este ego es solo un colchón de aire sin sustancia, ninguno de nosotros tiene nada que no sea espiritual. Estoy convencida de que, si nos centramos en la chispa de divinidad presente en otras personas, estimularemos su crecimiento como la llama piloto de una fragua.

Ese mismo día estuve hablando con mi madre sobre el encuentro que había tenido con el espíritu de su padre. Cuando le expliqué que había estado a punto de nacer como su hermano mayor, se quedó boquiabierta.

—Cuando era niña, siempre sentí que tenía un amigo invisible a mi lado —me confió.

También me confirmó que, como mi abuelo acababa de quedarse sin trabajo, mi abuela había abortado dos años antes de que naciera mi madre.

Aunque ya se me había abierto de par en par el tercer ojo con anterioridad a este episodio, en aquel momento estaba más abierto que nunca. Muchos textos espirituales afirman que nuestra visión espiritual se vuelve más aguda de forma natural cuando dejamos a un lado los juicios, el rencor y las creencias limitantes. El encuentro con mi abuelo y la reciente revelación que había tenido sobre la certeza de la vida después de la muerte habían hecho desaparecer muchas de las barreras que había impuesto mi ego. Eso me permitió ver y comunicarme tanto con los espíritus como con los ángeles.

Siempre que me llamaba alguna persona, no solo la veía a ella ante mí sino también a sus guías espirituales y a sus ángeles rodeándola. Mi clarisentencia me revelaba también la relación familiar que unía al espíritu con la persona que llamaba. De algún modo, yo era capaz de *sentir* la relación entre las dos almas, como si cada grado de parentesco tuviera una frecuencia vibratoria distinta. Por ejemplo, veía un espíritu femenino y sabía si era una tía, una hermana o la madre de la persona con la que estaba hablando. Lo único que me costaba era determinar si un espíritu era un abuelo o un bisabuelo, dado que estos niveles de parentesco producen unas sensaciones vibratorias similares.

Al mismo tiempo, los espíritus eran también conscientes de mis habilidades como médium. En cierta ocasión, durante una reunión en la iglesia, me encontraba sentada junto a una dama anciana a la que conocía. De pronto percibí la presencia de su difunto esposo y él se dio cuenta de que le había percibido. Sin mediar ningún preámbulo, el hombre empezó a insistirme en que debía decirle a su esposa que estaba con ella. «¡De ninguna manera!», le dije mentalmente, pues sabía que su esposa era totalmente contraria a la idea de la vida después de la muerte. Yo podía ser una médium clarividente, pero en ningún caso era una defensora de pleitos pobres.

Allá donde fuera veía multitud de espíritus y ángeles alrededor de la gente. Muchos me rogaban que les hablara a sus anfitriones vivos de su presencia, y de forma ocasional yo me sentía guiada a hacerlo. Sin embargo, aquellas situaciones siempre resultaban incómodas y tenía que proceder con mucho tiento a la hora de hablarle a la gente de sus compañeros espirituales. Por ejemplo, cuando acudí a la reunión de antiguos alumnos del instituto de Michael, él me presentó a un viejo amigo que acababa de perder a su madre. Aquel hombre estaba roto por el dolor, pues había mantenido una relación muy estrecha con ella.

La situación supuso un gran conflicto para mí, pues veía a la madre con claridad al lado de su hijo. Ella me reveló que él no había dejado de llorar desde su fallecimiento y me pidió que le consolara de alguna forma. Me llevé al amigo aparte y abordé con pies de plomo el tema de la vida después de la muerte. Primero mencioné mi interés por los libros espirituales, pues sabía que él era un amante de los libros. Sin embargo, me respondió que solo leía novelas. Luego le hablé de un trabajo de orientación que había estado haciendo en el plano espiritual, eligiendo con mucho cuidado las palabras para que él supiera que yo mantenía una postura muy pragmática sobre ese tema. Una vez más observé que no entendía lo que le estaba queriendo decir. Probé un par de formas más de entablar una conversación que pudiera conducir a hablar sobre la presencia espiritual de su madre, pero no obtuve por su parte más que respuestas de una o dos sílabas. Por último, le di mi número de teléfono y le dije que podía llamarme. Probablemente pensó que estaba intentando quedar con él. Cuando nos dimos la mano y nos despedimos, la madre seguía rogándome que le hablara a su hijo de su presencia.

En otra ocasión me encontraba en una librería de Manhattan comprando un libro de estudios sobre la vida después de la muerte. Al acercarme a la caja vi un espíritu femenino anciano junto a la cajera y supe que era el de su abuela o el de su bisabuela. El espíritu lucía una amplia sonrisa y se veía que su personalidad era la de alguien generoso.

Al entregarle el libro a la cajera, esta observó el título y dijo:

—¡Ah, vida después de la vida! Yo creo en ella a pies juntillas, ¿y usted? —Antes de que yo pudiera pronunciar ni una sola palabra, la cajera siguió diciendo—: Sabe, a veces juraría que mi abuela está conmigo, pero me aterrorizan los espíritus, los fantasmas y similares, así que, si en algún momento descubriera que realmente está a mi lado, me asustaría muchísimo.

Yo les sonreí a ella y a su abuela y salí de la tienda sin decir ni una palabra.

Empecé a sentirme abrumada por mi reciente visión espiritual y anhelaba recuperar la antigua sensación de normalidad.

Aunque creía que mi habilidad como médium era un don que podía utilizar para sanar a mis clientes, no quería que los espíritus se hicieran con el control de mi vida. Durante mis meditaciones sobre este tema descubrí que mediante la intención podía ajustar la clarividencia hasta un nivel que me resultara más cómodo.

Muy pronto llegó el día en que debía hacerle la entrevista a la médium Rosemary Altea para la revista *Complete Woman*. Michael, el fotógrafo que habían asignado para aquella historia, y yo nos dirigimos a la suite del hotel Four Seasons de Los Ángeles en la que se hospedaba con la esperanza de que pudiera arrojar algo de luz sobre mi nueva visión espiritual.

Rosemary me dijo que ella también veía espíritus allá donde iba. Me contó que, al principio de su trabajo como médium, le hablaba abiertamente a la gente de los espíritus que veía a su lado hasta que un día le contó a una mujer a la que acababa de conocer en un baile que su padre estaba junto a ella. La mujer sufrió una enorme conmoción y salió corriendo, evidentemente afligida. A partir de aquel día Rosemary adoptó la firme resolución de no volver a hablar a una persona acerca de sus compañeros espirituales a menos que se lo pidieran primero.

Luego empezó a hablarle a mi abuela Pearl, que estaba junto a mí, y al difunto padre de Michael, que estaba al lado de este. A mí me gustó verla trabajar y descubrí que su estilo de comunicación con los espíritus era similar al mío. Sin embargo, cuando le pregunté acerca de «sus espíritus», me corrigió de forma tajante:

—Tú los llamas «espíritus», pero yo los llamo «personas».

Evidentemente, tenía razón. Aunque una persona haya abandonado su envoltura física, su alma sigue siendo humana. La palabra *espíritu* implica que son menos que humanos.

Conocer a Rosemary me ayudó a tomarme con más tranquilidad mi cambio de perspectiva espiritual. Decidí que necesitaba buscar otros médiums para comparar. Afortunadamente, la Fundación Learning Light, en la que había dado las clases de desarrollo psíquico, ofrecía un curso de un día sobre habilidades de médium. La descripción del curso decía que la clase solo estaba abierta a «médiums avanzados». Al principio pensé que esto se refería a personas que llevaran mucho tiempo siendo médiums, lo que significaba que yo no podía acceder a ella, pero de pronto sentí cómo la amorosa energía de la abuela Pearl me animaba a apuntarme.

Está claro que el requisito de tener un nivel avanzado para apuntarse a la clase debió intimidar a mucha gente, porque solo nos inscribimos dos personas. La profesora, Rose, era una inglesa que realizaba sesiones de espiritismo en Gran Bretaña y Estados Unidos.

Nada más empezar la clase, nos pidió que realizáramos un trabajo como médiums. Yo tragué saliva cuando me indicó que debía ser la primera en hacer una lectura espiritista en voz alta. Para complicar la cosa aún más, debía hacerle la lectura ¡a ella! Yo me sentí intimidada y me pregunté por qué diablos me habría apuntado a aquel curso, dado que tanto la profesora como mi compañera tenían mucha más experiencia en el tema que yo. Rose me indicó con firmeza que empezara, así que respiré hondo.

Cerré los ojos, pero Rose exclamó:

—¡No, no! ¡Tienes que aprender a hacer las lecturas con los ojos abiertos!

Desenfoqué la vista para centrar toda mi atención en los sentidos internos, dejé a un lado la mente consciente y permití que se quedara en blanco. Al instante percibí una pequeña presencia a la izquierda de Rose. Cuando mi conciencia se topó con ella, empecé a ver cómo adoptaba el aspecto y la forma de una persona.

—Veo a un niño pequeño a tu lado —dije.

Rose se quedó pálida, pero de forma evidente hizo un esfuerzo por permanecer impasible para no influir sobre mi trabajo.

—Dime más cosas. ¿Qué edad tiene?

—No lo sé, porque parece bajito para su edad. Da la sensación de tener unos ocho años.

A continuación describí su aspecto y observé cómo los ojos de Rose enrojecían y se llenaban de lágrimas.

—Es mi hijo —explicó—. Murió en un accidente mientras jugaba al fútbol hace muchos años.

Al principio me sentí fatal por haber sacado a colación un tema que le producía dolor. Sin embargo, Rose me aseguró que mi lectura espiritista era muy apropiada; apreciada, incluso. Cuando la otra alumna terminó su lectura, nuestra profesora nos puso la primera tarea.

—En el piso de arriba están dando una clase para la que os están esperando —nos explicó—. Vais a hacer lecturas espiritistas a los integrantes de la clase.

Una vez más me sentí intimidada y carente de la preparación necesaria, pero Rose no me permitió saltarme aquella tarea. Nos condujo al piso de arriba y, como la vez anterior, tuve que actuar la primera. Tal y como Rose nos había indicado, me coloqué de pie delante de la clase con los ojos abiertos y ofrecí a los alumnos, uno por uno, una «lectura psíquica y espiritista». Cada lectura fue distinta; en unos casos recibí y transmití información sobre la profesión de la persona, y en otros la lectura estuvo relacionada con su vida amorosa. En todas las ocasiones los alumnos sonrieron y confirmaron la exactitud e importancia de mis lecturas.

Cuando Rose, la otra alumna y yo volvimos a nuestra clase, la profesora nos dio la enhorabuena por el éxito obtenido con nuestras lecturas. Yo comprendí que la abuela Pearl me había animado a apuntarme a esta clase porque necesitaba reforzar mi confianza en mis habilidades psíquicas. La clase me ayudó a sentirme cómoda a la hora de hacer lecturas psíquicas y espiritistas en público.

A lo largo de los días siguientes fue como si los miembros del mundo espiritual hubieran hecho correr la voz acerca de mis habilidades como médium. Recibí llamadas telefónicas de personas nuevas que me pedían específicamente cita para que les diera asesoramiento psíquico. Me decían cosas como: «No sé dónde he tenido noticias de usted. Sin embargo, he encontrado su nombre y *algo* me ha hecho llamar y pedir cita».

Muchas de estas personas eran adultos que habían sufrido abusos en la infancia y con los que el fallecido maltratador quería hacer las paces. Durante la sesión de orientación yo facilitaba conversaciones entre mi cliente y su padre, su tío, su hermano o su abuelo maltratador. Si mi cliente estaba dispuesto a perdonarle, el espíritu del que había infligido el daño se alejaba de él, muchas veces escoltado por ángeles o por seres queridos ya evolucionados procedentes del otro lado. Tras la partida del espíritu, mi cliente solía percibir unas sensaciones físicas intensas, como una especie de vacío alrededor de su cuerpo acompañado por fuertes sensaciones de alivio. Lo normal era que descubriera que dejar de estar acompañado por el maltratador fallecido aliviaba la depresión, la ansiedad, el insomnio y los impulsos compulsivos como comer en exceso.

Descubrí que, siempre que llegaban a mí clientes nuevos que se quejaban de depresión o de adicciones, lo más habitual era que tuvieran a su lado a un espíritu «pegado a la tierra». En otras palabras, que estaban acompañados por una persona fallecida, además de por el guía espiritual que tenían asignado. Aprendí que las personas fallecidas pueden decidir permanecer cercanas a la tierra. Muchas de ellas se quedan aquí porque tienen miedo de la «ira de Dios», y otras lo hacen porque no quieren abandonar a sus seres queridos, sus hogares o sus negocios. Algunas de las personas que fallecen se quedan en la tierra porque los parientes que las han sobrevivido están extremadamente afligidos, y deciden quedarse a su lado. En el caso de aquellos de mis clientes que habían sufrido malos tratos, sus familiares fallecidos estaban junto a ellos por los remordimientos que les provocaba su conducta maltratadora.

Aunque aquellos espíritus contritos tenían buenas intenciones y solo deseaban deshacer el daño que habían causado, su presencia tenía unos efectos malsanos para sus anfitriones vivos. Las personas con remordimientos suelen ser personas deprimidas. Si permaneces junto a una persona deprimida, lo más habitual es que parte de esta depresión se te pegue. No importa si el que está deprimido posee un cuerpo físico o no; es probable que en alguna ocasión hayas hablado por teléfono con alguien que estuviera deprimido y te hayas sentido fatal al colgar. Ese mismo efecto es el que se produce cuando tienes un espíritu deprimido viviendo a tu lado.

Esta circunstancia hizo que gran parte de mi trabajo de asesoramiento implicara la realización de una «terapia de liberación de espíritus». Esta terapia significa que facilito una resolución entre mi cliente y los espíritus arrepentidos que tenga a su alrededor. Cuando conseguimos convencer suficientemente al espíritu de que mi cliente le perdona, llamo al arcángel Miguel o a algún otro espíritu evolucionado para que acompañe a la persona fallecida a la otra vida.

Siempre observo cómo guían a cada espíritu en su viaje, pues siento curiosidad por saber adónde van. He comprobado que en la otra vida existen distintos niveles, y que cada nivel tiene un entorno de distinto color. Todos gravitamos de forma natural hacia el nivel de la otra vida que se corresponde con nuestro propio nivel de comprensión espiritual. Las personas que vibran en niveles superiores de amor, compasión y comprensión van a los niveles superiores del plano de la otra vida. Igual que sucede con los chakras, el nivel inferior tiene un tono rojo y el superior está iluminado con luces azules, violetas y blancas.

La mayoría de los espíritus a los que ayudo en mi trabajo

de liberación son conducidos a un lugar amarillento. Esto resulta lógico si tenemos en cuenta que el anaranjado chakra del sacro se centra en los deseos terrenales. La mayoría de los maltratadores son adictos a los deseos de la carne como el sexo, el alcohol y las drogas. Cuando las personas superan sus apetitos humanos ascienden al siguiente nivel, simbolizado por el amarillo chakra del plexo solar.

Recibí el conocimiento de que los distintos niveles de la otra vida no significan un castigo ni una recompensa. Son sencillamente lugares apropiados en los que se nos asegura que vamos a encajar. En la tierra encontramos una experiencia similar cuando gravitamos de forma natural hacia las personas que tienen un punto de vista similar al nuestro. Es importante que reconozcamos que las atracciones que sentimos hacia otras personas se deben sencillamente a que tenemos unos ritmos energéticos que se sincronizan con los suyos. No es que las personas que nos gustan estén «más evolucionadas espiritualmente» ni que sean «mejores personas». Si aceptamos estos juicios, nuestro ego crece, y ello entorpece nuestras habilidades para hacer lecturas psíquicas y sanaciones espirituales. Nadie es «bueno» ni «malo»; sencillamente vibra a un nivel distinto del nuestro.

Hablar con las personas fallecidas me permitió también aprender que el simple hecho de morir no hace que se vuelvan radicalmente distintas de lo que eran en la tierra. Es cierto que comprenden mejor la importancia del amor y la irrelevancia de las ganancias materiales. Sin embargo, la mente no elimina de forma automática el ego, y la personalidad de cada uno sigue siendo más o menos la misma. Muchas veces, cuando describo lo que están diciendo los seres queridos ya fallecidos, mis clientes exclaman cosas como: «¡Esa es exactamente la tía Edna que conocí y a la que quise!».

Por ejemplo, el primo de Sandra, Marcus, había abusado sexualmente de ella cuando Sandra era una niña pequeña y él, un adolescente. El recuerdo del abuso sufrido había ido haciendo presa en su autoestima a lo largo de los años y, cuando tenía cuarenta, vino a verme para intentar solucionar los efectos residuales. Marcus había fallecido de una sobredosis de drogas varios años antes y no me sorprendí cuando apareció de repente al principio de la sesión. Surgió por encima de la cabeza de Sandra y me transmitió su arrepentimiento por haberle infligido un dolor emocional tan intenso.

«Yo no era más que un maldito aprietatuercas y no sé por qué demonios hice lo que hice», fue su cruda disculpa.

—¡Está claro que ese es Marcus! —exclamó Sandra—. ¡Trabajaba como mecánico en una vieja gasolinera!

De pronto se alegró de poder hablar con el hombre al que durante tanto tiempo había despreciado. Mantuvieron una larga conversación sobre los abusos y Sandra liberó gran parte de su rencor hacia él en la primera sesión. Al terminar, Marcus se sintió considerablemente aliviado por haber recibido la oportunidad de redimirse. Expresó el pesar que sentía por nosotras dos (me pidió perdón por haberme asustado, pues su aparición tan repentina me había sobresaltado). Fueron necesarias varias sesiones más antes de que Sandra pudiera perdonarle del todo, pero tras aquella primera sesión no volvimos a ver ni a oír a Marcus.

A veces, mis clientes no están dispuestos a perdonar a sus parientes fallecidos. Amy vino a verme tras leer *Losing your Pounds of Pain*, pues conectaba el sobrepeso que sufría con los años que llevaba sintiendo una enorme rabia hacia su padre. Mientras hablaba, yo supe que el padre había fallecido y pude sentir su presencia en la habitación. La conversación que facilité entre ella y su padre me permitió saber más detalles de su trágica historia.

De niña, Amy vio cómo su padre apuñalaba a su hermano gemelo, Andy, hasta matarlo. Cuando el perro, Ronnie, trató de interponerse, el padre también lo apuñaló y lo mató. En la sesión, el difunto le suplicó que le perdonara. Amy se negó, aunque reconocía que el perdón también iba a ser muy bueno para su propia salud mental.

Entonces sentí que aparecía otra presencia que, por su patrón vibratorio, me pareció ser el hermano de Amy. Cuando describí el aspecto que tenía, Amy me confirmó que estaba viendo a su difunto hermano, Andy. Este le pidió por favor que dejara a un lado su ira. Después de todo, él era el que había sido asesinado, y él ya había perdonado a su padre. Sin embargo, Amy contestó que prefería morir antes que perdonar aquel acto imperdonable. Le pedí que, en una escala de 1 a 10 en la que 1 representaba «nada en absoluto» y 10, «por completo», me indicara hasta qué punto estaba dispuesta a perdonar a su padre. Amy me respondió que un 2. Entonces pedí a aquella pequeña parte de Amy que se abriera a la intervención del Espíritu Santo para que pudiera liberar al resto de su persona de su ira.

Amy estuvo de acuerdo en abrir aquella pequeña parte de sí misma, ¡y eso fue todo lo que necesitó! Vi cómo su cuerpo temblaba y luego se relajaba cuando soltó gran parte de la hostilidad que albergaba. Cuando más tarde hablé con ella me dijo que, a partir de la sesión, se sentía mucho más ligera y feliz. También me contó que, cuando llegó a casa, algo le hizo mirar a su perro a los ojos. Al instante reconoció la mirada de Ronnie, el perro que había tenido de niña. Su perro había regresado de la otra vida para completar su misión al lado de ella.

Otro cliente, Anthony, era el mayor de seis hermanos, todos chicos. Durante su infancia había sufrido graves palizas físicas y abusos verbales por parte de su padre. Aquel maltrato le había convertido en un hombre inseguro y nervioso, y vino a verme quejándose en general de la infelicidad que sentía. Durante nuestra sesión percibí la entrada de una presencia masculina. Su patrón vibratorio y el hecho de que estuviera a la derecha de An-

thony —que representa el lado masculino o paterno de la familia
en clientes diestros— me indicó que era un abuelo paterno. Sin
embargo, no podía saber si era el abuelo, el bisabuelo o incluso
el tatarabuelo. Empecé a describir sus características y Anthony
lo identificó en seguida como su abuelo paterno.

El abuelo dijo que él también había maltratado al padre de
Anthony, y que ese ciclo de malos tratos había continuado en
la siguiente generación.

—Lo siento muchísimo —dijo el abuelo—; realmente todo
fue culpa mía.

Anthony sollozaba mientras me explicaba que su abuelo
había sido, en vida, un dirigente de la mafia que había causado
un gran dolor a mucha gente. La sesión fue de lo más emotiva,
y Anthony y su abuelo reconciliaron generaciones de ira, resentimiento, miedo y rencor.

También me comunicaba con parientes difuntos que actua-
ban como «guías espirituales» de mis clientes. Estos espíritus,
que reciben una formación en el otro mundo antes de asumir
ese papel, realizan funciones de protección y orientación en las
vidas de las personas vivientes. Todos tenemos un guía espiritual
o más de uno en todo momento. A diferencia de los espíritus
que han quedado atados a la tierra, los guías espirituales aportan
energía y alegría a sus acompañantes vivos. Mientras que los
espíritus atados a la tierra intentan controlar a sus anfitriones
vivos mediante el temor, los guías espirituales aportan sugerencias amorosas que no usurpan la libre voluntad de la persona.
Estos guías espirituales son parecidos a los ángeles de la guarda,
aunque se diferencian de estos en que han tenido una vida terrenal.

Gran parte de mi trabajo con los guías espirituales incluye
transmitir mensajes a mis clientes. Casi siempre el cliente ya
ha «oído» estos mensajes de su guía pero los ha ignorado. Por
eso, cuando yo los transmito, el cliente suele decirme que tenía

una fuerte sensación de que eso era lo que su guía espiritual
quería que escuchara.

Por ejemplo, en cierta ocasión vino a verme una señora llamada Maureen porque había acudido a un seminario que im-
partí sobre «El propósito divino de la vida» y quería que le hiciera una lectura psíquica sobre su sendero vital. Como el
seminario había tenido lugar en una iglesia, le pregunté si solía
asistir con frecuencia a los servicios religiosos o a los seminarios
espirituales que se daban en ella. Marueen me dijo que sí y luego mencionó sin darle importancia que su madre había sido
ministra. En ese momento escuché una voz que decía: «Ministra
metodista», pero no hice caso. Pensé que debía de haberme in-
ventado la frase, pues en aquel entonces yo asistía a una iglesia
metodista. Entonces Maureen me dijo:

—Mi madre era ministra metodista, pero falleció en 1985.

Le pregunté si en alguna ocasión había sentido la presencia
de su madre, y ella me confirmó que la visitaba con frecuencia.
Dado que su madre hablaba estupendamente, gracias a los muchos años que había dedicado a predicar desde el púlpito, dejé
que hablara a través de mí durante toda la sesión y que dijera
lo que quisiera decir. A Maureen y a mí nos cautivó el poético
y poderoso sermón que nos dio desde el cielo, cargado de consejos prácticos y profundos sobre la vida de Maureen. Como
sucedía con los demás clientes, Maureen reaccionó ante las palabras de su madre asintiendo con la cabeza y diciendo: «Sí,
suena igual que mamá. Y sí, sé que tiene razón. Tiene toda la
razón. Voy a seguir su consejo porque sé que eso es lo que debo
hacer».

CAPÍTULO CATORCE

Haciendo las paces con Dios

El Espíritu jamás nació,
Jamás el Espíritu cesará de ser;
Jamás hubo un tiempo en que no fuera;
¡El Final y el Principio son sueños!

Bhagavad Gita, texto espiritual

HAY HOUSE ACABABA DE PUBLICAR *Constant Craving* y, por primera vez, me sentía feliz con uno de mis libros. A excepción de *Losing Your Pounds of Pain*, ninguno de los anteriores había llegado a expresar la verdad más profunda que yo sabía que era capaz de escribir. En esta ocasión, sin embargo, mi libro reflejaba la orden de «enseñar los vínculos entre la mente y el cuerpo» que había escuchado en mi experiencia extracorpórea infantil.

Kristina Reece, la directora de publicidad de Hay House, me organizó varias apariciones en tertulias televisivas para hablar de *Constant Craving*. Tomando como base mis experiencias a la hora de tratar los antojos alimentarios, contaba con que los presentadores de los programas me pidieran que hiciera «interpretaciones de antojos alimentarios» a personas que llamaran o que formaran parte de la audiencia en el estudio. Eso era algo que me resultaba muy fácil, pues llevaba casi diez años interpretando este tipo de anhelos. Me sabía de memoria los ingredientes psicoactivos de cientos de alimentos. Así, por ejemplo, si alguien me contaba que tenía antojo de helado de manteca de cacahuete, yo sabía que eso significaba que lo que necesitaba era colina y pirazina, unas sustancias que actúan como antidepresivos y estimuladores de los centros cerebrales del placer. Por tanto, sabía que estaba deprimido porque no se divertía lo suficiente.

Sin embargo, no estaba preparada para la diferencia que iban a marcar mis chakras, ahora totalmente abiertos, a la hora de hacer interpretaciones de antojos alimentarios en tertulias televisivas. De pronto me encontré haciendo interpretaciones que incluían detalles concretos de la profesión, la vida amorosa y la salud de la persona que preguntaba. Mis habilidades psíquicas se habían combinado con mis conocimientos sobre el significado de los antojos alimentarios y el resultado eran unas lecturas psíquicas en antena. Las líneas telefónicas se saturaban de llamadas en cada programa y, al terminar, muchos miembros del personal me pedían lecturas psíquicas privadas.

A mi regreso a California decidí visitar a Rose, la profesora de la clase de espiritismo. Me dio cita para verla el 15 de julio de 1995, sábado, por la tarde. Mientras me vestía para la cita escuché una voz que hablaba desde fuera de mí, a mi derecha, y que decía claramente: «Doreen, sería mejor que le subieras la capota al coche porque si no te lo van a robar».

Reconocí la voz; era la misma que había escuchado dos veces antes en mi vida. Era la voz masculina que me habló en la experiencia extracorpórea de mi niñez y la que me indicó que debía dejar de beber y ponerme a estudiar *Un curso de milagros*. Había hecho referencia a mi descapotable, que, cuando tiene la capota negra subida, es un coche de aspecto corriente. Sin embargo, cuando está bajada, la tapicería blanca se combina con el exterior también blanco y forma un conjunto muy bonito. En ese momento estaba en el garaje con la capota bajada.

No hice caso de la voz, pues pensé que ya se me había hecho tarde y que no tenía tiempo de subir la capota. Entonces volvió a hablar la misma voz desde fuera de mi cuerpo: «Entonces dile a Grant que la suba». Aquello me irritó, como si alguien me estuviera dando la lata, y repliqué mentalmente: «¡Eso me llevaría otros cinco minutos, y no tengo tiempo para ello!». La voz volvió a decirme que subiera la capota, pero yo seguí empeñada en ignorar su advertencia.

No es que dudara de la validez de la advertencia de la voz; sí creí que era probable que alguien intentara robarme el coche mientras estuviera con Rose, pero no dejé que esa idea me perturbara. Me imaginé que, si alguien intentaba de verdad robármelo, la abuela Pearl me avisaría. Me imaginé que su advertencia me daría tiempo suficiente para salir corriendo y ahuyentar a cualquier posible ladrón. Además, pensé, el coche tiene un buen sistema de alarma y el claxon sonará si cualquier persona lo toca.

Por aquel entonces yo solo tenía un seguro a terceros, porque el coche ya estaba totalmente pagado. Por tanto, si alguien lo robaba, el seguro no me pagaría otro. De todas formas, tenía el convencimiento de que estaba espiritualmente segura y protegida. De camino a mi entrevista con Rose fui escuchando una cinta de *Un curso de milagros*. Me llamó la atención una frase en concreto: «*Dios no ayuda porque no conoce la necesidad. Sin embargo, crea a todos los Ayudantes de Su Hijo porque este cree que sus fantasías son ciertas*».

En otras palabras, como Dios es todo amor, no ve nada más que amor. No conoce nuestras pesadillas ni las ilusiones de nuestro ego. Por tanto, no ve la necesidad de intervenir en nuestras vidas, porque no contienen nada equivocado. La ayuda nos llega de las creaciones de Dios —los ángeles, el Espíritu Santo, los maestros ascendidos y nuestros hermanos y hermanas—, que ven las ilusiones de los problemas, tal y como nosotros hacemos.

Unos momentos más tarde giré para coger el bulevar Lincoln de Anaheim y de repente sentí como si una energía espesa, como de pintura, se derramara sobre mi coche. Era una energía densa, enfadada y temerosa. Sentí que alguien con intenciones deshonestas había «detectado» mi coche, así que presté más atención a lo que me rodeaba. Me detuve en un aparcamiento situado al lado del edificio donde debía reunirme con Rose. Antes de salir del coche, lo visualicé rodeado de la luz blanca del amor de Dios. A continuación cogí los seis o siete libros de espiritualidad que llevaba en él y los extendí sobre el salpicadero. Percibía la inevitabilidad de lo que estaba a punto de suceder, pero en mi corazón sentía la seguridad de que todo iba a salir bien.

Cuando salí del coche y me puse en pie, escuché la voz de un hombre que gritaba detrás de mí:

—¡No te muevas! ¡Date la vuelta y dame las llaves del coche ahora mismo!

Me giré y vi a un joven de baja estatura y complexión atlética que me miraba con enojo. Era una situación surrealista, y el tiempo pareció ralentizarse mientras yo buscaba en mi interior una solución. Entonces pedí mentalmente apoyo e intervención espiritual. Mientras tanto, algo me dijo que no debía entregarle las llaves del coche a aquel hombre. En cambio, mis instintos me indicaron que debía gritar con toda la fuerza de mis pulmones, ¡y eso fue lo que hice!

Tal y como sucedía en mis sueños de años anteriores en los que me enfrentaba a un ladrón a gritos, los ojos del ladrón se agrandaron por la sorpresa y el miedo ante mi asertividad. Mientras seguía gritando vi que su determinación de robar el coche se disolvía transformándose en miedo. También vi cómo su compañero, que le estaba esperando en un coche cercano, miraba nerviosamente a su alrededor en busca de testigos de su delito. El primer hombre desvió su atención del coche a mi bolso y dio un tirón a las asas. Yo me sentía llena de poder, como si miles de ángeles se agolparan a mi lado. Le grité que tampoco iba a llevarse mi bolso.

En ese momento intervino un ángel humano. Una mujer que estaba en el aparcamiento, sentada en su coche, se dio cuenta de lo que estaba sucediendo. Tocó el claxon, lo que a su vez llamó la atención de las personas que se encontraban en el edificio cercano. Cuando salieron a investigar qué era lo que estaba provocando semejante alboroto, los dos ladrones se fueron en su coche. Conmovida, di las gracias a mis ángeles, tanto al humano como a los espirituales, por haberme protegido. Luego subí la capota del coche y me fui.

Cuando llegué a casa, llamé a dos ministros de oraciones, a mis padres y a algunos de mis amigos con mentalidad espiritual. Les pedí que me apoyaran con sus oraciones en mi intento de perdonar a los dos asaltantes. Lo que me preocupaba era que, si me aferraba al resentimiento y al miedo que me había provocado el incidente, aquello me iba a robar la paz mental, una posesión mucho más valiosa que cualquier coche y que cualquier bolso. Había dedicado mucho tiempo y esfuerzo a liberarme del rencor y no estaba dispuesta a regresar a una vida de resentimientos almacenados. Eso habría destruido mis habilidades psíquicas recién descubiertas, pues el resentimiento cubre el tercer ojo y el chakra de la coronilla como si fuera una pesada cortina. Sin embargo, si contaba con sus oraciones, sabía que podría liberarme totalmente del rencor que sentía hacia aquellos dos hombres.

También dediqué un tiempo a desvelar por qué había atraído aquella situación hacia mí. Me di cuenta de que no había escuchado a mi sabiduría superior. Estaba ignorando gran parte de su amorosa orientación, incluida su advertencia de que le pusiera la capota al coche. Me planteé por qué me rebelé una y otra vez a la recomendación de la voz. Siempre que me habló tuvo razón, y sin embargo cada una de las tres veces que la escuché tuve que aprender la sabiduría que me transmitía por el método más difícil.

Aquel episodio tan dramático me inspiró un nuevo respeto hacia la orientación espiritual. La voz había *sabido* lo que me reservaba el futuro y había intervenido con una advertencia directa. Recé pidiendo ayuda para someter aquella parte de mí que aún se rebelaba y se negaba a seguir la voluntad de Dios. Sabía que estaba actuando como una adolescente que desafía la amorosa sabiduría de sus padres, pero todavía no estaba preparada para confiar en que lo que Dios quería para mí estaba de acuerdo con lo que yo creía que quería.

Ahora me doy cuenta de que Dios siempre me habló muy alto, incluso cuando no le escuchaba. Volviendo la vista atrás comprendo que Dios organizó las cosas para que entrevistara a escritores metafísicos, lo que iba a despertar mi conciencia espiritual. Bonnie Krueger y la directora adjunta de *Complete Woman*, Martha Carlson, me estaban constantemente asignando entrevistas. En cada una de ellas adquirí unos conocimientos muy valiosos que me fueron guiando en mi camino espiritual.

Por ejemplo, de Dannion Brinkley, el autor de *Salvado por la luz*, aprendí el repaso de la vida que se hace después de la muerte [1]. Este repaso es el proceso que sigue inmediatamente a la muerte en el que vemos los efectos que hemos ejercido sobre todas las personas a las que hemos conocido o sobre las que hemos influido. En este repaso nos convertimos en la otra persona y sentimos sus emociones como si fuesen las nuestras. De este modo, si hemos provocado dolor, experimentamos ese dolor como si fuese nuestro. Si, por el contrario, hemos procurado alegría a alguien, también experimentamos esa alegría como si fuese nuestra. Dannion me ayudó a redoblar mis esfuerzos por repartir amabilidad entre todas las personas que encuentro. También me enseñó la importancia de respirar hondo. «Así es como el mundo espiritual nos transmite la información», me explicó. Me entusiasmó hablar con su difunta madre, que actúa como guía espiritual de su hijo. Es una mujer con un enorme sentido del humor, un don que su hijo ha heredado claramente.

En otra ocasión, *Complete Woman* me asignó una entrevista

con Denise Brown, la hermana de la fallecida Nicole Brown Simpson. Aunque yo evitaba leer, ver o escuchar las noticas, había visto las conclusiones del caso Simpson.

—¡Mira, ahí está Nicole! —exclamé a Michael mientras veía la última fase del juicio. Vi claramente a Nicole en la sala. Tenía la cara roja y las mejillas hinchadas de furia y señalaba a O.J. gritando que era culpable. Intentaba desesperadamente atraer la atención de las personas presentes en la sala, pero la incapacidad de estas para escuchar sus gritos la sumió en la frustración y la rabia.

Varios meses más tarde, cuando entrevisté a Denise Brown, Nicole estaba también en la habitación con nosotras. Su presencia me hacía sentir que había asumido la situación, pues percibí una fortaleza que solo procede de alguien que se ha liberado del rencor. Le pregunté a Denise si era consciente de la presencia de Nicole, y ella me habló de varias ocasiones en las que Nicole había acudido a ella y le había dado consejo. Me dijo que creía a pies juntillas en la vida después de la muerte y que estaba totalmente convencida de que se iba a reunir con su hermana en la otra vida.

Otro de los artículos que me asignaron en principio no parecía muy espiritual. Martha Carlson me pidió que entrevistara a los autores de un nuevo libro sobre Doris Duke, la heredera de la fortuna de American Tobacco y la Universidad Duke. Doris era una de las mujeres más ricas del mundo y, además, alta, rubia y atractiva. También era una filántropa incansable que donaba millones de dólares a causas humanitarias. Aunque parecía tener todo lo que una persona podría desear, pasó toda su vida sintiéndose terriblemente sola y triste. En las entrevistas descubrí el motivo: su padre le había enseñado desde muy pequeña que no debía confiar en nadie. ¡Y cuando no confiamos en otras personas, automáticamente dejamos de confiar también en nosotros mismos!

Las entrevistas sobre Doris Duke subrayaron lo que estaba

aprendiendo en mi labor psíquica y espiritual sobre la importancia de observar mis pensamientos acerca de otras personas. Cada texto espiritual que leía hacía hincapié en que lo que pensamos de otros inmediatamente afecta a lo que pensamos de nosotros mismos. En esta época me encontraba una tarde terminando un artículo cuando sonó el teléfono. Lo cogí y la que me habló fue una representante de la empresa telefónica MCI; me puse furiosa por la interrupción. Le dije unas cuantas groserías y colgué dando un golpazo. Unos momentos más tarde me di cuenta de que me sentía fatal. Hice una pausa, cerré los ojos y pregunté: «¿Qué es lo que está pasando?».

La respuesta que recibí me dejó anonadada: «La representante de la compañía telefónica y tú sois una sola. La forma en que la tratas y lo que piensas de ella es lo que piensas de ti misma». Después de eso empecé a esforzarme conscientemente por ver y tratar a los demás con el mismo respeto que quiero sentir hacia mí misma. Aquella lección hizo realidad para mí la verdadera esencia del segundo mandamiento, que dice: «Amarás al prójimo como a ti mismo». La palabra *mandamiento* siempre me había molestado, porque me parecía que había alguna autoridad que estaba intentando controlarme. En ese momento empecé a comprender que una descripción más adecuada que la de «mandamiento» era la de «regla para una vida feliz».

Poco a poco me iba dando cuenta de lo mucho que me asustaba confiar en Dios. Temía que lo que Él quisiera para mí pudiera implicar una vida empobrecida que me obligara a vivir en la miseria. También descubrí que mis clientes y amigos tenían que luchar contra esa misma desconfianza.

Según *Un curso de milagros* y otros textos esotéricos, los seres humanos se encarnaron y la Tierra se formó en el momento en que decidimos apartarnos de Dios porque no confiábamos en su sabiduría. Cada uno decidimos, básicamente, huir de casa y construir un hogar propio que estuviera completamente a nuestro cargo. Sin embargo, no podemos destruir el recuerdo ni la conciencia del amor de Dios. Estamos constantemente buscando, en nuestro plano terrenal, la forma de recuperar la experiencia de ser totalmente amados. Por eso buscamos personas que parezcan felices, pensando que ellos tienen la clave que sabemos que existe en algún lugar. Sin embargo, estas búsquedas siempre acaban en desengaños porque todas las experiencias terrenales empalidecen si las comparamos con nuestros recuerdos de la unión con Dios.

En lo más profundo de nuestro ser podemos incluso sentirnos asustados o culpables por haber abandonado a nuestro Creador. A veces nos sentimos abandonados por Él o nos preocupa la idea de que nos pueda coger y castigar por habernos escapado de casa. También tememos sus juicios, pues una parte de nuestra conciencia sabe que existe algo que es superior a nuestro ego.

Por suerte, es imposible abandonar a Dios, por lo que nuestra separación de Él no es más que una pesadilla extremadamente realista. El ego y sus percepciones del mundo también son sueños, y nuestro verdadero yo está realmente de vuelta en casa con Dios. Nuestro verdadero yo y Dios ni siquiera conocen el ego, puesto que la verdadera conciencia está llena solo de amor.

El ego es vagamente consciente de que existe algo que es superior a él. El ego cree que la razón de que este «algo» no lo reconozca es que Dios y el yo verdadero creen que son mejores que él. Nos pasamos toda nuestra vida reproduciendo constantemente este rechazo proyectado. Yo creé muchos escenarios en los que me imaginaba que la gente me juzgaba, me ridiculizaba y me rechazaba. Entonces ajustaba mi conducta en respuesta a mis percepciones de rechazo y creaba unas profecías que se cumplían a sí mismas. Prácticamente todos los dramas humanos surgen de la constante recreación de aquella separación inicial del ego ante la divinidad.

¡Afortunadamente esto no es más que una pesadilla de la que podemos despertar en cualquier momento! Yo lo comprobé una noche oscura del alma que me ayudó a comprender que Dios, tú y yo estamos eternamente unidos como un solo ser.

Me sucedió estando en una librería con una amiga. Estaba mirando en la sección de novedades y me molestó comprobar que ninguno de mis últimos libros estaba expuesto. Intelectualmente comprendía que algunos editores pagan por tener sus libros expuestos en los estantes delanteros, mientras que el mío prefería gastar el dinero de las promociones en otras cosas. Sin embargo, emocionalmente me sentía como una niña celosa porque sus hermanos reciben mejores regalos.

Empecé a quejarme a mi amiga de que no se oía hablar de mis libros. No me parecía justo que otros autores, que escribían sobre temas similares a los míos, recibieran mucha más publicidad que yo. Para consolarme, mi amiga me dijo inocentemente:

—Quizá sea la voluntad de Dios.

Aquellas palabras tocaron mi fibra sensible y me encerré en un silencio furibundo. Esa noche, a solas en mi dormitorio, lloré ardientes lágrimas de rabia. Si Dios estaba bloqueando el éxito de mis libros, entonces no quería tener nada que ver con Él. Me enfurecía que pudiera ser un Padre tan mezquino y tan poco comprensivo. «¡Me voy a otro universo en el que Dios no sea el que manda!», exclamé desafiante. Y no lo decía por decir. Tenía la intención plena de irme del lado de Dios para que yo fuera la única que controlara mi vida.

El problema era que no se me ocurría dónde podía ir que no estuviera Dios. Durante horas estuve pensando cómo escapar de Dios y de su voluntad. Finalmente tuve que aceptar que Dios está *en todas partes*. No podía ir a ningún sitio en el que Dios no existiera. No solo eso; además, la voluntad de Dios está en todas partes. Yo podía morir o quedar inconsciente y Dios seguiría estando allí donde yo estuviera, porque no hay forma de escapar de Él. Al principio esta idea me enfureció y me sentí atrapada, como una persona que vive en una casa demasiado abarrotada de gente.

Lloré hasta quedar agotada. Más tranquila, afronté mi dilema con una perspectiva más objetiva. Si la voluntad de Dios está en todas partes, eso implica que mi propia voluntad y la de Dios se solapan. La conclusión lógica me llegó como un rayo: «La voluntad de Dios y mi propia voluntad son inseparables. ¡Nuestras voluntades están unidas!». Me eché a reír, aliviada, y sentí que me quitaba un gran peso de encima al darme cuenta de que ya no tenía que tener miedo de lo que Dios pudiera querer para mí. Después de todo, mi voluntad y la voluntad de Dios son una sola. Con eso me dormí profundamente, sabiendo que mi lucha y mis esfuerzos contra Dios habían terminado al fin.

Un mes más tarde entrevisté a Betty Eadie con motivo de la presentación de su nuevo libro, *The Awakening Heart*. ¡Cuántas cosas me habían pasado desde la primera vez que hablé con ella! Me sentía mucho más feliz, más viva y más libre de lo que había estado jamás. Betty se acordaba de nuestra primera entrevista y me dio las gracias por el artículo que escribí sobre su libro.

—Considero que tu artículo sobre *He visto la luz* tuvo un efecto contagioso muy positivo —me dijo, y me explicó que siempre que pensamos, hablamos o hacemos algo es como si tiráramos piedras a un estanque. Nuestros actos generan unas ondas que producen en muchas personas unos efectos de gran repercusión, por lo que debemos tener cuidado y lanzar solo piedras amorosas al estanque de la vida.

Betty me contó que ella también había vivido una noche oscura del alma en la que se enfrentó a Dios. Como en mi caso, su enfrentamiento con Dios la había ayudado a darse cuenta de que Dios nos ama y está siempre con nosotros. Parece ser que este tipo de lucha constituye una experiencia universal que la mayoría de nosotros debe librar antes de hacer las paces con Dios y con nuestro yo superior. Cuando admitimos nuestra ira o nuestra desconfianza hacia Dios, unos sentimientos que tenemos muy arraigados, somos capaces de librarnos plenamente de ellos. Así nos hacemos más competentes para permanecer centrados en la verdadera conciencia de nosotros mismos.

Cuando estábamos a punto de terminar la entrevista, Betty me habló de su profunda fe en que Dios nos guía. Yo le dije:

—Has escrito que estás pendiente por si se te presenta una puerta. ¿Cómo consigues ver y reconocer las puertas que se nos abren?

Betty respondió:

—Estas puertas aparecen en cualquier momento y en cualquier lugar. Esa es una de las razones por las que todos los días me levanto llena de entusiasmo, porque sé que Dios me tiene preparadas cosas para que las haga y que las puertas están ahí. Lo único que tengo que hacer es reconocerlas. Cuando surgen las oportunidades, no lo hacen por accidente. Esas son las puertas que se nos abren. Es cuestión de tener seguridad en uno mismo y en Dios para confiar y seguir adelante.

Luego le pedí que me aclarara una cuestión que me había surgido últimamente.

—A veces surgen cosas en la vida que nos apartan de nuestro camino. ¿Cómo podemos saber si son puertas o desvíos?

Betty contestó:

—Cuando es un desvío, suele ser algo que *quieres* hacer, y no algo que *deseas* hacer. Debes averiguar si lo que te motiva es el ego o el amor. Si se trata del ego, entonces lo más probable es que no sea la puerta más adecuada para ti y que conduzca a un callejón sin salida.

CAPÍTULO QUINCE

Milagros de unicidad

*Como la abeja, que recoge el néctar de distintas flores,
el hombre sabio acepta la esencia de diferentes escrituras
y ve solo lo bueno de todas las religiones.*

Srimad Bhagavatam,
texto espiritual del hinduismo

ANTES DE TERMINAR LA ENTREVISTA con Betty Eadie saqué
a colación otro tema que tenía en mente: el cristianismo
y su relación con la experiencia y los estudios místicos. Gracias
al estudio de *Un curso de milagros* y de la Biblia y a mi trabajo
de meditación y de sanación metafísica había desarrollado un
lazo muy profundo y estrecho con Jesucristo. Seguía acudiendo
a diferentes iglesias tradicionales y no tradicionales, pues, en mi
opinión, cada una de ellas me ofrecía algo valioso pero ninguna
se hacía eco de mis creencias más profundas. Había desarrollado
mi propia fe personalizada que fundía el cristianismo, la filosofía
oriental, la metafísica y mis propias experiencias vitales. Como
símbolo personal de mis creencias llevaba con frecuencia cruces
de cristal al cuello. El cristal representaba la unicidad pura y el
misticismo, y la cruz, mi gratitud por las enseñanzas de Jesús.

Igual que yo, Betty define el cristianismo como un profundo
amor y respeto hacia Jesucristo como persona y como maestro.
Siguiendo esta definición, ella se considera cristiana. Sin embargo, tras la publicación de su libro *He visto la luz*, algunas organizaciones fundamentalistas cristianas se dedicaron a boico-

tear sus talleres y a burlarse de ella con gritos y carteles en los que se leía: «¿Qué Jesús fue el que te encontraste, Betty?».

Con estas palabras hacían referencia a las profecías bíblicas que hablan de impostores que adoptarán el papel de Cristo al principio del apocalipsis. Lo que temían era que en su experiencia cercana a la muerte, en la que Betty encontró a Jesús y pasó un rato con Él, en realidad se hubiera encontrado con el Jesús falso o Anticristo. Por eso se dedicaron a perseguirla con palabras y carteles indignados.

Betty me contó que había hecho las paces con sus perseguidores y que no los temía ni los juzgaba. Estuvimos hablando de cómo ambas habíamos llegado a la conclusión de que no existe una única religión que pudiéramos considerar «correcta», sino que todas las creencias están conectadas por unos hilos similares. Ambas estuvimos de acuerdo en que esos hilos eran un deseo profundo del amor de nuestro Creador divino.

Betty me dijo que, en lugar de responder a sus adversarios con miedo o con ira, se dedicó a enviarles pensamientos de amor. Está convencida de que con este tipo de pensamientos conscientes de amor se pueden sanar las aparentes diferencias religiosas. Sus palabras constituyen un recordatorio importante para los trabajadores de la luz, pues tenemos tendencia a encontrar resistencia en la gente, que teme o malinterpreta nuestros motivos. No debemos reaccionar a sus miedos con nada que no sea amor, pues de lo contrario concederemos realidad y poder al miedo.

El Anticristo es el ego que todos llevamos dentro. Es muy frecuente que este ego pretenda ser el yo verdadero o la presencia que afirma «Yo soy Cristo». Estoy convencida de que es de eso de lo que hablaba Jesús cuando advirtió a sus discípulos que tuvieran cuidado con los impostores. El ego simula ser nuestro yo superior para evitar que lo expulsemos. Hace todos los movimientos de la meditación y pronuncia hermosas palabras de unicidad. Sin embargo, podemos saber que se trata del ego cuando nos sentimos desgraciados, resentidos, celosos, temerosos, competitivos o tensos, o cuando creemos que somos superiores a otros. Si no estamos en paz, significa que estamos en un estado de ego.

Poco después de entrevistar a Betty, viví una experiencia que me hizo comprender la importancia de nuestra conversación sobre la unicidad. Iba caminando por la playa cerca de mi casa de Newport Beach después de un largo día de tratamientos metafísicos con varios clientes cuando, al aproximarme a una larga fila de rocas conocida como «The Wedge», vi a un animalito marrón. Me di cuenta de que se trataba de una cría de león marino y de que tenía algún problema.

Me senté a su lado en la arena y él, valiéndose de las aletas, se acercó más a mí. Se veía que le costaba muchísimo trabajo respirar y pude percibir su agotamiento y su miedo. Recordé que en una plataforma flotante situada al final del Wedge vivía una gran colonia de leones marinos. Lo más probable era que aquel bebé de león marino hubiera sido separado de su madre y arrastrado hasta la costa por el oleaje. Intuitivamente coloqué las manos sobre el animal y visualicé cómo la luz de Cristo entraba por mi chakra de la coronilla y llegaba al diminuto cuerpecito a través de las yemas de mis dedos. Recé a Jesús y a los ángeles pidiéndoles su ayuda.

Justo en aquel momento se acercó corriendo un socorrista. En un tono de voz muy alto y con movimientos bruscos me dijo que acababa de telefonear a una sociedad protectora de animales para que llevara al leoncito a una reserva de vida marina situada en otra ciudad costera. Al oír su voz, el león marino se apresuró a esconderse bajo una formación rocosa cercana. Era evidente que la intensa y temible energía del socorrista le había asustado. El hombre sacó un estetoscopio e intentó colocarlo sobre el pecho del animalito. Este, sin embargo, silbó y ladró como si fuera a morderlo. Avergonzado, el socorrista se alejó musitando que iría a ver si llegaba el camión de la protectora.

Me di cuenta de que tenía que hacer algo. Si se llevaban al león marino, las probabilidades que tenía de reunirse con su madre eran escasísimas. Recé fervientemente a Jesús para que me echara una mano, y ¡deprisa! Mientras rezaba, el leoncito volvió a acercarse a mi lado y yo seguí enviándole luz sanadora a través de las yemas de mis dedos.

Cuando abrí los ojos vi a un hombre joven que se nos acercaba con suavidad. Me sonrió y se sentó con cuidado junto a nosotros. El león marino siguió tranquilamente tumbado a mi lado. Le expliqué la situación al joven, que comprendió al instante que necesitábamos un milagro para que el leoncito se reuniera con su madre antes de que llegara el camión del servicio de rescate animal. Como era hombre de fe, accedió a unirse a mis oraciones.

El joven observó la posición en que sostenía mis manos mientras rezaba. Yo seguía enviando energía sanadora al leoncito marino a través de las yemas de mis dedos, y el muchacho me preguntó:

—¿Estás haciendo algún tipo de tratamiento espiritual?

Cuando le respondí que sí, me explicó que su madre también practicaba la sanación no tradicional y que eso le había permitido darse cuenta de que yo estaba haciendo una «sanación pránica» al animal.

Al reanudar nuestras peticiones de ayuda a Jesús, el joven preguntó de repente:

—¿Estás segura de que estás rezando al verdadero Jesús?

Me miró con una mezcla de crítica temerosa y preocupación compasiva.

Yo jugueteé con la cruz de cristal que llevaba al cuello y le sonreí tranquilizadoramente.

—Estoy segurísima de estar hablando con el Jesús verdadero.
El chico me sonrió con sinceridad y dijo:

—Supongo que es verdad que siempre que dos o más personas se reúnen en su nombre pueden producirse milagros.

Yo asentí y volvimos a nuestras oraciones conjuntas. Se nos estaba acabando el tiempo y comprendimos que el camión del servicio de rescate animal debía de estar ya en camino para recoger al leoncito marino. Entonces oímos un ruido a nuestra izquierda que nos hizo alzar la vista. Allí, en lo alto del Wedge, había un hombre de larga y desaliñada cabellera gris. Estaba rodeado de una cegadora luz blanca que hacía difícil distinguir sus facciones. Bajó por las rocas del Wedge con paso seguro sin dirigirnos la mirada ni al joven ni a mí y sin pronunciar ni una sola palabra. Nosotros observamos en silencio mientras aquel hombre se hacía cargo de la situación. Cogió un pedazo largo de algas e hizo cosquillas al leoncito en la tripa. El animal protestó pero se movió unos centímetros hacia la orilla.

Mi joven compañero levantó las manos como para cuestionar las acciones del hombre, pero yo le detuve y le dije:

—Esto es bueno. Es el milagro que estábamos pidiendo.

El hombre siguió haciendo cosquillas al leoncito marino, que respondía a ellas acercándose poco a poco al agua. Unos minutos más tarde el hombre había conseguido devolverle al mar. Una vez terminada su tarea, se alejó sin mirarnos ni dirigirnos la palabra. El joven y yo dimos un suspiro de alivio al ver cómo el león marino se alejaba nadando en dirección a la plataforma flotante. Cinco minutos más tarde el camión del servicio de rescate animal se adentraba en la arena, pero el león marino había desaparecido de la vista. Tanto el joven como yo estuvimos de acuerdo en que habíamos sido testigos de un milagro. Luego me apresuré para dar alcance al hombre y darle las gracias por su amabilidad, pero él desechó todos mis intentos de elogiarle por lo que había hecho y me despidió con una sonrisa que significaba: «Ve en paz».

Y sí era cierto que mi vida se estaba volviendo cada vez más apacible, pues estaba aprendiendo a permanecer centrada con más frecuencia en mi verdadero yo. Ya no me asustaba hablar o escribir sobre mi fe o mis experiencias espirituales, y esta autenticidad aumentaba mi paz mental. También seguía meditando dos veces al día, una práctica que, según descubrí, resultaba más poderosa cuando la llevaba a cabo en la naturaleza.

El día antes de mi cumpleaños, Michael y yo salimos a dar un paseo vespertino por la playa. Normalmente nuestros paseos están llenos de animados debates. Aquel día, sin embargo, caminábamos en silencio. Estábamos físicamente juntos, cogidos de la mano, pero cada uno estaba sumido en su propio mundo, plácidamente absorto en sus propios pensamientos.

Al cabo de un par de kilómetros de paseo llegamos al Wedge. Me encantaba sentarme en las cristalinas rocas de cuarzo a meditar, arrullada por el sonido del oleaje que golpeaba contra la piedra y el cálido abrazo del sol vespertino. Últimamente, sin embargo, unas mareas extremadamente altas habían obstaculizado mis meditaciones. No había sido capaz de «dejarme ir», pues tenía que centrar una parte de mi conciencia en mi entorno físico para asegurarme de que me mantenía fuera del alcance de unas olas de cuatro metros y pico que podían cambiar repentinamente de dirección y arrastrarme al mar.

Aquel día Michael se ofreció dulcemente a vigilar el oleaje mientras yo meditaba, lo que me permitía apartar toda conciencia de mi entorno. Caminamos hasta el malecón del Wedge y buscamos dos piedras cómodas sobre las que pudiéramos sentarnos. Inspeccionamos con sumo cuidado las opciones que teníamos buscando un lugar suficientemente cerca del agua como para poder escuchar el golpeteo de las olas pero a una distancia suficiente que nos ofreciera seguridad. Al fin elegimos dos piedras planas de cuarzo.

Con los ojos cerrados, aspiré profundamente la brisa salina mientras el agua pulverizada me refrescaba la piel. Confiada en que Michael estaba vigilando las olas, me sumí rápidamente en una profunda meditación. Visualicé mis chakras y una pura energía blanca que limpiaba y equilibraba cada uno de ellos. Al hacerlo, el corazón se me ensanchó de dicha. En aquel momento sentía muchísimo amor, un amor profundo hacia todas las formas de vida. Era consciente de mi conexión con cada uno de los seres y me sentía una con todo y con todos en un poderoso estado de amor. Terminé aquella maravillosa meditación estirando los brazos con gratitud por la hermosa verdad de la vida. Cuando abrí los ojos vi a Michael tranquilamente sentado a mi lado con las piernas cruzadas. Este, al darse cuenta de que me estiraba, me sonrió y preguntó:

—¿Estás lista para emprender el regreso?

Yo asentí y empecé a bajarme de la piedra. Al darme la vuelta para descender, un objeto de color rosa brillante que resaltaba sobre la piedra gris atrajo mi atención. Me quedé boquiabierta al comprender qué era lo que estaba viendo. Allí, a mi lado, había un ramo de orquídeas de color lila y capullos rosa oscuro atados con un lazo de raso de color rosa vivo. No estaba allí cuando nos sentamos… ¡Me habría dado cuenta de ello! Habíamos inspeccionado las rocas con demasiado detenimiento como para no haber visto un objeto tan colorido. Michael no lo había traído; lo único que llevaba puesto era un pantalón corto y una camiseta ajustada y sin mangas, así que no tenía ningún sitio donde esconder un ramo de flores. Además, estaban enteras y no arrugadas, como lo habrían estado de haber sido apretujadas bajo la delgada camiseta de algodón.

No había otra explicación: acababa de presenciar un milagro. Cogí el ramo y llena de excitación le mostré las flores a

Michael. En aquel momento, mi voz interior me dijo muy fuerte: «¡Feliz cumpleaños, Doreen!». Mi ramo milagroso era un regalo del universo para celebrar que había comprendido la unicidad. Todavía guardo los pétalos secos de las flores del ramo en mi despacho como recordatorio de que ser consciente de la unicidad y del amor da paso a bellos milagros de las formas más sorprendentes.

CAPÍTULO DIECISÉIS

El sendero iluminado

*Por eso, en la vida, algunos entran al servicio de la
fama y otros al del dinero, pero la mejor elección es la de
aquellos pocos que pasan su tiempo contemplando la naturaleza y como amantes de la sabiduría.*

PITÁGORAS (570-490 A.C.),
«El Padre de la Filosofía»

UCHAS VECES ME PLANTEAN la siguiente pregunta: «Si
tuviste una infancia tan buena, ¿por qué viviste una
adolescencia y una juventud tan dolorosas?». Yo respondo que,
aunque contaba con una fuente estupenda de amor dentro de
mi familia, busqué una felicidad «aún mejor» en fuentes exteriores.

Involuntariamente estaba repitiendo también el momento
doloroso que hizo nacer mi ego y la aparente separación de
Dios. Esta separación se produjo cuando mi ego se preguntó si
podría disfrutar de una fuente de amor mejor que Dios. Sin
embargo, no había forma de abandonar al Creador para investigar la posible existencia de una felicidad mayor. Por eso, me
dormí y soñé que llevaba una existencia independiente. El sueño era extremadamente realista y mi ego pronto se olvidó de
que no era más que un sueño.

Sin embargo, el ego conservó una conciencia difusa de la
presencia de Dios y del yo verdadero. Sabía que Dios y el yo
verdadero eran más felices que él y pensó: «¡Eh, esos tipos se

están burlando de mí! Deben creer que son mejores que yo. Vale, de acuerdo. No los necesito». Entonces se puso a demostrar su independencia acumulando cosas que lo hicieran feliz. Amasó premios, aplausos, dinero, casas y prestigio. Sin embargo, aquellos regalos no eran suficientes para conseguir la felicidad que sabía que Dios y su yo verdadero disfrutaban. Empezó a sentirse celoso y resentido por la vida feliz que aquellos llevaban y se juró redoblar sus esfuerzos de acumular felicidad. Para ello se fue alejando cada vez más de su hogar en busca de la llave de la dicha.

Cuando veía a alguien que parecía más feliz que él, volvía a sentir los viejos ataques de celos. Entonces se entregaba a cualquier cosa que esa persona estuviera haciendo para ver si de ese modo podía experimentar su felicidad. Sin embargo, en seguida trababa conocimiento con aquella persona y descubría que no era realmente tan feliz como parecía. Encontraba a personas que echaban la culpa de su infelicidad a diversas fuentes y, durante un rato, se unía a ese pasatiempo. Ocasionalmente se preguntaba: «¿Qué me pasa, que no consigo ser feliz?».

El ego de todos nosotros sufre profundos sentimientos de vacío y falta de merecimiento. Se siente rechazado por el verdadero yo, aunque lo cierto es que el protagonista del rechazo es, en realidad, el propio ego. Esto le hace estar constantemente convencido de que la gente se dedica a juzgarlo y a rechazarlo, lo que crea unas profecías que se van cumpliendo a sí mismas. Y todo el tiempo el yo verdadero está disfrutando de una apacible vida paralela dentro de nosotros, a la que podemos unirnos en cualquier momento que queramos albergar un pensamiento de amor.

El camino de los trabajadores de la luz no siempre es fácil. Muchas veces, nuestra disposición atenta y curiosa nos conduce a situaciones emocionalmente intensas. Nuestra búsqueda de la felicidad y del significado nos lleva por muchos desvíos que eventualmente nos conducen a callejones sin salida, hasta que al fin comprendemos que lo que estamos buscando está en nuestro interior.

Sin embargo, estoy plenamente convencida de que todo lo que experimentamos tiene posibilidades de ayudar al mundo. Cada ocasión en la que experimentamos dolor puede servirnos como maestra y ayudarnos a aprender, crecer y encontrar formas de vivir en apacible felicidad. Nuestras lecciones, tan duramente aprendidas mientras estamos en la Tierra, son también valiosas en nuestro trabajo como trabajadores de la luz. Como hemos experimentado dolor, sentimos compasión por aquellos que se convierten en nuestros alumnos o clientes.

A base de probar y equivocarnos llegamos a comprender que los pensamientos y las acciones que se basan en el ego siempre producen dolor. Nos damos cuenta de que la felicidad exige que centremos nuestros pensamientos en Dios y en nuestro verdadero yo interior. En ocasiones, sin embargo, esto supone un difícil acto de equilibrio. Muchas veces nos vemos arrastrados hacia nuestro ego por fuerzas exteriores como los boletines de noticias, unos compañeros de trabajo que no hacen más que quejarse o unos miembros de la familia que se sienten desgraciados. Con la práctica nos damos cuenta de que tenemos la capacidad de reconocer los pensamientos basados en el ego en cuando surgen. En ese momento podemos decidir conscientemente cambiar nuestro esquema mental sobre la situación para recuperar la conciencia apacible de nuestro yo superior. Normalmente esto exige fuerza de voluntad para dejar atrás los juicios, el rencor y el apego a los resultados o a los bienes materiales. Cuando nos cuesta renunciar al ego, aprendemos a pedir apoyo espiritual a nuestros amigos del universo visible y del invisible.

Cuando de joven me maltrataron verbalmente, olvidé por completo mi verdadera identidad. Empecé a creer que era una persona sin valor, defectuosa. Creo que la raza humana en su conjunto ha sufrido unas formas de maltrato similares, y que este maltrato ha provocado una amnesia en masa que nos ha hecho olvidar la perfección que Dios nos concedió. Cuando mi madre me enseñó que «nada está perdido en la mente de Dios», no comprendí el significado tan amplio que tiene la palabra *nada*. Mi verdadero yo parecía estar irremisiblemente perdido, hasta el punto de que apenas podía recordar lo que era realmente. Sin embargo, Dios sabía dónde estaba mi verdadero yo. Igual que mi fe me ha permitido encontrar todo lo que he perdido en algún momento de mi vida, también me ha permitido encontrar mi verdadero yo.

Los que somos trabajadores de la luz nos encontramos entre las primeras personas que despiertan de los sueños sonámbulos que nos hacen creer que la enfermedad, la destrucción y la depresión son reales. Los maestros sagrados y los ángeles seguirán ayudándonos a despertar y sus instrucciones nos llegarán a través de nuestra intuición y nuestras sensaciones viscerales. Es fundamental que prestemos atención a estos impulsos interiores y que los obedezcamos.

En la época en la que estuve ejerciendo de asesora de personas que habían sufrido malos tratos fui testigo de cómo muchas de las que habían padecido maltrato doméstico seguían regresando una y otra vez junto a sus parejas maltratadoras. Lo que solían decirme era: «Ha cambiado, y esta vez la relación será distinta». Sin embargo, cada una de estas reuniones terminaba en más abusos y más dolor.

Al revisar mi propia vida he encontrado un patrón de comportamiento similar. Cada una de las veces que me desentendí de mi base espiritual, formada por las oraciones diarias y la meditación, me sentí vacía y asustada. Eso me llevaba a intentar llenar el vacío y acallar mis miedos buscando premios del mundo exterior: popularidad, dinero, distinciones, comida o sustancias intoxicantes. El señuelo de mi ego inferior era siempre el mismo: «¡Si consigues ese premio te sentirás fenomenal!», y eso me impulsaba a dedicar tiempo a conseguirlo. Sin embargo, aquellas actividades de mi ego siempre daban como resultado dolor y sufrimiento.

A pesar de todo, seguía volviendo una y otra vez a esta relación de maltrato con mi ego y me decía a mí misma: «Esta vez será distinta. Voy a buscar un premio diferente y eso sí que va a ser la clave para mi felicidad». A su debido momento comprendí que cada uno de los premios que me ofrecía el ego era igual de doloroso que los anteriores.

En el cuento de Pinocho, el señuelo de diversión y juerga tienta al pequeño niño de madera para que se salga de su camino. Pepito Grillo le advierte que debe evitar la tentación, pero Pinocho sucumbe a ella. Yo tengo una figurita de Pinocho y Pepito Grillo en mi despacho para que me recuerde que debo escuchar a la sabiduría de mi yo superior siempre que algún nuevo premio del ego me tiente a salirme de mi camino.

Nuestras relaciones con el yo inferior son como los ciclos de violencia doméstica. Seguimos pensando que el mundo de riquezas materiales y satisfacciones externas nos va a hacer felices. Sin embargo, todas y cada una de las veces que buscamos la felicidad a través de los asuntos mundanos acabamos sintiéndonos desengañados, insatisfechos o algo peor. Está claro que las posesiones materiales no son malas en sí mismas, y creerlo así es otra forma de otorgar realidad a la materia. Lo auténticamente cierto es que toda la materia es una parte neutra de la gran ilusión.

En el Sermón de la Montaña Jesús nos enseñó que si mantenemos nuestra atención centrada en el reino de Dios, el Creador nos provee automáticamente de todo lo necesario para cubrir nuestras necesidades materiales. Y no solo eso, también nos liberamos de la tensión que nos produce tener que preocuparnos del dinero. Con esta libertad somos más capaces de escuchar las amorosas directrices que Dios y sus ángeles están constantemente transmitiéndonos.

Durante mucho tiempo estuve intentando ignorar las directrices de Dios porque me daba miedo que Él intentara controlarme o frustrar mi felicidad. Aunque reconocía la sabiduría y la cordura de sus consejos, me rebelaba y elegía unos caminos destructivos para demostrar mi independencia. Creía que podía conseguir que el mundo de ilusiones me procurara la felicidad, la paz y la seguridad que anhelaba. Por suerte, cada vez que me hundía a mí misma en una ciénaga de autodestrucción en mi búsqueda de formas externas de felicidad, Dios y mi verdadero yo me sacaban de ella.

Nuestro yo superior, los guías espirituales y los ángeles nos aportan su ayuda y mucha buena información en nuestro recorrido por el camino de los trabajadores de la luz. Esta ayuda nos llega en forma de mensajes inequívocos y amorosos a través de intuiciones, voces, visiones o conocimientos. Puedes recibir mensajes que te pidan que cambies los alimentos que consumes, las personas con las que estás o incluso tu trabajo o tu situación de vida. Cuando te llegan estas directrices, *sabes* si eso es lo que debes hacer. Tus ayudantes espirituales jamás te pedirán que hagas algo que pueda hacerte daño a ti o a tus seres queridos. Te ayudan para que tú puedas ayudar al mundo. Cuanto más escuches su asistencia espiritual y cuanto más confíes en ella, más fácil te resultará recibir su ayuda.

Dios quiere conducirnos a una vida de felicidad, plenitud y formas hermosas de servir a nuestros hermanos. Nuestro trabajo debe empezar en nuestra propia conciencia, entrenando nuestra mente para que evite enfocarse en nada exterior. Gran parte de nuestro trabajo implica reconfigurar el vocabulario que utilizamos para pensar y para hablar, de forma que dejemos de afirmar que los problemas son realidades.

Como trabajadores de la luz, nuestra misión depende de que aprendamos a permanecer centrados en el amor de nuestro yo superior. Nuestra promesa de ayudar al mundo nos obliga a dar a nuestro ego una orden restrictiva y a elegir pensamientos de amor y no pensamientos de culpa. Debemos estar dispuestos a dejar atrás las mezquinas preocupaciones basadas en el ego, de forma que seamos capaces de centrar toda nuestra mente en la tarea que tenemos encomendada.

Cuando yo me encontré con mi verdadero yo, supe sin lugar a dudas que todo el dolor terrenal que había sufrido, en realidad no me había afectado jamás. Mi yo verdadero, que es uno con Dios, nunca ha tenido motivos para aventurarse en el mundo de las ilusiones dolorosas. No tiene necesidad de encontrar una fuente exterior de amor o consuelo. Por tanto, jamás experimentó algo que no fuera amor. Y lo mismo le sucede a tu yo verdadero, y al yo verdadero de todos los demás.

Por eso los trabajadores de la luz no necesitamos preocuparnos demasiado por lo que estamos haciendo. *Hacer* es un término corporal e implica que solo somos valiosos como cuerpos. Los maestros yoguis nos han demostrado que podemos conseguir muchas cosas en este mundo físico mientras permanecemos sentados en la posición del loto. Eso no significa que debamos convertirnos en observadores pasivos del mundo, porque, una vez más, eso significaría que estamos centrándonos en algo exterior. Más bien, los trabajadores de la luz debemos concentrarnos en el trabajo interior. Debemos aprender a entrenar nuestra mente para que permanezca centrada en el amor del yo superior y para que permita que nuestros actos sean guiados por ese amor.

A cada trabajador de la luz se le encomiendan unas tareas únicas para ayudar a sanar el mundo. Como son tantos los trabajadores de la luz que van a estar sanando en una esfera espiritual, la segunda parte de este libro es una guía de diversos métodos de sanación psíquica. Son mis directrices personales y tú debes adaptarlas a lo que necesites para satisfacer tus propias necesidades y gustos. Igual que existen infinitos métodos de caminar por el sendero espiritual, también existen muchas formas de abrir tus canales psíquicos y de sanación.

Nuestra misión sagrada como trabajadores de la luz consiste en primer lugar en despertarnos de la pesadilla de enfermedad, depresión y destrucción propiciada por el ego. Cuando consigamos despertar de este profundo sueño deberemos estimular a nuestros hermanos durmientes para que también ellos despierten de sus pesadillas. *Un curso de milagros* resume estupendamente el camino de los trabajadores de luz:

> El ego tiene miedo de que el espíritu esté alegre, porque cuando experimentas esa alegría retiras todas las protecciones del ego y dejas de investirte de miedo. Y esta investidura es grande porque el miedo es un testigo de la separación, y tu ego se regocija cuando eres testigo de ella. ¡Déjalo atrás! No lo escuches y no lo conserves. Escucha solo a Dios, que es incapaz de engañarte, igual que le sucede al espíritu que Él creó. Libérate a ti mismo y libera a otros. No presentes una imagen falsa y carente de méritos de ti mismo ante los demás, y no aceptes una imagen así de ellos... Basándote en tu ego no tienes posibilidades de hacer nada capaz de salvarte a ti mismo o a los demás, pero basándote en tu espíritu puedes hacer cualquier cosa por la salvación de ambos.

La tierra te necesita a ti, trabajador de la luz, y el cielo te llama para que escuches las noticias que te comunican que no tienes nada que temer. Los ángeles te rodean de amor y te aseguran que cuentas con la máxima cualificación para cumplir tu función como trabajador de la luz. Esto es lo que debes saber: eres perfecto y muy amado. No hay nadie más perfecto que tú en la mente de Dios. No necesitas cambiar, arreglar o alterar nada de ti mismo porque ya eres perfecto. Muéstrate dispuesto a aceptar y a sentir el amor todopoderoso que reside en tu interior en este mismo momento, trabajador de la luz. Tu misión sagrada depende de ello.

Nota para el lector: Mi biografía continúa en los libros *Sanando con las hadas* y *Sanando con los ángeles.*

Una guía para la comunicación psíquica y la sanación espiritual

Los mundos paralelos
de la energía y el espíritu

*La energía perdida, el amor perdido, el poder perdido,
cualquier cosa perdida es el resultado de la negación, de
haberlo apartado de ti al no aceptarlo. Lo que se perdió se
recupera cuando te perdonas a ti mismo por haberlo negado
y lo aceptas.*

Right Use of Will,
texto espiritual recibido por Ceanne DeRohan

TU YO VERDADERO Y TU EGO viven vidas independientes
pero paralelas. La vida del primero es de paz, salud, armonía y plenitud completa, mientras que el otro sufre una vida
de preocupaciones, enfermedad y carencia. El concepto de las
realidades paralelas es uno de los temas de investigación favoritos de la física cuántica. Por ejemplo, los científicos han descubierto que un átomo radiactivo puede existir al mismo tiempo
en estado de descomposición y en estado de no descomposición.
Sin embargo, cuando la descomposición la observa un ser humano, este estado se lleva a un primer plano [1]. En otras palabras,
aquello en lo que centramos nuestra atención se hace mayor.

Cuando, durante el seminario de meditación de Wayne Dyer,
encontré mi yo verdadero, supe positivamente que existía otra
«yo» en una dimensión independiente. Esta otra «yo» irradiaba
la dicha que solo emana de vivir en el saco amniótico del amor

de Dios. Por tanto, si un yo «descompuesto» o egótico coexiste con un yo «no descompuesto» o verdadero, el hecho de observar el no descompuesto amplifica su existencia.

Para ilustrar este punto, el doctor Kenneth Wapnick, autor de varios libros sobre *Un curso de milagros*, utiliza una metáfora sobre dos cintas de vídeo[2]. Si pulsamos el botón de reproducción de la cinta de nuestro yo verdadero, contemplaremos una película feliz. Sin embargo, si ponemos la cinta de nuestro ego, la película que veremos será completamente distinta. Elegiremos una película u obra según los pensamientos de miedo o de amor que alberguemos. Un pensamiento amoroso es el botón de «encendido» de la película de nuestro yo verdadero, mientras que un pensamiento de temor acciona la película del ego. La mayoría de nosotros pasamos la vida cambiando constantemente de canal entre la película del ego y la del yo verdadero. El resultado de todos estos cambios es el caos y la confusión.

El mundo del ego parece tan real y tan sólido como cualquiera de los sueños que tenemos cuando dormimos. Evidentemente, nada es realmente sólido, dado que toda la materia está compuesta por energía. Los pensamientos y las emociones ejercen una influencia sobre esta energía, que conforma la base de toda la materia, incluidos nuestros cuerpos. La fotografía kirlian muestra cómo el nivel de humedad y de energía del cuerpo (el «campo áurico») responde significativamente a las emociones de ira, miedo y amor. Cuando una persona siente amor o se siente amada, las fotografías kirlian muestran un campo áurico blanco y etéreo. Cuando esa misma persona experimenta ira o temor, el aura se vuelve oscura y densa.

Como trabajador de la luz, Dios puede llamarte para que realices un trabajo de sanación tanto en el plano del ego, el de la energía y la materia, como en el plano espiritual del yo verdadero. Durante el trabajo de sanación utilizas tus habilidades naturales de armonización psíquica para ver y sentir los centros de energía de tus clientes. Tu trabajo energético puede también incorporar la sanación psíquica, en la que te sintonizas con aquellas emociones y pensamientos del cliente que están creando su aflicción y sus síntomas. El trabajo energético incluye también el espiritismo, que implica trabajar con aquellos campos de energía procedentes de personas fallecidas que pueden estar afectando a tu cliente. Si estas personas fallecidas están interfiriendo en la felicidad del cliente, tu trabajo energético incluirá una «liberación de espíritus».

El mundo del ego cree que la materia es sólida y que tiene mente o vida propia. Cuando los seres humanos comprenden que la materia es, en realidad, energía, y que es el pensamiento el que dirige esta energía, empiezan a ver que son ellos mismos los autores de su propia realidad. En otras palabras, que son ellos los que sueñan su sueño.

El mundo del yo verdadero implica trabajar con la percepción consciente en lugar de centrarse en la materia o en la energía. El mundo del ego define la «vida» como una serie de cuerpos y de materia de diversos tipos, por lo que está constantemente centrado en «hacer» o en «conseguir». La energía irradia hacia adentro y hacia afuera como reflejo de la actuación de la creencia material. Esto también exige que se crea en el tiempo como algo que mide lo que ha sucedido antes y después.

La «vida» en el mundo del yo verdadero se define como espíritu, por lo que se centra en «ser». En este mundo no hay nada que hacer ni que conseguir, dado que todas las necesidades están aquí en el «ahora». Los trabajadores de la luz que son llamados a llevar a cabo sanaciones espirituales trabajan en este mundo del yo verdadero, por lo que no se centran tanto como los otros en las acciones ni en aplicar tratamientos a sus clientes. Su tarea consiste en ayudar a estos clientes a cambiar de la cinta de vídeo del ego a la cinta del yo verdadero. Esto se puede lograr de muchas formas, como hablando con el cliente, rezando por él o teniendo un pensamiento afirmativo sobre la verdad de la situación. En el mundo del yo verdadero solo existe una única mente y todos formamos parte de ella. Por eso, un trabajador de la luz puede utilizar su propio esquema mental para sanar el esquema mental de su cliente. El trabajador de la luz también puede convocar a los ángeles y a los maestros ascendidos y «pedirles prestados» sus esquemas mentales para suscitar la sanación.

Esta segunda parte del libro describe distintos métodos de trabajo energético y ofrece una serie de directrices para la sanación espiritual. Cuando leas las descripciones de cada trabajo de sanación, observa cómo responde tu guía interior. Es importante que respetes la orientación que recibas de tu yo verdadero, que te indicará las formas de sanación hacia las que te sientes atraído. Tu guía interior te conducirá hacia el camino por el que mejor puedas servir a Dios. Una vez en él, Dios se hará cargo de todas tus necesidades humanas mientras tú te dedicas a trabajar con alegría con aquellos que más te necesitan.

CAPÍTULO DIECISIETE

Cómo prepararse para la sanación psíquica y espiritual

Un seto no impide a los ojos que vean; no hay nada escondido ante Dios.

Proverbio africano del pueblo ovambo

COMO ERES UN TRABAJADOR DE LA LUZ, naciste para llevar a cabo funciones de sanación. Dios y sus ángeles saben qué función sanadora concreta te va a aportar más alegría, de modo que te guían mediante impulsos intuitivos hacia unas facetas determinadas de sanación. Algunos trabajadores de la luz se sienten atraídos hacia la sanación física y se implican en ella, mientras que otros se integran en la sanación emocional, la enseñanza, las artes, la investigación, el asesoramiento, la escritura, los medios de comunicación y cientos de distintas funciones, muy importantes todas ellas.

Tu guía interior te conducirá al puesto y al estilo de sanación al que perteneces. Tus impulsos internos te permitirán saber si debes obtener una preparación o educación concreta. En ese caso, tu guía interior te conducirá hacia la escuela o el maestro que necesites y te ayudará a pagarlos. Al mismo tiempo, las personas que vayan a ser tus clientes y alumnos serán conducidos hacia ti por sus propios guías interiores.

En ocasiones, los trabajadores de la luz dirigen la vista demasiado lejos y se preguntan: «¿Cómo voy a conseguir convertirme en sanador?», o «¿De dónde voy a sacar clientes?». Entonces se asustan y abandonan su objetivo. Lo importante es no preocuparse por cómo vamos a aprender a realizar nuestras funciones como sanadores de la luz. El *cómo* depende de Dios y tú irás recibiendo sus instrucciones paso a paso. Además, las investigaciones científicas revelan que las preocupaciones van en detrimento de las habilidades de sanación psíquica y espiritual [1]. Tu guía interior te irá mostrando uno o dos pasos cada vez. Escúchalo y da ese paso. Entonces recibirás el siguiente lote de instrucciones. Así, paso a paso, acabarás estando completamente preparado para realizar tu función sanadora.

Para abrir completamente tus canales intuitivos puedes utilizar la meditación, la sanación de los chakras y el resto de los métodos que te indico. Cuando los incorpores a tus rutinas diarias comprobarás que de inmediato empiezas a recibir información psíquica acerca de tus relaciones, tu trabajo, tu salud y tu futuro. Te recomiendo que lleves un diario en el que vayas anotando todas las transmisiones que recibas. Este diario te ayudará a desarrollar confianza en la validez de tus impresiones psíquicas. También te permitirá darte cuenta de la presencia de cualquier tema recurrente que pueda estar repitiéndose en estas transmisiones.

Si en algún momento te sientes abrumado por todos los datos psíquicos que afluyen a tu conciencia, puedes bajar la intensidad de la recepción siempre que lo desees. Para ello no tienes más que decidir que deseas ser menos consciente de las frecuencias psíquicas. Utiliza el poder de tus intenciones para ajustar el volumen psíquico a un nivel que te resulte cómodo.

PASO 1: MEDITACIÓN

Los estudios revelan que existe una relación clara entre la práctica de la meditación y las habilidades psíquicas[2]. Los científicos han observado que la meditación sincroniza los patrones de ondas de los dos hemisferios cerebrales. Parece ser que esta sincronización permite que fluya libremente la información del hemisferio derecho, el «psíquico», hacia los centros verbales del hemisferio izquierdo. Las investigaciones revelan también que se produce una sincronización entre el patrón cerebral del meditante y el de la persona en la que este está pensando[3].

No hace falta dedicar una gran cantidad de tiempo a meditar para obtener beneficios de esta práctica. Sencillamente, diez minutos dedicados a meditar cuando nos despertamos por la mañana y otros diez antes de dormirnos pueden ejercer una gran influencia en nuestras capacidades intuitivas, psíquicas y sanadoras. Recuerda que el tiempo es un concepto terrenal y que en el cielo no existe ninguna autoridad que nos esté cronometrando para asegurarse de que hemos completado nuestros ejercicios.

La meditación tiene dos propósitos. En primer lugar, centra la mente en el espíritu interior. Con ello, nos permite permanecer tranquilos, creativos y amorosos durante todo el día. Somos más capaces de observar la verdadera perfección que existe en todas las situaciones en lugar de reaccionar ante lo que percibimos como problemas y que no son más que ilusiones. La meditación es un método que, en los asuntos cotidianos, nos ayuda a permanecer en el ojo del huracán, que es el lugar donde el viento está en calma.

En segundo lugar, la meditación nos da acceso a la sabiduría universal infinita, lo que nos permite recibir cualquier información u orientación que estemos buscando. Muchas veces estamos tan ocupados que no escuchamos las respuestas a nuestras oraciones. La meditación es un periodo de silencio en el que realizamos una sesión de tutoría privada con el Espíritu. De ese modo, pedimos lo que necesitamos con la seguridad plena de que vamos a recibir una respuesta.

A veces recibimos una orientación continuada durante varias sesiones de meditación consecutivas. Por ejemplo, en una meditación yo planteé la siguiente pregunta: «¿Cómo puedo aumentar la calidad de mi clarividencia?», y durante semanas estuve recibiendo respuestas. Como si fuese un *coach* muy habilidoso, mi guía espiritual fue poco a poco conduciéndome hasta hacerme alcanzar mi objetivo. En primer lugar me indicó que redujera el consumo de café, porque la estimulación que me producía la cafeína interfería en mi receptividad. Cuando cumplí esta sugerencia, me dijo que dejara de tomar chocolate, por la misma razón que me había dicho de redujera el consumo de café. A continuación, mi guía me aconsejó que, si realmente quería aumentar mi clarividencia, siguiera una dieta fundamentalmente vegetariana, pues eso me iba a beneficiar mucho. La explicación que recibí fue que, cuando como la carne de un animal, absorbo residuos del dolor que padeció al morir. Este dolor que estaba ingiriendo bloqueaba mi sensibilidad a las transmisiones psíquicas.

La orientación durante las sesiones de meditación nos llega siempre como sugerencias amorosas en respuesta a nuestras preguntas. Por tanto, que no te preocupe la idea de que un espíritu vaya a hacerse con el control de tu vida. Cuando yo recibí la orientación en cuestiones alimentarias, tuve plena libertad para decidir si la seguía o no. Decidí seguir aquellos consejos porque me parecieron adecuados para mí. Es importante que tú también sigas solo aquellas sugerencias que se identifiquen con tu verdad superior.

Una de las sorpresas agradables que me proporcionó la meditación fue lo relajada que me quedé tras descubrir a mi guía interior. Ese descubrimiento me ayudó a liberarme de la falsa creencia de que tenía que controlarlo todo para mantener la paz y la armonía. Me di cuenta de que la vida tiene un orden divino. Esta confianza en el proceso de la vida, a su vez, me aportó una paz y una serenidad enormes, tales como jamás había experimentado anteriormente.

En la actualidad no se me pasaría por la imaginación saltarme mis dos sesiones de meditación diarias. Estoy totalmente comprometida con esta práctica porque hace que me sienta de maravilla. Si quieres aprender más cosas sobre la meditación, quizá te apetezca apuntarte a unas clases en alguna librería metafísica, en una iglesia o en un centro de educación para adultos. Existen muchas formas distintas de meditar y tú mismo sabrás cuál es la correcta para ti. He aquí una guía de los fundamentos de la meditación.

PASOS BÁSICOS PARA LA MEDITACIÓN

1. Establece el compromiso de meditar al despertarte y justo antes de acostarte.
2. Elige un lugar tranquilo y cómodo en el que no te vayan a molestar. No tiene por qué ser una habitación entera. Un rincón de un dormitorio o un cuarto de baño son suficientes.
3. Ponte cómodo. Tumbarse está bien si sabes que no te vas a quedar dormido. No cruces los brazos para que la energía pueda fluir libremente por todo el cuerpo. Afloja o quítate cualquier prenda de ropa que te apriete.
4. Cierra los ojos.
5. Aspira profunda y lentamente por la nariz. Disfruta de la sensación de estar cogiendo aire fresco hasta que te llene totalmente los pulmones. Contén la respiración durante cuatro segundos o más.

6. Exhala lentamente por la boca. Siente cómo, mientras vas dejando salir el aire, se liberan todas tus preocupaciones, agobios o tensiones.

Existen muchas formas de disfrutar de la meditación mientras sigues aspirando y exhalando. Puedes utilizar una meditación guiada que te pida tener en la mente una imagen, una pregunta o una oración concretas. También puedes dejar la mente en blanco y observar qué pensamientos acuden a ella. He aquí algunos ejemplos de meditaciones guiadas.

MEDITACIÓN MATUTINA
PARA TRABAJADORES DE LA LUZ

Empieza practicando los pasos básicos de meditación y luego:

Visualiza que la parte superior de tu cabeza se abre como si fuese una cúpula abierta o los pétalos de una flor. Imagina una nube muy hermosa por encima de ella. Observa cómo está vivamente iluminada con tu color favorito. Esta nube es la infinita sabiduría y el amor que todo lo abarca del Creador divino. Pide a la nube que penetre por la parte superior de tu cabeza. Sigue respirando profundamente y observa cómo la nube es arrastrada por todo tu cuerpo con cada inspiración que haces. Observa cómo el hermoso color de la nube de luz te llena por completo y rodea tu cuerpo.

Sé consciente de que durante las horas siguientes solo vas a necesitar pensar en este color para tener acceso inmediato a todas las respuestas o a la información que necesites. Al pensar en este color recordarás que eres totalmente amado y atendido. Relájate y disfruta del momento sabiendo que durante el día la infinita inteligencia y el amor interior te van a estar guiando en todo momento. Puedes desechar todas tus preocupaciones acerca del día venidero porque confías en que esta sabiduría te va a guiar en todos los aspectos.

Pide a tu guía interior que te ayude a permanecer centrado en pensamientos de amor e inteligencia divinos durante todo el día. Envía esta petición con fe plena sabiendo que eres realmente amado y plenamente apoyado.

Termina con la sanación de los chakras, tal y como se describe en el paso 2.

MEDITACIÓN VESPERTINA
PARA TRABAJADORES DE LA LUZ

Comienza con los pasos básicos de meditación y luego:

Concéntrate en la zona del corazón. Al centrar tu atención en esta zona observa cómo con cada respiración profunda irradia una sensación de calor desde el corazón. Sé consciente de que este calor te conecta íntimamente con la Fuente de todo amor.

Al inhalar siente cómo fluyen hacia tu corazón el amor, el calor y la bondad. Al exhalar siente cómo devuelves amor a la Fuente. Sigue aspirando y exhalando y siente cómo vas recibiendo y entregando amor hasta que tu pecho se expanda con una enorme sensación de calor y alegría.

Dedica unos momentos a pensar en algunas de las personas que hayas visto y en algunas de las experiencias que hayas vivido durante el día. Di mentalmente las siguientes palabras a todas aquellas personas que te hayan irritado, incluido tú mismo: «Estoy dispuesto a perdonarte». Aunque quizá no estés dispuesto a perdonar sus acciones, tu disposición a perdonarlos como personas te libera de las ataduras de tu ego.

A continuación, haz una lista mental de los dones que has recibido durante el día en forma de situaciones positivas, amor y conocimientos. Da las gracias a la Fuente por estos dones. Inspira y espira profundamente hasta que te sientas lleno de gratitud. Pide a tus ángeles que entren en tus sueños para ofrecerte su orientación y cualquier información que necesites saber. Visualiza tu casa rodeada y protegida por una luz blanca y por los ángeles mientras te dejas llevar por el sueño.

PASO 2: LIMPIEZA Y EQUILIBRADO DE LOS CHAKRAS

Después de haberte afirmado con la meditación matutina, el siguiente paso para abrir los canales de sanación psíquica y espiritual es hacer una meditación diseñada específicamente para limpiar y equilibrar los centros de energía de los chakras. Este paso aumentará de forma inmediata tus habilidades de comunicación psíquica y estimulará tu energía.

Es conveniente hacer esta meditación todos los días. También te recomiendo que la practiques antes de hacer una lectura psíquica. Cuanto más trabajes con tus chakras, más detalladas se irán haciendo tus comunicaciones psíquicas. En cierta ocasión realicé un taller de fin de semana en el que dedicamos gran parte del tiempo a diversas actividades de limpieza de los chakras. Al terminar el fin de semana hice varias lecturas psíquicas y descubrí que tenía acceso a pequeños detalles que normalmente no habría recibido.

En una lectura, por ejemplo, vi una imagen mental de la casa de mi cliente, decorada con estuco color amarillo pálido y con un tejado de tablillas de madera. Supe intuitivamente que hacía poco que mi cliente la había vendido y se había mudado. Ese tipo de información resulta fácilmente accesible en una lectura psíquica normal, pero ese día, gracias al trabajo extra que había hecho en mis chakras, recibí una información psíquica especialmente detallada que incluso daba el dato de que la casa que mi cliente había vendido estaba en la ciudad californiana de Downey. Yo no tenía forma de saber ese detalle concreto, puesto que acababa de conocer a mi cliente, no sabía nada de él y no estábamos en absoluto cerca de esa ciudad.

(He grabado una versión ampliada de mi método de meditación guiada para equilibrar y limpiar los chakras en un CD titulado *Chakra Clearing*, disponible a través de Hay House).

MEDITACIÓN PARA LIMPIAR
Y EQUILIBRAR LOS CHAKRAS

Empieza con el método básico de meditación y luego:

Visualiza o siente una bola transparente, de un hermoso color rubí, que flota en el interior de tu cuerpo cerca de la base de la columna vertebral. Es tu «chakra raíz», el centro de tu fuerza y tu individualidad. Mira o siente mentalmente la bola. Observa si contiene alguna zona oscura. Estas zonas de oscuridad son desequilibrios de energía y puedes limpiarlos al instante con la sola intención de que la bola quede completamente limpia. Mantén la imagen de tu hermosa bola transparente de color rubí en la mente y observa cómo se ilumina desde el interior con una poderosa y pura luz blanca. Es la luz universal de Dios, de todo el poder, el amor y el conocimiento.

Inhala profundamente por la nariz y observa o siente cómo tu respiración aumenta la intensidad de la luz blanca contenida dentro de la esfera roja. Sigue inspirando y espirando profundamente para aumentar la intensidad de la luz blanca dentro de la bola roja hasta que esta quede perfectamente limpia y transparente.

A continuación, dirige tu atención hacia arriba y céntrala en un punto situado unos ocho centímetros por encima del anterior hasta que veas o sientas una hermosa bola de cristal anaranjado que flota en tu interior. Es tu «chakra del sacro», el regulador de tus deseos físicos. Analiza la bola en busca de cualquier zona de oscuridad. Inspira profundamente para repartir la luz blanca dentro del núcleo del chakra limpiando al instante toda la oscuridad hasta que la bola quede perfectamente transparente, como si estuviera hecha de cristal anaranjado.

Ahora concéntrate en la zona situada justo detrás del ombligo. Observa o siente una hermosa bola amarilla y transparente dentro de ti, brillando como un pequeño sol. Es el «chakra del plexo solar», la zona en la que ejercen su influencia tus creencias sobre el poder y el control. Comprueba si existe alguna zona opaca u oscura. Si así fuere, inspira profundamente hasta que este chakra se vuelva de color amarillo brillante y quede totalmente transparente, como una reluciente bola de cristal amarillo.

Ahora dirige tu atención a la zona del corazón. Visualiza o siente una maravillosa bola de cristal verde situada en el centro del pecho. Es tu «chakra del corazón», el centro de tu energía amorosa. Recorre el chakra del corazón en busca de cualquier sombra de oscuridad y luego respira profundamente para borrar las sombras que puedas haber encontrado con luz blanca. Ilumina plenamente el chakra del corazón desde adentro y siente cómo se expande en tu pecho con energía cálida. Sigue respirando hasta que la bola verde esté totalmente transparente e inmaculada.

Ahora concéntrate en la garganta, en la zona de la nuez. Ve o siente una bola de un bello color azul claro. Es tu «chakra de la garganta», el centro que regula la claridad de todas tus comunicaciones. Repásalo mentalmente en busca de cualquier sensación de oscuridad. Respira hondo y observa cómo se enciende gracias a la bola de luz blanca que guarda en su centro. Ilumínalo desde el interior haciendo que la luz sea cada vez más brillante hasta que los rayos blancos hayan limpiado por completo la bola azul. Observa y siente la bola como una esfera totalmente transparente, sin manchas ni zonas oscuras.

A continuación, concéntrate en la zona situada entre los dos ojos. Sin esforzarte en absoluto, observa con suavidad en ese punto una bola redonda u ovalada. Es el «chakra del tercer ojo». Deja que la imagen del chakra se vuelva cada vez más clara. Observa sus tonalidades azul oscuro mezcladas con algo de morado y blanco. Cuando la imagen se haga más clara, quizá compruebes que estás viendo un párpado. Si no consigues ver ningún objeto ovalado o con forma de ojo, respira profundamente y sigue limpiando el chakra con luz blanca hasta que la imagen se haga más clara. Cuando llegues a atisbar el tercer ojo, observa si está abierto o cerrado. Si está cerrado, pídele que se abra y que establezca contacto visual contigo. Deja que el tercer ojo te comunique cualquier mensaje de amor que pueda tener para ti.

Cuando estés listo, dirige tu atención al interior de la parte superior de la cabeza. Es el «chakra de la coronilla», la zona que te da acceso a la sabiduría universal. Siente o percibe este chakra como una bola de cristal de color violeta oscuro o morado. Utilizando la respiración más profunda, límpialo con luz blanca hasta que esté prístino.

Sigue inhalando y exhalando profundamente y da gracias a tu Creador divino por haberte llenado de amor y de sabiduría. Envuélvete en una capa de luz blanca y, a continuación, en una segunda capa de luz verde y en una tercera de luz violeta. Este triple sello de luz te ayudará a mantenerte centrado durante tus lecturas psíquicas.

MÉTODO REDUCIDO PARA LA LIMPIEZA DE CHAKRAS

Si no tienes tiempo para hacer una limpieza y equilibrado completos, este método también funciona. Solo requiere dos minutos y es una buena forma de prepararse para una sesión de lectura psíquica inesperada. Mientras que el método de limpieza de chakras descrito anteriormente es el equivalente a una limpieza a fondo de la casa, este se parecería más bien a una limpieza superficial. Es «suficientemente bueno» para salir de un apuro, pero no sería aconsejable confiar en él todos los días.

Imagina siete bolas de cristal con los colores del arcoíris apiladas una encima de otra. El orden de estas bolas de abajo arriba es rojo, naranja, amarillo, verde, azul claro, azul oscuro y morado. Visualiza esta hilera de bolas en el interior del centro de tu cuerpo. Imagina que un rayo de luz pura y blanca atraviesa el centro de la hilera de bolas. Observa cómo esta luz blanca va limpiando cada una de ellas. Inspecciona mentalmente la bola roja y observa cómo brilla con esta luz. Comprueba que está perfectamente limpia. Inspecciona de esta forma cada una de las bolas.

Asegúrate de que todas las bolas tienen el mismo tamaño. Si una es mucho mayor o mucho menor que las otras, pídele mentalmente que cambie de tamaño hasta que esté igual que las demás.

Tus chakras ya están limpios y suficientemente equilibrados como para hacer lecturas psíquicas.

PASO 3: ARMONIZACIÓN MENTAL

La meditación y la limpieza de los chakras son dos pasos importantes para abrir los canales de comunicación psíquica y espiritual. El tercer paso, la armonización mental, es igualmente importante. Implica centrar tu conciencia en la conexión de tu yo superior con la Fuente de conocimiento y amor. Si dejamos que nuestra mente se deslice hacia el yo egótico, nuestras lecturas psíquicas se volverán inconsistentes y carentes de fiabilidad. Peor aún, nosotros mismos nos sentiremos tristes y asustados. Con todo esto, resulta lógico que queramos vivir en nuestro yo superior. He aquí algunas pautas que pueden resultarnos útiles.

1. *Identifícate con el amor de Dios.* Considérate a ti mismo y a todas las personas que encuentres como una sola con Dios, y tus pensamientos y tus acciones se identificarán automáticamente con el amor. Ni siquiera tendrás que pensar qué debes hacer o decir porque la sabiduría manará de tu pozo interior de forma natural.

2. *Evita identificarte con el ego de los demás.* Si ves a los demás como personas necesitadas, enfermas, asustadas, enfadadas, no iluminadas, empobrecidas o algo parecido, estás viendo sus yoes egóticos como reales. Siempre que consideras el ego como un estado real de ser, estás concediendo poder y vida a la ilusión.

   Una forma más amorosa y útil de reaccionar ante los problemas aparentes de otras personas es actuar como si te estuvieran describiendo una película de miedo. Les prestas atención y les ofreces tu compasión amorosa con sinceridad, pero sabiendo siempre que aquello que te están contando no es más que una película. Debes ser consciente de que no hay nada que temer y de que, como sucede en todas las películas, la situación de tus amigos terminará bien. Recuerda que, si te preocupas por ellos, estarás echando leña al fuego.

   Sin embargo, cuando eres capaz de permanecer en la verdad de tus amigos, amplificas la fuerza y el poder de las cualidades de su verdadero yo superior. El yo verdadero y su vida celestial —que incluye salud perfecta, relaciones correctas y una vida adecuada— se manifiestan y dan sus frutos.

   Ten siempre mucho cuidado con lo que piensas de

otras personas, incluso de figuras públicas como las estrellas de cine, los grandes criminales y los políticos. Cada vez que te permites ver a alguien con una actitud de celos, pena o desdén, el juicio que haces dispara inmediatamente un juicio sobre ti mismo. Tal y como vemos nosotros a los demás, así nos vemos a nosotros mismos.

Por el contrario, siempre que otra persona nos irrita podemos crecer y obtener un conocimiento muy valioso sobre nosotros mismos. ¿Tienes algún amigo que te pone de los nervios? Es algo que a todos nos ha sucedido, y existe una razón que lo explica. Ese amigo actúa como espejo de alguna parte de nosotros de la que tenemos que deshacernos. Siempre que me veo en esa situación recurro a esta frase: «Estoy dispuesta a librarme de esa parte de mí que me irrita cuando te miro».

Entrena tu mente para que vea a todo el mundo como uno solo con Dios y obtendrás tanto poder y amor que te quedarás pasmado.

3. *Adopta una política de «tolerancia cero con el dolor».* Siempre que sientas dolor emocional o físico, es señal clara de que te has deslizado hacia tu ego. No concedas a ese dolor un lugar en el que habitar dentro de ti o habrás admitido a un huésped difícil de desalojar. Tampoco es buena idea intentar ignorar el dolor con la esperanza de que desaparezca. Negar el dolor es cortar una parte de ti mismo. También te pierdes las lecciones y el crecimiento que te aporta, unos valiosos dones que te están esperando.

4. *Siempre que seas consciente del dolor, deséchalo.* Afronta el dolor sin miedo, pues no es real. No lo juzgues, limítate a darte cuenta de su existencia. Di a tu yo superior, a los ángeles, a tu maestro ascendido, al Espíritu Santo o a Dios: «Observo que en este momento está presente mi

ego, y no me gusta. Te entrego sin reservas este dolor y pido ver esta situación de otra forma para que pueda encontrar en ella paz en lugar de dolor. Envío este dolor lejos de mí y sé que la única lección que contiene permanece en mí para ayudarme a crecer en amor». Muéstrate dispuesto a desechar cualquier apego que puedas sentir por el resultado de la situación, y tu recompensa será la paz. Continúa repitiendo esta oración afirmativa hasta que sientas cómo el dolor desaparece.

5. *Respeta a tu verdadero yo*. Dios dirigirá, desde tu interior, todas las acciones que lleves a cabo durante el día. Si dedicas demasiado tiempo a hacer algo que no forma parte de tu misión sagrada, tu guía interior te hará una señal. Es importante que concedas a esta señal la importancia que se merece.

Es frecuente que los trabajadores de la luz atraigan relaciones que, con el tiempo, se desequilibran. Por ejemplo, quizá tengas un amigo que parece necesitar tu ayuda y que te está llamando constantemente por teléfono. O puede ser que alguna organización te pida a menudo que dirijas diferentes proyectos o comités. Es posible que tengas un cliente que esté continuamente al borde de una crisis y afirme que solo tú eres capaz de ayudarlo. Ten cuidado con estas trampas del ego, unas trampas que vienen disfrazadas de servicialidad divina. Como afirma *Un curso de milagros*: «La preocupación por problemas diseñados para no tener solución es uno de los trucos favoritos del ego para impedir el avance en el aprendizaje».

Intenta darte cuenta de las veces que tu ego te pide que postergues tu función como trabajador de la luz impulsándote a que des un rodeo absurdo. Si tu yo interior te dice que estás dedicando demasiado tiempo y energía a trabajar con una sola persona o causa, respeta y haz caso a su mensaje. El mundo necesita que estés disponible para ayudar de formas que realmente dejen huella. Si te asusta recortar el tiempo y la energía que concedes a un amigo, a una organización o a un cliente, acuérdate de esta verdad:

Si juzgo que alguien me «necesita», estoy considerando que su carencia es real. Ese juicio dispara mi propio yo egótico para que entre en acción. Si me centro en sus «problemas», me convierto en su cómplice y conspiro con él para que esos problemas crezcan. Soy más útil al mundo cuando permanezco centrado en mi yo superior. En este momento decido ver a todo el mundo como realmente es: completamente sano y amado. Me niego a seguir bailando con las ilusiones del ego.

Una buena norma para emplear bien tu tiempo es no hacer jamás algo que no quieras hacer. Si necesitas obligarte a hacer algo como, por ejemplo, responder a la llamada telefónica de un amigo, esa resistencia que sientes tiene un motivo. Dedica un tiempo a meditar sobre tus verdaderos sentimientos. Respétalos. Deja a un lado cualquier dolor que puedas sentir. Durante tus meditaciones decidirás si dices que no a quienes te piden tu tiempo o si puedes ver la situación de un modo que te haga sentirte amorosamente motivado a decir que sí. En cualquiera de los casos, tus acciones surgirán del amor y la verdad y no del enfado, la culpa o el miedo.

6. *Ten cuidado con la trampa del «poder especial» que te tiende tu ego.* Cuando empieces a hacer lecturas psíquicas y sanaciones espirituales, tus clientes te darán las gracias de corazón. Asegúrate de que proteges tus sentimientos para no caer en la trampa de creer que tienes «poderes

especiales». Esta creencia hará que tu yo egótico se haga con el control, porque, si nos consideramos «especiales», estaríamos viendo a nuestro yo como a un ser independiente. Si te consideras independiente, desconectas tu conciencia de la Fuente de conocimiento, amor sanador y felicidad. Eso te hará perder tanto tu felicidad como tu conciencia psíquica. Un buen antídoto es recibir amablemente los cumplidos de tu cliente y luego decir algo como: «No es algo que yo haga, es algo que se hace a través de mí», o «Muchas gracias, pero comprende que no he sido yo quien te ha sanado; fue Dios el que te ayudó a comprender que siempre has sido perfecto».

En las etapas iniciales, cuando estés desarrollando tus habilidades psíquicas, es normal que te sientas asustado o intimidado. Quizá te preguntes a ti mismo: «¿Y si no soy capaz de hacerlo? ¿Qué pasa si doy respuestas equivocadas en mi lectura psíquica?». Estos temores surgen de la creencia del ego de que los poderes psíquicos son «especiales». Para perder ese miedo, limítate a recordarte que el poder procede de Dios y no de ti. No puedes equivocarte durante la lectura psíquica o la sanación espiritual porque *tú* no estás haciendo nada. Si confías en la infalibilidad de tu Creador divino, jamás temerás que la información que estés recibiendo sea incorrecta. Confía en Dios y, con ello, estarás automáticamente confiando en que estás totalmente preparado para ser un conducto de su poder de sanación.

En mis anteriores descripciones del vasto cuerpo de investigación científica que se ha llevado a cabo en universidades punteras vimos cómo esos estudios llegaban a la conclusión de que todo el mundo es inherentemente psíquico. Repito constantemente todas estas afirmaciones con el único propósito de que estés seguro de que no necesitas ningún poder ni ninguna educación especial para empezar a funcionar como sanador psíquico. Lo único que necesitas es zambullirte en la tarea y probarla para saber que es una habilidad que ya posees.

7. *Toma medidas para purificarte.* Yo descubrí que mis habilidades psíquicas aumentaron considerablemente cuando eliminé el alcohol, la cafeína, la carne, los productos lácteos y la mayoría de los alimentos procesados de mi dieta. La diferencia en mi imagen mental antes y después de estos cambios alimentarios fue el equivalente a cambiar de una televisión pequeña con antena a un aparato de pantalla grande y recepción por cable. Las imágenes psíquicas eran más claras, más nítidas y mayores.

Aquellos cambios alimentarios fueron graduales. Mis guías espirituales me fueron diciendo con suavidad pero también con firmeza: «Si dejas de seguir unas normas de alimentación no saludables serás un instrumento más claro de comunicación espiritual». Al principio, mis guías me dijeron que redujera el consumo de alimentos y bebidas estimulantes como el café y el chocolate. Luego me animaron a dejar de comer pollo y pavo (ya había dejado de comer carne roja). Me dijeron que los animales sufren durante el sacrificio y que yo estaba ingiriendo su dolor cuando comía su carne. Este dolor interfería en mi capacidad para sintonizarme con el universo invisible. Unos meses después de dejar de comer aves, mis guías me animaron a dejar también los productos lácteos. Me dijeron: «Los productos lácteos obstruyen tu organismo». Eso me hizo empezar a tomar leche de soja con los cereales y con el té. Ahora, en lugar de utilizar queso cocino con sustitutos basados en el tofu.

El vínculo que existe entre la dieta y las habilidades psíquicas es muy real. Echa un vistazo a esta cita del antiguo texto budista *Surangama Sutra*: «Si una persona está intentado practicar la meditación y todavía consume carne se parecerá al hombre que cierra sus oídos, grita muy fuerte y luego asegura que no ha oído nada».

Quiero hacer hincapié en que, cuando dejé de consumir estos alimentos, no padecí ningún síntoma de abstinencia, ni la sensación de haberme privado de nada. Creo que esto se debió a que, en cada decisión alimentaria que tomé, me guiaba la divinidad. Con esto quiero decir que no debes obligarte a eliminar ningún grupo de alimentos. Si en algún momento te sientes preparado para hacerlo, tomarás de forma natural las decisiones oportunas sobre los alimentos que ingieres.

También descubrí que dejar atrás el rencor que llevaba tanto tiempo aposentado en mi mente fue una decisión importante para mi desarrollo psíquico en dos sentidos. En primer lugar, fue como si aumentase la cantidad y la frecuencia de la información que recibía. En segundo lugar, fui más capaz de permanecer objetiva durante las lecturas psíquicas y dejé de colorear mis impresiones con mi propio bagaje emocional.

Cualquier persona puede sentirse más en paz y más llena de energía si sigue este proceso de perdón. He aquí una descripción del método, inspirado en la obra de John Randolph Price, que yo utilizo para liberarme de mi viejo rencor. Es también el que utilizo con mis clientes. Este proceso me recuerda a cuando se tiraba lastre de los globos aerostáticos para subir más alto. Cuando perdonas al mundo —tú incluido—, te vuelves más ligero y mucho menos temeroso.

a) *Conoce los beneficios del perdón.* Perdonar es algo muy distinto de decir «yo pierdo» o «estaba equivocado y tú tenías razón». No significa exculpar a alguien de un error que consideramos que ha cometido. Perdonar es sencillamente una forma de liberar el espíritu y darnos cuenta de nuestra naturaleza ilimitada. Los premios que obtenemos por pagar el precio del perdón son tranquilidad y un aumento de nuestra energía.

b) *Haz un «inventario de perdón».* Escribe el nombre de todas las personas, vivas o muertas, que en algún momento te hayan irritado. La mayoría de la gente es capaz de rellenar una lista de tres o cuatro páginas, y de repente recuerda el nombre de personas en las que hacía años que no pensaba. Algunas incluso escriben los nombres de las mascotas que las irritaron, y todo el mundo anota su propio nombre en algún lugar de la lista.

c) *Libera y perdona.* A solas en una habitación, con el teléfono desconectado y un cartel de «No molesten» en la puerta, repasa los nombres de la lista uno por uno. Fija en la mente la imagen de cada persona y dile: «Te perdono y te doy la libertad. No te guardo ningún rencor. Mi perdón es total. Yo soy libre y tú eres libre». Visualiza y siente cómo tus ángeles limpian el viejo resentimiento. Este proceso puede llevarte media hora o más. Es importante que no lo interrumpas hasta que hayas terminado toda la lista.

d) *Haz liberaciones cada noche.* Todas las noches, antes de retirarte, haz un repaso mental del día. ¿Hay alguien a quien tengas que perdonar? Yo lo hago cada noche. Igual que me lavo la cara, también limpio mi alma para que el resentimiento no se acumule.

8. *Crea una atmósfera favorable.* El entorno físico puede favorecer o entorpecer tus habilidades psíquicas. Estudios

científicos realizados en universidades punteras han revelado que las personas hacen lecturas psíquicas más exactas en habitaciones sin distracciones, con una iluminación tenue y con una música de fondo suave [4]. En mi caso, yo hago mejores lecturas cuando estoy descansada y vestida con ropa cómoda y cuando tengo en la habitación flores perfumadas como azucenas o nardos.

CAPÍTULO DIECIOCHO

Cómo aumentar tu receptividad psíquica

*Esa mente que da vida a todas las personas que pueblan
el mundo; ¡esa es la mente que me nutre a mí!*

«Moritake Arakida»,
Poema sintoísta (Japón)

AUNQUE LA HABILIDAD PSÍQUICA es algo natural, podemos perfeccionarla y pulirla como sucede con cualquier otra habilidad. He aquí una serie de métodos que puedes utilizar para aumentar la claridad y la cantidad de información que recibes en tus lecturas psíquicas.

ANÁLISIS DE LOS CHAKRAS

Una forma de aumentar la receptividad psíquica es analizar los chakras de las personas que tratas a lo largo del día. Puedes analizar los de cualquier persona, incluso de aquellas con las que estés hablando por teléfono.

El análisis de los chakras de otra persona es un proceso idéntico al que llevaste a cabo cuando visualizaste los tuyos. Te resultó muy fácil ver qué chakras estaban sucios y por qué lo estaban. Aquellas imágenes no fueron producto de tu imaginación; fueron visiones psíquicas reales de tus centros interiores de energía.

Relájate, respira hondo y piensa: «Tengo intención de ver los chakras en el interior de esta persona». A continuación, centra tu atención en el interior del tronco de la persona y visualiza su chakra raíz. Observa su tamaño, su color y su transparencia. ¿Puedes ver algún punto oscuro? ¿Está claramente agrandado o empequeñecido? Luego sigue centrando tu atención en el resto de los chakras, uno por uno.

Por último, observa el conjunto que forman todos ellos. ¿Hay alguno que sea mucho mayor o mucho menor que los demás? ¿Está alguno de ellos especialmente oscuro en comparación con el resto? Un chakra agrandado significa que la persona ha dedicado mucho tiempo a reflexionar sobre el asunto conectado con este chakra. Un chakra pequeño significa que la persona tiene miedos conectados con los temas de ese chakra. La presencia de energía oscura alrededor y dentro de un chakra significa que la persona se está aferrando a viejas emociones relativas a los temas de ese chakra y le asusta admitir estos sentimientos a sí mismo o a los demás.

Para limpiar y equilibrar los chakras de otra persona puedes utilizar la misma visualización que utilizaste para limpiar los tuyos. Muchos sanadores creen que debes obtener el permiso de esa persona antes de llevar a cabo un tratamiento de los chakras. Consideran que trabajar sobre alguien sin su consentimiento viola la ley kármica.

Algunos sanadores piden permiso psíquicamente y le preguntan al ser superior de la otra persona: «¿Quieres que trabaje en tus chakras?». Luego escuchan para ver si reciben una respuesta. Otros, sin embargo, creen que se debe pedir permiso verbalmente para hacer una sanación de los chakras. También hay sanadores que creen que siempre que ves a alguien que necesita ayuda espiritual debes acudir en su ayuda, tanto si te la pide como si no lo hace. Tu yo superior te guiará hacia la postura con la que más te identifiques.

Como repaso, echa un vistazo a la tabla siguiente en la que aparecen las características de los chakras principales.

Nombre del chakra	Localización en el cuerpo	Color de la energía	Asunto relacionado
Raíz	Base de la columna	Rojo	Seguridad y supervivencia
Sacro	Ocho centímetros por debajo del ombligo	Naranja	Deseos físicos y materiales
Plexo solar	Detrás del ombligo	Amarillo	Poder y control
Corazón	Zona del corazón	Verde	Amor
Garganta	Zona de la nuez	Azul claro	Comunicación
Tercer ojo	Entre los ojos	Azul oscuro	Clarividencia
Coronilla	Parte superior de la cabeza	Morado	Sabiduría espiritual

ACTIVACIÓN

Existen dos formas principales de acceder a la información psíquica: haciendo una pregunta o decidiendo permitir que la información fluya de forma espontánea hacia tu conciencia.

En el primer método dejas la mente tan en blanco y relajada como te sea posible. A mí me resulta útil visualizar mi mente como un cuenco gigante vacío, de adorno, preparado para ser llenado con la infinita sabiduría universal. Luego hago mentalmente una pregunta, como, por ejemplo, «¿A qué hora llegaré a mi destino?» o «¿Sobre qué tema quiere ayuda el cliente que tiene la cita hoy a las tres?». Puedes «dirigir» concretamente tu pregunta a Dios, al Espíritu Santo, a Jesús, a Buda o a cualquier otro de los guías amorosos. También puedes sencillamente introducir la pregunta en tu cuenco y confiar en que llegará la sabiduría aplicable más elevada. Recibirás la respuesta en tu mente o en tu cuerpo como una imagen, un sentimiento, un conocimiento o unas palabras audibles.

El segundo método es similar, pero en lugar de pedir que se te revele un conocimiento, *decides o te das permiso a ti mismo para conocer* una información. Para ello, después de visualizar tu mente como un cuenco vacío, relájate y haz una afirmación mental. Por ejemplo, si vas conduciendo y quieres recibir instrucciones sobre cómo llegar de forma intuitiva al lugar al que te diriges, puedes afirmar: «Sé exactamente qué carreteras me llevan a mi destino». Al instante recibirás orientación; puede que escuches los nombres de las carreteras que debes coger o que te sientas impulsado a girar hacia la derecha o hacia la izquierda en las intersecciones más importantes.

He aquí algunos ejemplos de ejercicios concretos que te permitirán aumentar tu confianza en tus propias habilidades para acceder a la Fuente de todos los conocimientos.

Huecos para aparcar. En un aparcamiento abarrotado deja que tu mente y tu cuerpo se relajen y ábrete lo más posible. Relájate con respiraciones profundas. *Siente* el camino que te llevará a un hueco libre y deja que tu intuición te guíe. También puedes pedir a tus ángeles o a tus guías espirituales que te encuentren un hueco libre y que te envíen señales o direcciones que te conduzcan a él.

Mientras vas conduciendo. Haz preguntas psíquicas acerca de los movimientos que va a hacer el conductor que tienes justo delante, sobre qué carretera debes coger para llegar a tu destino o a qué hora vas a llegar. Puede que oigas la respuesta, que la veas con el ojo de la mente, que la percibas o que, simplemente, la sepas.

Citas. Si tienes una cita en la que vas a conocer a gente nueva, pide recibir impresiones psíquicas sobre ellos. Pregunta sobre sus características físicas, sus gustos personales o sus preocupaciones e intereses. También puedes preguntar a qué hora llegarán a la cita o si se retrasarán o se adelantarán a la hora fijada.

El teléfono. Siempre que suene el teléfono, deja que la impresión psíquica de la persona que llama entre en tu mente antes de cogerlo. Pregunta: «¿Es un hombre o una mujer?» o «¿Quién es?». Con la práctica llegarás a sintonizarte enormemente con la gente que te llama. Cuando estés demasiado ocupado para recibir llamadas telefónicas, puedes «bloquear psíquicamente» cualquier llamada no deseada afirmando: «Mis llamadas telefónicas siguen un orden divino y ahora veo que solo aquellas que sean absolutamente necesarias van a entrar en mi línea telefónica».

La televisión. Pon un programa de televisión que no suelas ver. Aléjate del receptor de manera que no puedas ver la pantalla ni su reflejo. Escucha lo que dicen los actores y actrices y visualiza su aspecto. Gírate de vez en cuando para comprobar si has acertado.

Lleva un diario de coincidencias. Escribe sobre cada situación, pequeña o grande, en la que una coincidencia desempeñe un papel en tu vida. Esta lista te ayudará a focalizar la mente en las coincidencias. Cuanta más atención les prestes, más se cruzarán en tu camino.

EL PODER DE LA ORACIÓN

Un estudio realizado en 1995 por William MacDonald, de la Universidad Estatal de Ohio, reveló que las personas que rezan con regularidad tienen más probabilidades de tener experiencias telepáticas que las que no lo hacen. MacDonald explicó sus hallazgos con las siguientes palabras: «En cierto sentido, los resultados no son sorprendentes. Podemos considerar que la oración es un tipo de comunicación entre la mente de una persona y la mente de Dios. Por tanto, la oración y la telepatía son dos conceptos que están relacionados entre sí».

MEDITACIÓN PARA AUMENTAR LA RECEPTIVIDAD

Muchas personas desean obtener confianza en sus habilidades psíquicas antes de empezar a realizar lecturas psíquicas a otras personas. Puedes utilizar tu tiempo de meditación para aumentar tu receptividad psíquica y experimentar algunas percepciones y revelaciones asombrosas.

Cuando medites, hazte una imagen mental de un maestro sagrado como Jesús, la Virgen María, Buda, Krishna o tu santo favorito. Pide al maestro sagrado que venga a ti. Desecha cualquier duda que puedas albergar recordando que estos maestros tan evolucionados viven en otra dimensión que les permite estar en muchos lugares diferentes de manera simultánea. El maestro sagrado puede estar contigo y con millones de personas más al mismo tiempo. Cuando te relajas, eres más capaz de sentir o ver su presencia. Mantén una conversación maravillosa con el maestro sagrado y disfrutarás de una experiencia que no puede describirse con palabras.

Durante la meditación también puedes pedir emprender un viaje. Cierra los ojos y respira hondo varias veces. Déjate llevar a algún lugar maravilloso; puedes viajar, por ejemplo, a un país extranjero o al Salón de los Registros Akásicos, que es una biblioteca celestial llena de registros relacionados con la vida y el propósito divino de todas las personas.

Todos los métodos que se describen en este capítulo te ayudarán a irte acostumbrando a utilizar tus canales de comunicación espiritual. Al principio quizá te sientas como un conductor novato al volante de un coche. Te notarás torpe e inseguro, puede que incluso temeroso por tu propia seguridad. Sin embargo, en seguida te irás sintiendo cómodo y te familiarizarás con tus nuevos sentidos psíquicos.

CAPÍTULO DIECINUEVE

Cómo llevar a cabo lecturas psíquicas y sanaciones energéticas

> *Arde un fuego en el interior de la tierra, y en las plan-*
> *tas, y las aguas lo llevan en ellas; el fuego está en la piedra.*
> *Arde un fuego en lo más profundo de los hombres, arde un*
> *fuego en las vacas y en los caballos: es el mismo fuego que*
> *arde en los cielos.*
>
> *Atharda Veda*, texto espiritual hindú

$\mathcal{E}$L PROPÓSITO QUE MUEVE a un trabajador de la luz a llevar a cabo lecturas psíquicas no se corresponde con la imagen estereotipada de un «psíquico». Los trabajadores de la luz están en este mundo para realizar tareas de sanación. Estarían desperdiciando su tiempo y sus talentos si se dedicaran a lecturas psíquicas de salón con el simple objetivo de divertir a otros o de obtener beneficios económicos.

Para un trabajador de la luz solo existe una única razón válida para dedicarse a la comunicación psíquica: acceder con rapidez a la raíz mental y emocional del sufrimiento psicológico o físico del cliente. El padre del movimiento del Nuevo Pensamiento, Phineas Quimby, utilizaba esta forma de comunicación psíquica para sus sanaciones. Según su propia descripción, el método que empleaba era una combinación de clarividencia, trance y telepatía que le permitía penetrar en la mente de su cliente y descubrir el conjunto de creencias que estaba provocando la enfermedad.

Tus habilidades psíquicas te ayudarán también a ver, oír, sentir o conocer la fuente del sufrimiento emocional o físico de tu cliente. Yo, como clarividente, suelo ver una «película» en miniatura de un incidente que tuvo lugar en la vida de esa persona y que está relacionado con la dificultad que esta afronta en este momento en su vida. Entonces repaso con ella ese incidente para ver en qué punto puede haber dado lugar a sentimientos de dolor. Cuando los clientes descubren y desechan los dolores antiguos y, con mi ayuda, comprenden cómo pueden diferenciar el yo egótico del yo verdadero, los síntomas que tienen en ese momento suelen aliviarse al instante.

PARA EMPEZAR EL TRABAJO PSÍQUICO

Hacer una lectura psíquica no es difícil, aunque podemos convertirlo en algo complicado si nos dejamos llevar por la ansiedad que nos produce el temor al fracaso. Recuerda que, en las lecturas psíquicas, no eres tú quien hace el trabajo: lo hace Dios. Las habilidades psíquicas son unos dones totalmente naturales a los cuales todo el mundo tiene acceso. Cuando empiezas a limpiar y equilibrar tus chakras con regularidad, la naturaleza se impone. En ese momento descubres que empiezas a recibir información psíquica de manera espontánea.

Para empezar, haz una meditación de limpieza de chakras prestando especial atención a los chakras del tercer ojo y de la coronilla, puesto que estos son los puntos donde reside la receptividad psíquica. Tus lecturas psíquicas serán más exactas si armonizas tu cuerpo. Para ello, evita ingerir cualquier sustancia que altere tu estado de ánimo o tu energía, incluidas hierbas calmantes o estimulantes, antes de la sesión. También tendrás una mejor receptividad psíquica si no tienes el estómago lleno.

Es bueno empezar una lectura psíquica con una oración, ya sea silenciosa o en voz alta. Esta oración tiene una función doble. Por un lado sirve como «plegaria de protección». En ocasiones, durante las lecturas psíquicas acuden espíritus no deseados. No tienen poderes destructivos ni malvados, pero pueden darte, de forma involuntaria, una información incorrecta o incluso perjudicial para que se la transmitas a tu cliente. Te aseguro que la presencia de estos «huéspedes» no invitados no es nada deseable. Por tanto, decir una oración, tener una Biblia cerca, no tomar jamás alcohol antes de una sesión e invitar a los maestros sagrados y a los arcángeles a que estén vigilantes te permite mantener a los espíritus de vibraciones bajas lejos de tus lecturas psíquicas.

En segundo lugar, una oración te ayuda a centrar la mente en tu yo superior. Te recuerda que no eres *tú* quien está haciendo la lectura, que no eres más que un mero conducto de los mensajes procedentes de las alturas. Esto te ayuda a quitarte el nerviosismo, que puede bloquear tu capacidad para recibir información psíquica.

Utiliza una oración que te aporte la sensación de estar espiritualmente protegido y que refleje de verdad tu fe y tus creencias. Como consecuencia de mi educación cristiana, mis oraciones y mis lecturas psíquicas incluyen a Jesús y al Espíritu Santo. Sin embargo, muchos de mis clientes tienen creencias no cristianas y proceden de entornos judaicos, budistas y agnósticos. Jamás impongo mi fe a nadie, y mis clientes no cristianos se sienten siempre agradecidos por las sanaciones que reciben. Por ello (y se lo he preguntado directamente), no les importa en absoluto que utilice el nombre de Jesús durante nuestras sesiones. Si tuviera que cambiar mi vocabulario normal para adaptarme a mis clientes y no molestarlos, esa conducta impostada dispararía mi ego y me impediría ser un vehículo de sanación. Lo mismo sucede con tus creencias y tu educación, así que elige una oración que encaje con tu fe y que te capacite espiritualmente.

Yo suelo empezar mis lecturas con la «Oración del Señor» o con esta que te muestro a continuación:

PLEGARIA DE PROTECCIÓN

Solicito la presencia y la orientación santa del Espíritu Santo y de Jesús en esta habitación y los invito a ella. Solicito al arcángel Miguel que vele por nosotros durante esta lectura y le invito a ello. También solicito el amor y la orientación de nuestros ángeles y de nuestros guías espirituales y los invito a que nos los aporten. En este momento sello esta habitación con la luz blanca del amor. Si entra en nuestras sesiones cualquier espíritu que no venga con la intención de favorecer nuestros propósitos mejores y más elevados, solicito al arcángel Miguel y a su grupo de misericordia que lo acompañen hasta la luz en favor de su propio progreso y prosperidad. Pedimos una orientación clara para el propósito superior por el que [nombre del cliente] está aquí ahora y confirmamos contar con ella. Pido que esta información me sea dada con claridad y que se me ayude a transmitirla con exactitud a [nombre del cliente]. Amén.

Muchos psíquicos también queman raíz de salvia o incienso durante las sesiones, pues se considera que la salvia repele a los espíritus no deseados.

CRISTALES

Durante la lectura psíquica puede resultarte útil sostener un cristal de cuarzo transparente en la mano receptora (aquella con la que no sueles escribir). Si bien es cierto que no hay nada material que tenga poder en sí, los cristales tienen la capacidad —conocida como propiedad piezoeléctrica— de *amplificar* el volumen y la claridad del poder y la comunicación espiritual que llegan a través de ti. Ya se sabe que los cristales de cuarzo se utilizan en aparatos de comunicación como radios, relojes y ordenadores.

Los cristales absorben la energía psíquica, por lo que, al cabo de un tiempo, los residuos psíquicos acaban «atascándolos». Si el cristal está colocado en una habitación en la que ha habido gente preocupada o asustada, se satura de la energía de los pensamientos negativos. Para limpiar esta sobresaturación déjalos al sol durante cuatro o cinco horas. No los sumerjas en agua salada ni en ninguna otra solución, pues eso puede erosionarlos.

Cómo dirigir una lectura psíquica

Cierra los ojos y colócate frente a tu cliente. Resulta útil, aunque no es necesario, cogerle las manos. Otra alternativa es tener entre tus manos un reloj, unas llaves, un anillo o cualquier otro artículo con el que tu cliente tenga un contacto frecuente. Las vibraciones de las manos de tu cliente o de sus posesiones íntimas contienen una energía que está repleta de información sobre él. Cuando coges estos artículos actúas como un aparato de televisión o de vídeo que descodifica la energía y la convierte en una imagen comprensible.

Si tu cliente o tú mismo estáis nerviosos, empieza la sesión pidiéndole que respire hondo dos o tres veces mientras tú haces lo mismo. Otra buena forma de abrir inmediatamente los canales psíquicos consiste en pedir al cliente que pronuncie las siguientes palabras, ya sea mentalmente o en voz alta: «Un solo amor, un solo amor, un solo amor». Esta frase armoniza la mente de tu cliente con la unicidad universal y permite que la sabiduría divina se vierta sobre vuestra sesión.

A continuación, pide a tu cliente que se concentre en silencio en la pregunta que desea plantear. Al mismo tiempo tú puedes preguntar mentalmente al Espíritu Santo, a Jesús o a un maestro sagrado: «¿Qué es lo que quieres que yo sepa?». Deja que tu mente se abra completamente para recibir la respuesta. Confía en lo que recibas, aunque se trate de una información carente de sentido para ti.

Transmite la información a tu cliente como si estuvieses informando en directo de una noticia. Limítate a relatar lo que veas, escuches, sepas y sientas en el mismo orden en que estos datos vayan entrando en tu conciencia. Por tanto, si recibes una información sobre la que no te sientes seguro, dilo. Si recibes una información que parece tener doble sentido, dilo. Si recibes una información que crees que pueda estar contaminada por tu ego, dilo. Sé totalmente sincero con tu cliente en cada uno de los datos, detalles e impresiones que entren en tu conciencia. Nunca sabes qué elemento puede ser importante para él. Confía en su habilidad para descifrar la lectura de una forma significativa.

Si decides darle a tu cliente un consejo humano, antes de hacerlo avísale: «Este consejo procede solo de mí». De lo contrario, tu cliente puede dar por supuesto que le está llegando de las alturas a través de ti.

Si tu cliente o tú sentís dudas acerca del significado de alguno de los datos que recibas, pide a tu guía espiritual que te lo aclare. A veces a los psíquicos nos da miedo preguntar a los espíritus: «¿Qué me quieres decir con esto?», «¿Podrías, por favor, repetir lo que me has dicho?» o «Un poco más alto, por favor». Tememos que puedan enfadarse y salir corriendo. ¡Nada más lejos de la realidad! Los maestros sagrados desean que recibamos sus mensajes con claridad y están encantados de que participemos para ayudarlos a hacer que la información nos llegue en condiciones.

Si, estando en mitad de una lectura, tu ego empieza a bombardearte con comentarios molestos como «Me pregunto si no me estaré inventando todo esto» o «¿Es real esta información que estoy recibiendo?», haz una pausa y respira hondo unas cuantas veces. Eleva una plegaria solicitando ayuda divina y pide a los ángeles que se lleven tus dudas.

Mientras estás haciendo una lectura a tu cliente puedes acceder a información relacionada con cualquier persona conectada con él. Por ejemplo, si tu cliente desea conocer algo sobre su jefe, su padre, un compañero de trabajo o su pareja, pregunta a tus maestros sagrados: «¿Qué queréis que sepa acerca de esta persona?». Al instante tendrás acceso a información acerca de la otra persona, como si esta estuviera en la misma habitación que tú.

En cierta ocasión estaba haciendo una lectura a una mujer de negocios que se disponía a fundar una organización benéfica para niños. Estaba preocupada por la integridad moral de los miembros de la junta directiva de la organización y me pidió que leyera los motivos que llevaban a cada uno de ellos a implicarse en el proyecto. No me costó nada ver y leer a cada una de estas personas. Luego, cuando estaba a punto de hacer la lectura al último de los miembros de la junta, me vi contemplando a un grupo de personas agrupadas alrededor de otra. Era como si estuvieran intentando esconderla para que yo no la viera. Le conté a mi cliente lo que estaba viendo y ella me dijo que ese último miembro de la directiva era un mormón devoto. Por lo que yo sé de la fe mormona, creo que los miembros de su iglesia estaban bloqueando su capacidad para ser leído. Aquel hombre y sus compañeros espirituales tenían todo mi respeto hacia su vida privada y no intenté hacer la lectura.

288   EL CAMINO DE LOS TRABAJADORES DE LA LUZ

Este episodio trae a colación el tema de la ética a la hora de hacer una lectura psíquica. Comprobarás que tienes acceso a toda la información privada imaginable. En una ocasión un cliente me preguntó sobre sus finanzas ¡y al instante recibí una imagen psíquica de su talonario de cheques junto con la cantidad de dólares que tenía en la cuenta corriente! En la lectura a otro cliente se me mostró psíquicamente una visión muy embarazosa de sus costumbres sexuales. Tal y como hacen los médicos, deberás utilizar la compasión a la hora de transmitir lo que veas en tu cliente.

La pregunta que debe orientarte para decidir cómo manejar tus habilidades psíquicas es: «¿Para qué se están utilizando estos datos?». ¿Estás empleando tus poderes psíquicos en favor del amor y la sanación o por un miedo o un deseo malencaminado de disfrutar de un cierto dramatismo y de unas emociones fuertes? Si en algún momento no estás seguro de cuáles son tus verdaderas motivaciones, sé honesto con tus ayudantes espirituales y consúltales sobre tu dilema. Puedes decirles: «No sé cómo me siento ni cómo pienso en estos momentos. Por favor, ayudadme a resintonizar mi mente con el amor y con la paz».

Lo más probable es que encuentres clientes que se «enganchen» a tus lecturas o que lleguen a depender de ellas. Esto te puede colocar en una situación complicada. Al principio es posible que te sientas halagado. Quizá te tiente el señuelo de tener unos ingresos regulares con unos clientes habituales. Sin embargo, no debes dejar de tener presente que estás haciendo un flaco servicio a tus clientes y a ti mismo si les haces creer que tienes «poderes especiales». Tu trabajo con todos los clientes debe ir encaminado a enseñarles cómo escuchar la voz de Dios a través de su propio guía interior. Esto es lo que en último término los sana y constituye una parte importante de tu papel como trabajador de la luz para despertar a los demás a su divinidad.

LA TRANSMISIÓN LITERAL DE LOS MENSAJES

Casi todos los psíquicos tienen dudas acerca de los mensajes que reciben durante una lectura. Una de sus principales preocupaciones suele ser: «¿Este mensaje es producto de mi imaginación o se trata de un mensaje psíquico verdadero?». Para eliminar estos miedos, lo único que tienes que hacer es sencillamente transmitir a tu cliente lo que ves, oyes, sientes y sabes. Confía en que este será capaz de dar sentido a tus mensajes.

A veces, cuando realmente me siento insegura sobre los mensajes que estoy recibiendo, los presento diciendo algo así como: «No estoy segura de si lo que te voy a transmitir procede del espíritu o de mi propia conciencia, pero esto es lo que estoy escuchando...». Mi propósito es ser completamente auténtica con el mundo espiritual y con mi cliente.

De todas maneras, debo admitir que a veces aporto demasiada información a mi cliente, lo que temporalmente puede provocarle alguna confusión. Por ejemplo, en cierta ocasión le hice a mi cliente Kim una lectura relacionada con una próxima relación amorosa. Podía ver que estaba a punto de conocer a una persona especial; sin embargo, también vi muchos acontecimientos alrededor de su encuentro con aquel hombre. Le dije todo lo que veía y sentía acerca de su nueva relación, aunque no estaba segura de qué datos estaban directamente relacionados con dicho encuentro. He aquí el relato que hace Kim acerca de la lectura:

En marzo de 1996 hablé con Doreen Virtue sobre mi deseo de establecer una relación amorosa seria. Doreen me dijo que estaba muy segura de que pronto iba a conocer a un hombre cuyo nombre empezaba por J. ¡Sin que ella lo supiera, otras cuatro personas con habilidades psíquicas me habían dicho anteriormente lo mismo!

A principios de mayo Doreen me amplió la información. Me dijo que era probable que conociera *primero* al hermano de mi pareja, y que este me iba a escribir el número de teléfono de su hermano. Me dijo que nuestra primera cita sería en un restaurante al aire libre con sombrillas en las mesas. Habría palomas y estaría cerca del agua. Mencionó que el hombre tenía unos ojos azules muy llamativos y que creía que su nombre podría ser Joel. También creía que estaba divorciado y que tenía dos hijos pequeños.

Hacia finales de mayo, mi amiga Susan (que conocía toda esta historia) y yo estábamos en una exposición sobre Nueva Era. Se me acercó un hombre alto y guapo y estuvimos charlando brevemente sobre mi trabajo. Al cabo de dos minutos me dijo:

—Mi hermano vive cerca de ti y creo que deberíais conoceros. Aquí tienes su nombre y su número de teléfono.

Susan me dio un codazo y me susurró toda emocionada:

—¡Este debe ser el tipo que tiene un hermano!

Yo estaba totalmente convencida de que el hermano podría ser la pareja que tanto deseaba. El único inconveniente era que su nombre empezaba por B. «Bueno —pensé—, quizá Doreen se equivocó en ese detalle». Le llamé y por teléfono el hombre B y yo acordamos reunirnos para comer en el restaurante que él eligiera el viernes 14 de junio.

Mientras caminaba hacia el lugar de la cita (que hasta ese momento no conocía), vi que el restaurante estaba situado al final de la calle que conduce a la playa, que tenía mesas con sombrillas de playa y que había palomas revoloteando por el patio. También observé que el hombre que estaba allí sentado esperándome tenía efectivamente unos ojos azules muy vivos. Solo había un problema: en cuanto le puse la vista encima supe inmediatamente que... ¡*no era «él»*! Si dijera que me sentí planchada me quedaría corta.

Al día siguiente, sábado 15 de junio, tenía que competir en un torneo local de tenis. El director del torneo, un hombre muy agradable llamado Jake, me dio las instrucciones, mantuvimos una breve charla y me mandó a jugar. Jugué dos partidos, perdí el segundo y me fui a casa. No pasó nada más digno de mención. Sin embargo, durante toda la tarde el nombre de «Jake, Jake, Jake» no se me iba de la cabeza.

«¿Por qué no hago más que pensar en ese tipo? ¡Esto es de lo más extraño!», me dije a mí misma. ¡El hecho de que aquel nombre empezara por J ni siquiera me pasó por la mente!

Ese mismo día, unas horas más tarde, un hombre llamado Joel —con el que había hablado por teléfono varios meses antes pero al que no conocía en persona—, me dejó un mensaje en el contestador automático diciendo que creía que ya era hora de que nos viéramos. *¡Joel estaba divorciado y tenía dos hijos pequeños!*

Sin embargo, no llegamos a vernos porque Jake me pidió que jugara un partido de consolación el domingo. Luego fuimos a una fiesta esa misma noche, comimos juntos el martes, fuimos a tomar algo ese mismo día por la noche... y el jueves, justo cinco días después de habernos conocido, les dije a mis amigos:

—Este es el hombre con el que me voy a casar.

¡Jamás había dicho una cosa semejante sobre nadie con anterioridad!

De ese modo Jake, el tenista profesional con unos ojos azules increíblemente vivos (que no tuve oportunidad de ver hasta nuestro segundo encuentro porque en el primero llevaba gafas de sol) resultó ser el hombre J que Doreen había previsto. ¡En la actualidad, cinco meses después de todos estos acontecimientos, Jake y yo estamos felizmente comprometidos y planeando un futuro juntos!

La historia de Kim es un buen ejemplo de cómo debemos confiar en que el cliente va a ser capaz de utilizar y dar sentido a toda la información que recibas. A veces obtengo una información psíquica muy detallada y relacionada específicamente con las preguntas o las preocupaciones de mi cliente. En otras ocasiones, como sucedió con las lecturas de Kim, recibo información periférica que rodea el tema que le interesa pero que está relacionada con él de forma indirecta. Sin embargo, mientras hacía las lecturas de Kim sentí claramente que pronto iba a entablar una relación significativa. No dejé de transmitirle esa sensación y pude comprobar que todo el resto no eran más que adornos del asunto central.

SI TU LECTURA PARECE INEXACTA

Incluso los mejores psíquicos del mundo hacen lecturas que parecen inexactas. De hecho, los más importantes afirman que entre el 10 y el 30 por 100 de la información que transmiten en una lectura es incorrecta. ¿A qué se debe?

La razón más habitual, como ya he dicho, es que la información procede del ego del psíquico y no de su yo superior. Todo el mundo se desliza de vez en cuando hacia el ego, un deslizamiento provocado por diversas razones: miedo, fatiga y juicios, por ejemplo.

Además, parte de la información que transmitimos a nuestros clientes está basada en sus patrones actuales de pensamiento. Pongamos por caso que haces una lectura en la que ves que tu cliente consigue un trabajo nuevo. Esta lectura es exacta en ese momento. Sin embargo, pongamos que tu cliente cambia su visión en una dirección más sana o menos sana. Este cambio de forma de pensar también alterará el curso de su futuro, incluidas sus perspectivas de trabajo.

Un aspecto relacionado con este fenómeno es el hecho de que tu lectura puede llegar incluso a cambiar la forma de pensar del cliente lo suficiente como para que niegue tu lectura. Por ejemplo, si afirmas que está a punto de conocer a una persona maravillosa que se va a convertir en su pareja, tu cliente puede quedarse petrificado por los nervios y esta tensión podría literalmente impedirle conocer o atraer a la otra persona.

En ocasiones, parece que una lectura es inexacta sencillamente porque tus predicciones no se hacen realidad de forma inmediata. Es posible que, cuando haya pasado un cierto tiempo, demuestre ser exacta. A mí me resulta difícil señalar el momento preciso en que se va a producir un acontecimiento futuro. Por ejemplo, puede que mi cliente me pregunte: «¿Cuándo voy a vender mi casa?», y yo no sea capaz de decírselo con exactitud, aunque sí pueda ver que eso sucederá cuando haga una temperatura templada. Quizá le diga algo así como: «Tengo la sensación de que será hacia el verano, y estoy escuchando el número 2 en mi mente. Como faltan dos meses para agosto, podría decir que la probabilidad de que sea para entonces es bastante alta. Sin embargo, como establecer fechas concretas no es mi fuerte en el aspecto psíquico, no puedo estar segura. Lo que sí sé es que percibo una fuerte sensación positiva en el sentido de que tu casa se va a vender y que te sentirás moderadamente contento con el precio de venta».

Creo que es importante que no te sientas excesivamente crítico contigo mismo cuando cometas un «fallo» ocasional en una lectura. Si te dejas llevar por la tensión porque no aciertas al cien por cien, no disfrutarás del trabajo psíquico. Tus clientes son unas personas cariñosas y clementes. A menos que toda tu lectura esté basada en tu ego y sea, por ello, completamente inexacta, es poco probable que se sientan decepcionados si te «equivocas» en dos o tres cosas en cada sesión.

Céntrate en tus éxitos y pide a tus guías que te ayuden a

mejorar la exactitud de tus lecturas. Es probable que descubras que las impresiones incorrectas que recibiste fueran símbolos que estabas leyendo mal y que estabas convirtiendo en predicciones literales. Por ejemplo, supongamos que tu clarividencia te muestra un bebé. Das por supuesto que tu cliente está esperando un niño y dices de forma titubeante:

—¿Estás pensando en tener un hijo?

Entonces tu cliente te dice fríamente algo así como:

—Eso es imposible porque estoy esterilizada.

¡No desesperes ni te cortes la coleta psíquica! Es probable que tengas unos guías espirituales que simbolizan las «nuevas oportunidades» con la imagen del nacimiento de un bebé. Para evitar confusiones, dile sencillamente al cliente lo que estás viendo y explícale que no puedes estar seguro de si se trata de algo simbólico o de una representación real de su futuro. Analiza frecuentemente tus sensaciones viscerales y pronto serás capaz de distinguir los símbolos de las predicciones verdaderas.

LECTURAS A DISTANCIA

No es necesario que el cliente esté físicamente contigo para poder hacerle una lectura psíquica. Yo hago la mayor parte de mi trabajo por teléfono. También puedes leer psíquicamente a una persona en tus momentos de meditación. Tendrás que consultar con tu yo superior para establecer un código ético personal relativo a las lecturas de personas que no son conscientes de que se las estás haciendo o que no te han dado su permiso para ello.

Si quieres hacer lecturas psíquicas por teléfono, te resultará útil que tu cliente te envíe por correo electrónico una nota manuscrita antes de la sesión. Tener esta nota en la mano durante la sesión puede ayudarte a acceder al campo energético del cliente. En mi opinión no existe una diferencia sustancial entre las lecturas que hago por teléfono y las que hago en persona.

DAR LAS GRACIAS

Un punto muy importante que deseo destacar es que es muy conveniente terminar cada sesión dando las gracias a los ayudantes espirituales que han acudido a apoyarte. La gratitud es su remuneración y también te hace sentir a ti una alegría mayor.

EXPLORACIÓN CLARIVIDENTE

Para ayudar a tus clientes puedes explorar psíquicamente sus chakras para comprobar su tamaño y su estado de limpieza. Otro de los métodos que yo empleo consiste en pedir a mi cliente que se quite los zapatos y se tumbe. Entonces coloco la mano receptora (aquella con la que no suelo escribir) aproximadamente a un par de centímetros del pie emisor (el lado del cuerpo con el que normalmente escribimos). Este método me lo sugirió la sanadora magnética Ina Bryant, que comprueba así la «polaridad», o flujo energético, de las personas [1]. Si percibo que del pie de mi cliente sale una energía constante y fuerte, sé que su polaridad está equilibrada. Si no puedo sentir ninguna energía procedente del pie emisor, sé que lo más probable es que los chakras de mi cliente estén sucios o desequilibrados.

También he descubierto que, si pido a mi cliente que se recueste y yo me quedo de pie y le paso la mano por encima a una distancia aproximada de medio metro, puedo sentir «bultos» y diferencias de energía allí donde un chakra está hundido o crecido. Sé entonces que mi cliente tiene problemas no expresados relacionados con el chakra en el que aparecen los bultos o la energía densa.

Siempre que descubras que los chakras de tu cliente están excesivamente desproporcionados en tamaño o en limpieza, sé consciente de que has descubierto una información muy valiosa. Ayúdale a descubrir por qué está acumulando tanta energía en ese chakra. Normalmente es el miedo lo que está en la raíz de su aflicción. Al hablar de ello abiertamente es probable que sea capaz de adoptar un punto de vista distinto que le ayudará a calmar sus temores. Una vez desechados estos temores, los chakras pueden recuperar su estado natural, limpio y equilibrado, sin necesidad de más ayuda. También puedes explorar los chakras de tu cliente después de la sesión para asegurarte de que están limpios y equilibrados.

Existen muchas formas de limpiar y equilibrar los chakras de un cliente. Puedes poner un disco, como mi grabación *Chakra Clearing*, o puedes dirigirle en una meditación guiada que le ayude a visualizar cómo se limpia y se equilibra cada uno de los chakras. En ocasiones también exploro el cuerpo de mis clientes con mi visión interior en busca de zonas que tengan un aspecto o produzcan una sensación de oscuridad. En ese caso mi guía interior me comunica el motivo de esta oscuridad. A veces está relacionada con un ente pensate endurecido que reside en esa zona del cuerpo. Por ejemplo, en cierta ocasión exploré a una cliente y observé un engrosamiento en el pecho. Intuí que se trataba de una congestión. En el momento de recibir esta información vi una imagen de su madre y de su abuela de pie detrás de ella. Estas dos mujeres tenían cogida a mi cliente con tanta fuerza que la estaban sofocando. Entonces la cliente me explicó que después del reciente fallecimiento de su abuela, su madre se había vuelto muy dependiente. Me dijo que había tenido un resfriado de pecho y estuvo de acuerdo en que la enfermedad estaba conectada con la sensación de estar atrapada por su madre. Trabajamos para desechar el rencor y las críticas hacia su madre y su respiración mejoró de forma inmediata.

En otra ocasión exploré a una cliente y observé unos puntos negros alrededor de los ovarios. Intuí que estas manchas estaban conectadas con una pena no sanada provocada por unos abortos. Mi cliente me confirmó que había tenido dos abortos y que se sentía muy culpable por ellos. Entonces nuestro trabajo se centró en eliminar el rencor que albergaba hacia ella misma y hacia el padre de los bebés.

CORTAR LAS CUERDAS ETÉRICAS

Todas las personas con las que hemos vivido una experiencia emocional permanecen continuamente conectadas a nosotros a través de una cuerda etérica. Uno de los grandes servicios que puedes prestar a tus clientes es explorarlos psíquicamente durante las sesiones en busca de las cuerdas que puedan llevar adheridas. Estas cuerdas tienen el aspecto de tubos o arterias de goma, producen esa misma sensación y suelen salir de los chakras. Las relaciones intensas crean unas cuerdas más gruesas que las intrascendentes.

Busca e intenta percibir estas cuerdas en tus clientes y luego averigua psíquicamente a quién está enganchada cada una de ellas. Yo suelo encontrar unas enormes que los unen a sus hermanos y a los amantes que han tenido hasta entonces. Si las relaciones que mantienen con estas personas son sanas y están basadas en el amor, las cuerdas pueden ser una fuente de energía sanadora que se envía en ambas direcciones entre las dos personas. Sin embargo, es habitual descubrir que lo que tu cliente está recibiendo a través de ellas es ira tóxica y miedo (lo que también se conoce con el nombre de «ataque psíquico») o que la persona que está en el otro extremo de la cuerda está chupando su energía.

Encuentra e identifica psíquicamente el origen de cada una de las cuerdas que lleve tu cliente adheridas. Luego pídele permiso para desenganchar todas las que le resulten problemáticas. Puedes pedirle permiso de forma verbal a tu cliente y pedírselo mentalmente a la persona que está en el otro extremo de la cuerda. Si la persona ausente no te lo concede (lo que percibes psíquicamente oyendo o sintiendo una respuesta negativa), limítate a cortarla por el extremo de tu cliente y a dejarla caer sin cortar por el otro.

Para cortar una cuerda, visualiza un par de tijeras que la seccionan; a continuación, disuélvela mentalmente o imagínate tirando de ella hasta que quede desenganchada de ambas personas. Una vez tuve una cliente que tenía docenas de cuerdas enganchadas a antiguos amantes. Tenía tantas cuerdas de «viejos novios» que psíquicamente tuve que emplear una segadora de jardín para eliminarlas.

La sensación que produce cortar las cuerdas resulta poderosamente palpable y es posible que tu cliente se queje cuando vayas soltando estas conexiones. Es probable que percibas al mismo tiempo un cambio en la presión del aire. La persona situada en el otro extremo también percibirá el cambio. Es posible que le venga a la mente la imagen de tu cliente sin que sepa por qué, lo que podría provocar que este recibiera alguna llamada telefónica diciéndole: «Eh, acabo de pensar en ti».

ENVIAR ENERGÍA SANADORA

Otro método sanador muy efectivo consiste en visualizar una luz pura y blanca procedente de Dios que te entra por el chakra de la coronilla y te sale por las puntas de los dedos. Dirige los dedos hacia tu cliente para guiar el flujo de estos rayos de luz.

REMUNERACIÓN

La mejor fuente de orientación acerca de la remuneración que debes percibir por tus servicios es tu yo superior. Te recomiendo que medites sobre este tema y pidas asistencia espiritual para decidir qué cantidad es aquella con la que te sientes cómodo. Cuando yo estaba empezando mi trabajo como asesora psíquica, mi guía espiritual me indicó la cantidad concreta en dólares que debía cobrar. Aquella cantidad me hizo dar un respingo y exclamé:

—Es demasiado dinero. ¡Jamás me atrevería a pedir semejante cantidad!

Eso me llevó a empezar cobrando una tarifa significativamente menor que la que me habían aconsejado. Sin embargo, muy pronto la clientela se hizo tan numerosa que necesité llevar una lista de espera. Estaba tan sobrecargada de clientes que no disfrutaba con el trabajo. Pensé: «Si hubiera escuchado el consejo de mi guía y hubiera cobrado la cantidad que me dijo, mi práctica profesional sería más equilibrada y armoniosa».

Recé pidiendo consejo sobre la materia y finalmente conseguí llegar a un acuerdo que me resultaba cómodo. Muchos sanadores encuentran una gran satisfacción en ofrecer desinteresadamente sus servicios a, por ejemplo, uno o dos clientes al mes. Otros, incluidos Edgar Cayce y Phineas Quimby, no aceptaban dinero por sus servicios. Sus clientes solían llevarles comida u otros artículos como forma de demostrarles su gratitud. Gerry Jampolsky es un sanador actual que también trabaja de este modo.

Sigue el camino que te parezca más adecuado para ti a la

hora de fijar tus tarifas. Recuerda simplemente que, si te sobrecargas con demasiados clientes, quizá eso te impida cumplir tu misión sagrada como trabajador de la luz. Además, si solo das y te niegas a recibir, privas a la otra persona del don de dar. Respétate y equilíbrate y disfrutarás de años de servicio provechoso.

CAPÍTULO VEINTE

El trabajo de los médiums y la liberación de espíritus

Cuanto más observo y estudio las cosas, más me convenzo de que el dolor por la separación y la muerte es quizá el mayor de los espejismos. Comprender que se trata de un espejismo es conseguir la libertad. No existe la muerte, la separación de la sustancia.

MAHATMA GANDHI,
nacionalista y líder espiritual indio

ASÍ COMO NO TIENES NINGUNA DIFICULTAD para hacer una lectura psíquica de los amigos y socios de tus clientes, tampoco tienes por qué tenerla para hacer una de sus seres queridos ya fallecidos. Las sesiones de espiritismo no son ni más difíciles ni más fáciles que las lecturas psíquicas. Por eso, por favor, no dejes que esa palabra te intimide en ningún sentido.

Igual que en las lecturas psíquicas, deberás tener claros los motivos que te llevan a contactar con los difuntos. Prácticamente todas las religiones importantes advierten de los peligros que presenta el hecho de solicitar y aceptar consejos de personas ya fallecidas, y lo hacen por una buena razón. La muerte física de una persona no erradica de forma automática su ego. La muerte física no concede al espíritu un acceso instantáneo a la sabiduría de alto nivel. La sabiduría solo llega a las personas, ya estén vivas o muertas, cuando adquieren conciencia de su yo verdadero dentro de Dios. A veces, la gente se siente tan impresionada por haber establecido contacto con una persona fallecida que acepta cada una de sus palabras como si fuera el evangelio. Sin embargo, una persona que ha pasado al otro mundo no está necesariamente más cerca de Dios o de la verdad última que otra que aún permanece en esta vida. Por tanto, ¿por qué vamos a aceptar consejos del equivalente a un estudiante de tercero cuando, con la misma facilidad, podemos hablar con Dios, el profesor supremo, o con uno de sus alumnos con grado de maestro ascendido?

De todas formas, sí existen algunas razones legítimas y saludables que te pueden impulsar a ejercer como médium para establecer contacto con los difuntos. Una de las más importantes es la de ayudar a tu cliente a resolver algún resentimiento que pueda albergar contra parientes ya fallecidos y que lleve mucho tiempo rumiando. Esto sucede sobre todo cuando trabajas con una persona que ha padecido malos tratos y cuyo maltratador ya ha fallecido.

Como ya he mencionado con anterioridad en este libro, es frecuente que los maltratadores difuntos se queden pegados a la tierra. Muchas veces se adhieren al aura de la persona maltratada por remordimiento, por un deseo de redimir su falta o como consecuencia de un anhelo no saludable de estar cerca de la persona viva. En una sección posterior de este capítulo, titulada «Terapia de liberación de espíritus», detallo diversas formas de afrontar este tipo de situaciones.

Otro motivo válido para ejercer como médium es el de ayudar a clientes sumidos en el dolor a mantener conversaciones con sus seres queridos ya fallecidos. Este tipo de sesiones son de las que más me gustan, pues resultan ser unas experiencias extremadamente conmovedoras. Es frecuente que los muertos les digan a sus parientes vivos: «Estoy estupendamente. No te preocupes por mí. Por favor, sigue adelante con tu vida». Si el dolor del superviviente es muy fuerte, está obstaculizando el avance espiritual del difunto hacia la otra vida. Con nuestro dolor podemos llegar a mantener a nuestros seres queridos ya fallecidos pegados a la tierra. Esto no resulta saludable para nadie, y parte de tu trabajo como médium implicará aconsejar a tus clientes que permitan a sus seres queridos que sigan su camino en paz.

Otra razón saludable para realizar una sesión de espiritismo es la de ayudar a tu cliente, y ayudarte a ti, a perder el miedo a la muerte física. Este miedo nos impide a muchos de nosotros disfrutar plenamente de la vida porque la mitad del tiempo lo pasamos mirando por encima del hombro para comprobar que no estamos ante ningún riesgo físico. Cuando te convences de que el alma es inmortal, automáticamente te liberas de una gran fuente de ansiedad y de pensamientos depresivos. Cuando entrevisté a James Redfield, el director de la revista *The Celestine Prophecy*, para *Complete Woman*, le pregunté por la undécima y la duodécima revelación que iba a incluir en sus próximos libros*. Redfield me dijo que estaba convencido de que estas revelaciones iban a dar lugar a un aumento del trabajo en equipo entre personas situadas a ambos lados del velo. Redfield comparte mi opinión de que la cortina que separa ambos mundos se está haciendo cada vez más delgada a pasos agigantados.

Controles o guías espirituales

Muchos médiums reciben la información a través de un «control». Suele tratarse de un guía espiritual muy evolucio-

---

* James Redfield es también el autor de *Las nueve revelaciones*, una novela en la que se explican los nueve pasos que debe dar la humanidad para alcanzar una nueva espiritualidad. Más tarde publicó *La décima revelación*. De *Las nueve revelaciones* se ha hecho también una película con el mismo título. *(N. de la T.)*

nado que actúa como portero para decidir qué espíritus pueden pasar durante la sesión y cuáles no pueden hacerlo. Con mucha frecuencia, este control actúa como vehículo para la comunicación espiritual. Los espíritus hablan con él y él a su vez transmite el mensaje al médium, que luego se lo comunica a los clientes.

Muchos médiums no han elegido tener un control; es más bien el control quien los elige a ellos. Sin embargo, las personas también pueden pedir que se les asigne uno. Si no estás seguro de si tienes un control o no, cuando estés meditando o justo antes de dormir, pregúntalo. Como sucede con todas las preguntas, recibirás una contestación. Yo no utilizo control, pues me resulta fácil distinguir a los espíritus y hablar directamente con ellos.

TRABAJO DE MÉDIUM EN TRANCE

La comunicación con los espíritus suele realizarse mientras el médium se encuentra en un estado de conciencia ligeramente alterado, lo que muchas veces se conoce como trance. Existen tres niveles de trance: trance ligero, semitrance y trance completo. Un médium que entra en trance completo se coloca en un estado similar al del sueño y un «control» se hace con su cuerpo. Este control habla a través del médium y es quien realmente transmite los mensajes del otro lado. Después de la sesión, el médium que ha entrado en trance completo no sabe lo que se dijo o se hizo y puede sentirse agotado o mareado.

Un médium que entra en semitrance conserva una cierta conciencia de lo que se dice durante la sesión. Como el que entra en trance completo, suele permitir que el control o los seres queridos difuntos de los clientes hablen a través de él. Hay algunos, sin embargo, que actúan como intermediarios y pueden transmitir ellos mismos lo que dice el familiar difunto. Eso es también lo que hacen los que entran en trance ligero. Un trabajo de médium de este tipo no implica ninguna forma de «canalización».

La diferencia fundamental entre un «canalizador» y un médium es que los canalizadores suelen limitar sus transmisiones a una entidad concreta. Los médiums, por el contrario, hablan con muchos espíritus distintos.

LA EXPERIENCIA DE LOS MÉDIUMS

Si te sientes atraído por el trabajo de médium, lo más probable es que estés respondiendo a una llamada. Hay sanadores que disfrutan con esta forma de trabajo y otros que la evitan por completo porque la idea de hablar con personas difuntas les asusta. Por favor, no olvides que, como sucede con el trabajo psíquico, el trabajo de médium no requiere ningún poder especial. Todo el mundo puede comunicarse con los que están al otro lado. Lo único que se necesita es un poco de paciencia y de práctica. Es probable que te venga bien leer la descripción de alguna sesión de espiritismo para saber lo que puedes esperar cuando dirijas las tuyas.

Imagina que entras en una habitación con una iluminación muy tenue. Al principio, apenas puedes percibir la presencia de otras personas. Sencillamente, tienes la sensación de no estar solo. Luego empiezas a ver los contornos, las figuras y las formas de la gente que está contigo. Encuentras una que parece amistosa y empiezas a hablar con ella. Cuanto más hablas con ella, más se adaptan tus ojos a la luz de la habitación. Poco a poco ves más detalles de tu compañero y empiezas a percibir su aspecto. También obtienes impresiones sobre su personalidad: si es bullicioso o tranquilo, si tiene buen humor, si es intelectual o emocional.

Cuanto más hablas con él, más fácil te resulta focalizar la vista y llegas a sentirte como si estuvieras en una habitación totalmente iluminada. La experiencia de hablar con una persona difunta no es muy distinta de la de hacerlo con una persona viva.

La mayoría de los difuntos estarán dispuestos a ayudarte a que te comuniques con ellos. Muchas veces, los muertos son conscientes de que va a tener lugar una sesión de espiritismo (o han organizado las cosas para que así sea) y se preparan con tiempo para ella. La mayoría tiene mucho interés en ponerse en contacto con sus parientes vivos. Las únicas excepciones que he encontrado a esta norma son los maltratadores y los criminales arrepentidos y avergonzados que temen ser juzgados por sus actos. De todas formas, lo normal es que, en casi todas las sesiones de espiritismo, puedas contar con la ayuda del difunto.

La mayoría de los difuntos facilitan su identificación. Para ello aparecen vestidos y peinados como solían ir en vida. Por ejemplo, cuando uno de mis clientes quiso ponerse en contacto con su difunta abuela, esta se me apareció con un delantal lleno de volantes. Aquella imagen ayudó a mi cliente a saber que realmente estaba hablando con su abuela, que había llevado un delantal así prácticamente todos los días de su vida. Puede ser que el difunto lleve un símbolo para facilitar su identificación. Por ejemplo, una de las difuntas tías de otro de mis clientes apareció llevando una orquídea en un vaso. Mi cliente me explicó que su tía siempre ponía jarrones de cristal con orquídeas en el piano que tenía en el cuarto de estar.

Por eso, te repito que puedes dejar de preocuparte por si vas a tener éxito como médium o no. Entre la ayuda que obtengas de Dios, la de los ángeles y la de los difuntos, no hay duda de que estarás trabajando con un equipo de auxiliares muy poderoso.

CÓMO EMPEZAR EL TRABAJO DE MÉDIUM

Antes de la sesión, prepárate con una meditación de limpieza de chakras exhaustiva. Asegúrate de que el chakra del tercer ojo está impecable, porque para ver a los difuntos tendrás que acceder a los canales de clarividencia. Empieza con una plegaria de protección como la que se describe en el capítulo 19.

Para hacer la sesión, seguramente le pedirás a tu cliente que se siente a un metro o metro y medio de ti. No es probable que te apetezca cogerle de las manos, a menos que te sientas guiado a hacerlo. Ayúdale a relajarse y explícale que en breve empezarás a hablar.

Cierra los ojos y respira muy profunda y lentamente tres veces. Si empiezas a sentir miedo o ansiedad, pide apoyo espiritual a tus ángeles o a tu maestro sagrado. Deja que tu mente se relaje y se abra, como se explica en el método del cuenco ornamental que describimos en el capítulo 18.

A continuación, sin juzgar ni forzar tus pensamientos en absoluto, observa mentalmente la zona situada alrededor de los hombros de tu cliente. Comprueba si eres capaz de percibir alguna diferencia en la masa de aire que rodea cada uno de ellos. Intenta discernir si observas alguna forma o una sensación de pesadez. Cuando sientas que un hombro tiene «algo», céntrate en la energía que lo rodea.

Normalmente, si el espíritu está junto al hombro derecho de una persona diestra, se trata de un pariente por parte de padre. Si el espíritu está junto al hombro izquierdo, es un pariente por línea materna. En el caso de las personas zurdas es al revés.

Adéntrate en la experiencia y percibe si sientes que el espíritu que está junto al hombro de tu cliente es una energía femenina o masculina. Para ello deberás emplear las mismas habilidades que utilizarías en una habitación a oscuras para saber si estás en presencia de un hombre o de una mujer. Una energía femenina resulta más suave y con una frecuencia más elevada que una energía masculina.

Llegado a este punto, ya has establecido si estás hablando con un espíritu masculino o femenino y la rama familiar de tu cliente a la que pertenece. A continuación, puedes discernir la relación concreta que mantiene con él. Cada tipo de relación —hermano, hermana, tía, tío, padre, madre, etc.— muestra un patrón de energía completamente distinto. Incluso aunque acabes de empezar a ejercer como médium, te resultará fácil distinguir los patrones de energía de los distintos tipos de relación. En mi caso, los parientes más ancianos me producen la sensación de tener vibraciones más lentas; la vibración de los padres es ligeramente más rápida, y a continuación vendrían las de las tías y los tíos, y luego los hermanos y primos. Los espíritus de los niños son los que vibran más rápido. La forma del espíritu ocupa aproximadamente el mismo espacio que un cuerpo humano vivo, por lo que puedes deducir que un espíritu pequeño pertenece o a una mujer muy baja o a un niño.

Si tienes clariaudiencia, quizá escuches el nombre del espíritu. Si no la tienes, puedes pedirle que se identifique. Yo he descubierto que a los espíritus les suele gustar responder a cualquier pregunta que les formulemos.

Una vez iniciado el contacto, el difunto empezará a transmitir tanta información como tú estés dispuesto a recibir. Por eso quizá veas de pronto, con el ojo de la mente, una «película en miniatura» o un símbolo. Puede que oigas algo parecido a una voz o a una música. Incluso es posible que percibas el olor del humo de un cigarro o el aroma de un perfume. Todo esto son señales del espíritu para ayudarte a identificarle.

No dejes que estos mensajes te distraigan o te saquen del semitrance. Es preferible que empieces a decirle a tu cliente lo que estás recibiendo. Deja que este te ayude a interpretar estas impresiones.

Como ya mencioné anteriormente, el propósito de la sesión debe ser ayudar a tu cliente a sanar su pena, su culpabilidad o cualquier otra cosa que lo esté afligiendo. Los trabajadores de la luz que solicitan consejos para invertir en bolsa, números de lotería o incluso asesoramiento por parte de espíritus difuntos están jugando con fuego. Sé fiel a ti mismo, trabajador de la luz, y tu alegría será ilimitada.

GUÍAS ESPIRITUALES Y ESPÍRITUS PEGADOS A LA TIERRA

La mayoría de las sesiones de espiritismo terminan en el momento en que los espíritus te dicen que ha llegado la hora de que regresen al plano de la otra vida. Ponerse en contacto con los vivos les exige mucha energía y esfuerzo. A veces deben obtener el «permiso» o la ayuda de sus propios guías y maestros espirituales para conseguir comunicarse con nosotros. Este proceso implica que tienen que ralentizar sus propias vibraciones para ajustarlas a la frecuencia densa y lenta del plano terrenal. La mayoría de los espíritus solo son capaces de soportar la densa frecuencia de la tierra durante breves lapsos de tiempo, pues les produce una incomodidad muy parecida a la que sentiríamos nosotros si nos encontráramos a una altitud significativamente distinta de la habitual.

Sin embargo, también encontrarás otros espíritus que se sienten muy cómodos en el plano terrenal. Son los espíritus «pegados a la tierra», que no quieren irse al plano de la otra vida. Las razones que motivan su deseo de permanecer cerca de este mundo son muy variadas. Algunos tienen miedo al juicio o a las represalias de Dios. Otros, que cuando murieron eran adictos a las drogas o al alcohol, permanecen aquí para poder experimentar «colocones» a costa de personas vivas que consuman estas sustancias. También hay otros que están tan apegados a su casa o a su negocio que no pueden soportar la idea de dejarlos. Algunos espíritus, incluso, no son conscientes de que han fallecido. Otros permanecen cerca de sus seres queridos porque les preocupa la pena tan intensa que sufren sus parientes vivos.

Además, algunos espíritus permanecen pegados a la tierra por un deseo bienintencionado de compensar el daño o el dolor que provocaron durante su vida. Esto es especialmente corriente en el caso de los maltratadores de niños, que, al fallecer, se dan cuenta de sus errores. En ese momento se unen a la persona a la que maltrataron con la esperanza de redimirse. El problema es que su presencia puede provocar trastornos a la persona viva a la que se han adherido. Por citar un caso, los maltratadores difuntos suelen tener una personalidad depresiva. Si en algún momento te has encontrado cerca de una persona deprimida —ya sea viva o muerta—, habrás podido comprobar que la negatividad tiene un efecto contagioso. El maltratador difunto puede también dedicarse a susurrar consejos equivocados a la mente de la persona viva, que no es consciente de dónde proceden las «ideas repentinas».

Los guías espirituales son distintos de los espíritus pegados a la tierra porque reciben un entrenamiento en la otra vida que los prepara para llevar a cabo esta tarea de orientación. Aunque pasan mucho tiempo en el plano terrenal, no están pegados a la tierra. De hecho, regresan con frecuencia al plano de la otra vida para asistir a clase y para participar en otras actividades. Siempre están al alcance de la voz, por lo que si la persona viva tiene algún problema, vuelven inmediatamente a su lado.

Es muy frecuente que los guías espirituales sean parientes difuntos. Son seres que han aprendido a ser útiles sin interferir en el libre albedrío de la persona viva. También saben que los que estamos vivos tenemos que aprender las cosas por nosotros mismos. Por eso, si bien están siempre disponibles para ayudarnos, no consienten en tomar decisiones por nosotros.

TERAPIA DE LIBERACIÓN DE ESPÍRITUS

Parte de tu trabajo como médium consistirá en comunicarte con espíritus pegados a la tierra. Si en algún momento has estado presente en una sesión de terapia familiar, verás que la «terapia de liberación de espíritus» es algo bastante parecido. A menos que seas un médium que entra en trance completo y cuyas sesiones están a cargo de un «control», tu papel será el de un intermediario que transmite comunicaciones entre la otra vida y el plano terrenal.

Pongamos por caso que tu cliente tiene junto a él a un antiguo maltratador pegado a la tierra. Es el espíritu de su padre, que en vida fue un alcohólico. Es posible que ese hombre maltratara a tu cliente de muchas formas y que, al morir, se arrepienta de corazón del dolor que infligió a su hijo. Es capaz de ver cómo ese dolor ha afectado a la autoestima de este y, en último término, ha interferido en su capacidad para cumplir su propósito vital. Ahora quiere reparar sus faltas para que su hijo pueda seguir adelante con su vida y no piensa alejarse de su lado hasta estar seguro de que va a estar bien. Eso suele significar que desea obtener su perdón.

Lo más probable es que tu cliente no esté muy dispuesto a perdonar a su padre, pues considera que eso indicaría que aprueba lo que le hizo. También puede fantasear con la idea de vengarse de él e incluso es posible que esté secretamente encantado al saber que siente dolor y remordimientos. Al oír la situación en la que se encuentra su padre, puede que exclame: «¡Le está bien empleado por lo que me hizo!».

Si tú también sufriste malos tratos y tus heridas están aún abiertas, tendrás que tener mucho cuidado para asegurarte de que tus propias emociones no influyen en la sesión. Tu papel es el de explicar a tu cliente que el hecho de no perdonar es autodestructivo. También tendrás que explicarle que no tiene por qué perdonar los actos de su maltratador, sino solo a él como persona. Explícale que al hacerlo dará libertad al espíritu de su padre, y que eso le proporcionará a él mismo un gran alivio de la angustia que le provoca su presencia.

Facilita una conversación entre tu cliente y su padre. Normalmente, el maltratador explicará que su conducta estuvo marcada por el alcoholismo, los malos tratos a los que él mismo fue sometido de niño o alguna otra circunstancia exterior. Aunque eso no constituye una excusa que le pueda librar de tener que asumir la responsabilidad de sus acciones, lo más probable es que tu cliente acceda a escuchar estas explicaciones y esté dispuesto a perdonar.

Cuando tu cliente muestre un atisbo de clemencia, solicita ayuda espiritual. En voz alta o mentalmente pide a otro pariente fallecido o al arcángel Miguel que acompañen al maltratador difunto a la otra vida. Estos responderán de inmediato a tu petición y podrás ver o sentir cómo el espíritu se eleva y se aleja de tu cliente. Este notará una sensación física parecida a un vacío o a un cambio en la presión del aire.

Termina la sesión dando las gracias a los seres espirituales que te hayan ayudado. Tras una sesión de liberación de espíritus, es probable que tu cliente se note distinto o que observe alguna diferencia en su aspecto físico. Varios de mis clientes han comprobado que desaparecen de forma casi instantánea la ansiedad, los deseos de comer o de beber en exceso y la depresión que anteriormente les abrumaban. Normalmente, la terapia de liberación de espíritus provoca cambios positivos en la apariencia física de un cliente; así, con frecuencia podemos observar una expresión más relajada y unos ojos más alegres y brillantes. En ocasiones se producen cambios en la piel y algunos clientes desarrollan o se curan de erupciones. Yo creo que estos cambios físicos se deben a la experiencia tan intensa que supone liberar unas emociones tan fuertes.

SESIONES DE ESPIRITISMO A DISTANCIA Y ELIMINACIÓN REMOTA DE LAS POSESIONES

Igual que se pueden hacer lecturas psíquicas efectivas por teléfono, también se pueden hacer sesiones de espiritismo y de liberación de espíritus. El procedimiento para comunicarte con los familiares difuntos de tu cliente en una sesión telefónica es idéntico al que sigues en una sesión personal. Verás, oirás y sentirás al espíritu exactamente igual que si tu cliente estuviera en la misma habitación que tú. En algunas ocasiones, incluso, el espíritu *estará* realmente contigo durante la sesión.

La eliminación remota de las posesiones es una forma de sanación, relacionada con las anteriores, en la que ayudas a liberar espíritus conectados con el aura de tu cliente. La única diferencia es que en este tipo de sesiones trabajas sobre el cliente sin tener ningún contacto personal ni telefónico con él. Existen muchas variedades distintas y, si te sientes guiado a realizar este tipo de trabajo, puedes asistir a seminarios de formación impartidos por alguna organización de liberación de espíritus.

Una forma de eliminar posesiones a distancia que yo utilizo consiste en explorar mentalmente el cuerpo y el aura de tu cliente en busca de áreas de oscuridad. A continuación, visualiza el tubo de una inmensa aspiradora que entra por el chakra de la coronilla de tu cliente y que va absorbiendo toda la oscuridad de su cuerpo. Cuando el cliente quede limpio, invierte el sentido del flujo de la aspiradora para que sople hacia adentro una espesa luz blanca. Llena por completo el cuerpo de tu cliente de luz y sella su coronilla con amor.

Muchos terapeutas que eliminan posesiones a distancia trabajan en pareja. Uno de ellos «canaliza» los espíritus que están unidos al cliente mientras que el otro trabaja con el arcángel Miguel para liberarlos y conducirlos a la luz. Si deseas realizar este tipo de trabajo, te vendrá muy bien utilizar oraciones de protección, en especial si permites que los espíritus se canalicen a través de ti.

La liberación de espíritus es una forma muy poderosa de sanar síntomas físicos y emocionales de los clientes. En *The Book of James*, la médium Susy Smith canalizó al gran psicólogo espiritual William James, que afirmó que este tipo de trabajo era uno de los más importantes que podía llevar a cabo un psíquico. James animaba a todos los psíquicos a participar en estas actividades y afirmaba que las necesitamos imperiosamente debido al gran número de espíritus que permanecen pegados a la tierra. Explicaba también que estos espíritus aumentan la conciencia de miedo que siente la raza humana en su conjunto. Cada vez que ayudamos a un espíritu a dirigirse a la otra vida estamos aliviando la atmósfera de miedo del planeta [1].

CAPÍTULO VEINTIUNO

Invocar a los ángeles

Familiarízate con los ángeles y contémplalos en espíritu con frecuencia; pues, aunque no los veas, están presentes a tu lado.

SAN FRANCISCO DE SALES (1567-1622),
autor de numerosos textos espirituales

TANTO SI REALIZAS TRABAJOS ENERGÉTICOS como si haces sanaciones espirituales, siempre puedes acudir a los ángeles. Estos poderosos ayudantes espirituales son seres de la luz que jamás han estado en un cuerpo físico y que operan en un plano diferente al de los guías espirituales. Su misión consiste en recordarnos el amor constante de Dios.

En todo momento tenemos a nuestra disposición un número infinito de ángeles. Además, cada uno de nosotros contamos con uno o más ángeles de la guarda que están a nuestro lado desde que nacemos y que permanecen con nosotros durante toda la vida. Estos ángeles pueden ofrecernos consejo y sabiduría, pero jamás interferirán en nuestro libre albedrío. De hecho, a menos que se lo pidamos expresamente, no pueden intervenir; ni siquiera pueden ayudarnos. Solo existe una excepción a esta ley del libre albedrío: cuando nos encontramos en peligro mortal antes de que haya llegado nuestra hora. Solo entonces pueden intervenir sin que se lo pidamos. Los ángeles desean que les solicitemos su ayuda con más frecuencia, pues su razón de vivir es la alegría de servir.

Los arcángeles son los encargados de supervisar a los ángeles, que acuden a la tierra en grandes cantidades. El arcángel Rafael, cuyo nombre significa «Dios sana», está íntimamente conectado con los trabajadores de la luz. Rafael ayuda a los sanadores susurrándoles al oído palabras de orientación y sabiduría. Supervisa nuestro desarrollo como sanadores y podemos también pedirle ayuda e información en casos concretos.

Recibir a los ángeles te ayudará a armonizar tu mente y tu corazón con tu yo superior. Siempre que sientas que tu ego amenaza con echarte abajo, pide a un ángel que te ayude a venirte arriba otra vez. Puedes incluso pedir estar rodeado de miles de ángeles, si te apetece. También es muy conveniente solicitar la asistencia de los ángeles para que vigilen a tus hijos, a tus clientes y a otros seres queridos. No es necesario que emplees una invocación formal para invitarlos a entrar en tu vida. Lo único que tienes que hacer es pedirles con sinceridad que acudan a tu lado.

Cuando hayas invitado a los ángeles a que formen parte de tu vida, observarás un cambio en tus experiencias en el mundo exterior. En mi caso, siempre que hay un ángel cerca veo chispas de luz blanca. También hay otras señales que indican la presencia angélica; por citar solo algunas, podríamos observar una serie de coincidencias milagrosas, una súbita y cálida sensación de amor o de paz, una música dulce que se escucha sin saber de dónde procede o un perfume floral celestial. La presencia amorosa de los ángeles nos ayuda a alinear nuestros pensamientos con Dios, lo que nos permite mantenernos en el mundo armonioso del yo verdadero. También pueden ofrecernos orientación e ideas en nuestro trabajo de sanación, así que es una idea estupenda invitarlos a nuestras sesiones.

Una de las principales ayudas que nos pueden prestar los ángeles durante las sesiones es la de llevarse las formas de pensamiento que han sido liberadas. Por ejemplo, yo suelo trabajar con los clientes para ayudarlos a identificar las creencias que están provocando su dolor emocional o físico. Utilizo la comunicación psíquica para identificar con rapidez la fuente de aflicción, que, por ejemplo, podría tratarse de un incidente de la infancia que ha teñido su forma de ver el mundo o un resentimiento que albergan contra sí mismos o contra otra persona. Sea cual sea su origen, es necesario identificarla y desecharla para conseguir la sanación.

Muchas veces, una vez identificada la creencia culpable, el cliente dice algo como: «Llevo años intentando librarme de ese patrón de pensamiento, pero no hago más que volver a él, aunque reconozco que no es saludable». En ocasiones, estos clientes han intentado realmente entregar sus emociones no deseadas a Dios y se han sentido frustrados al comprobar que la creencia continúa estando presente. Yo he observado que, cuando mi cliente visualiza que entrega su creencia culpable a los ángeles, se produce una liberación inmediata y una sanación duradera.

En la mayoría de mis sesiones pido ayuda al arcángel Miguel. Este ser angélico actúa como ángel guardián del mundo y es un maestro a la hora de mantener el orden divino en toda situación. Si realizas cualquier forma de trabajo energético, en especial espiritismo o terapias de liberación de espíritus, te vendrá de maravilla contar con su presencia durante las sesiones. Como sucede con el resto de los ángeles, Miguel no necesita que le hagas una invocación o una invitación formal. Sencillamente, pide que acuda a ti, ya sea mentalmente o en voz alta, y tienes asegurada su presencia instantánea.

Al igual que los maestros sagrados, los arcángeles viven en una dimensión paralela que opera sin ajustarse a nuestras leyes físicas. Por tanto, tienen la capacidad de estar con muchas personas diferentes de todo el mundo al mismo tiempo. No tienes que preocuparte por la posibilidad de que Miguel, Rafael o cualquier otro arcángel esté demasiado ocupado para acudir en tu ayuda.

En mi libro *Terapia angélica* describo muchas formas de involucrar a los ángeles en tu vida o en la vida de tus clientes. Estos seres son unos sanadores maravillosos, puesto que son puro amor, y el simple hecho de pensar en ellos es suficiente para que se vierta energía sanadora en tus sesiones. También nos ven a través del mundo del yo verdadero que solo conoce la perfección. Por tanto, si te cuesta saber la verdad acerca de la salud perfecta de tu cliente, pide a los ángeles, a los maestros sagrados y al Espíritu Santo que te ayuden. La mente de los ángeles, constantemente focalizada en la experiencia del amor, es capaz de sustituir a tu esquema mental si estás operando desde el plano del ego. Como en realidad no existe más que una única mente, solo hace falta que un trabajador de la luz, ángel o maestro sagrado esté trabajando desde la perspectiva del amor puro para que tenga lugar una sanación milagrosa.

Todas las mañanas elevo una oración como esta a Dios:

Por favor, envía a tus ángeles a mi lado en este día
para que mi mente y mi corazón permanezcan centrados en el amor.
Ayúdame a vivir desde tu perspectiva del amor
y a ser consciente de mi unicidad con todas las formas de vida. Amén.

CAPÍTULO VEINTIDÓS

Sanación espiritual

Apartándote de las apariencias, habita en la Verdad Auténtica.

Sutra del diamante, texto espiritual budista

*L*A SANACIÓN PSÍQUICA SE PRODUCE en el mundo de la materia, que en sus componentes más finitos está compuesta por partículas vibratorias de energía. Estas vibraciones energéticas contienen información codificada, y esta información es lo que el psíquico «lee» en sus sesiones. Entender que toda la materia está formada por energía es un paso importante a la hora de hacer sanaciones desde el nivel de la mente.

Pero más allá de la ilusión material está la conciencia pura y la experiencia del amor de Dios. Tu yo verdadero está participando en esta experiencia ahora mismo, igual que el yo verdadero de tu cliente. Cuando hacemos lecturas psíquicas, lo que estamos haciendo es «leer» el ego. Si tu cliente o su familiar difunto vivieron plenamente en un estado en el que regía el yo verdadero, tu lectura debería ser: «Veo amor, siento amor, oigo amor y conozco el amor».

Sin embargo, tanto la materia como todas las demás energías se entrecruzan en un plano de existencia. El espíritu está en otro plano distinto pero paralelo al anterior. En el plano material existe la energía y se experimentan la materia, el tiempo y el movimiento. En el plano del yo verdadero solo existe la experiencia pura del amor, la unicidad o la unidad. En él, los pensamientos no son necesarios porque no hay nada sobre lo que pensar ni tampoco es posible hacer ninguna comparación. En este plano no se *hace*, porque hacer implica mejorar o conseguir algo. En el plano del yo verdadero, donde todo es perfecto, no hay nada que mejorar ni nada que necesite adiciones ni arreglos. Todo esto son funciones del cuerpo, una perspectiva material.

Los ángeles, los guías espirituales y las personas fallecidas actúan e intervienen en nuestro mundo material. Muchos guías espirituales y la mayoría de las personas fallecidas que interactúan con el plano terrenal lo hacen fundamentalmente desde una perspectiva del ego que considera que el mundo material tiene realidad. Los ángeles, el Espíritu Santo, los maestros ascendidos y los guías espirituales evolucionados conocen la verdad de la perfección divina de la vida. Sin embargo, también pueden ver que necesitamos ayuda mientras seguimos creyendo que estamos en el mundo material. Su tarea es la de operar en ambos planos para ayudarnos a despertar suavemente a nuestro yo superior en el plano espiritual.

EL PROPÓSITO DE LA ENFERMEDAD

En este mundo nadie hace nada a menos que crea que le va a permitir obtener placer o evitar un castigo. Las lesiones, las enfermedades y los hábitos autodestructivos son decisiones que toma el ego como estrategia para alcanzar cualquiera de las dos cosas.

Todos los dolores físicos son, en último término, una forma de enfermedad mental. Las lesiones y las enfermedades son síntomas de la creencia insana de que podemos (o querríamos) dañar o dar placer al cuerpo para ahogar el sonido de la voz de Dios. Cuando yo tenía miedo de seguir la orientación interior que me impulsaba a escribir libros, intenté silenciar estos sentimientos viscerales a base de echarles comida encima. Cuanto más me animaba Dios a cambiar mi vida, más asustada me sentía. Comer en exceso era la forma en la que me protegía de lo que yo consideraba un peligro: escuchar mi orientación interior. También creía que comer me iba a proporcionar más placer del que podría obtener siguiendo las directrices de Dios. Todos tenemos dentro de nosotros esta voz interior de Dios o del Espíritu Santo. Es una parte de nuestro yo verdadero y, si se lo permitimos, puede ayudarnos a cubrir todas nuestras necesidades a la perfección.

Todas las enfermedades, lesiones y trastornos psiquiátricos brotan de unos intentos idénticos de no escuchar en este momento la voz de Dios. Las dolencias mentales o físicas consumen muchísimo tiempo y energía, de manera que lo que estamos haciendo es algo parecido a apretar una y otra vez el botón de la alarma del despertador. Dios está constantemente intentando despertarnos de nuestra pesadilla a cada uno de nosotros, pero nosotros seguimos insistiendo: «Todavía no estoy preparado para despertar». Por eso apretamos el botón de la alarma un día más.

Tus clientes están enfermos, lesionados o aparentemente atrapados en hábitos autodestructivos porque han decidido que sus cuerpos tienen mente propia. También reciben un «beneficio secundario» de su aflicción, como conseguir un descanso que necesitan imperiosamente, una pensión de incapacidad, venganza o conmiseración. Sin embargo, el «beneficio» más importante que obtiene un cuerpo enfermo o lesionado es que permite que una persona crea que es víctima de circunstancias exteriores.

Además, el ego prospera con la culpabilidad. Ve al mundo y a Dios como punitivos, por lo que teme sus represalias por los delitos y culpas que ha imaginado. Por eso decide: «Si me castigo a mí mismo, entonces Dios y el resto de la gente no me castigarán». Como el ego cree que es un cuerpo, se castiga mediante enfermedades, accidentes y conductas autodestructivas.

El ego se ve a sí mismo como independiente de Dios y del resto de la gente, y esta es una de las razones por las que se centra intensamente en el cuerpo. Para mantener la ilusión de la separación, el ego vacila entre sentirse superior o sentirse inferior a Dios y a los demás. Esta perspectiva vacilante hace que unas veces piense: «No soy merecedor de la compañía y la orientación de Dios», y al minuto siguiente: «Mi propia orientación es mejor que la de Dios».

De ese modo, el cuerpo enfermo o dolorido se convierte en un tapón para los oídos que bloquea la voz interior y nos impide darnos cuenta de nuestra unicidad con Dios y con los demás. Para deshacer los pensamientos que provocan la enfermedad o las lesiones se requiere la voluntad del cliente para escuchar momentáneamente la voz de Dios. Pide con amabilidad a tu cliente que hable de lo que le está diciendo la voz. Ayúdale a sanar de la desconfianza que siente hacia las directrices que le da. Podrías preguntarle: «¿Qué intuiciones y sensaciones viscerales has estado intentando ignorar últimamente?». Es posible que al principio se queje de que no es consciente en absoluto de sus sentimientos viscerales. Sin embargo, si le animas a ello acabará por admitir que sí escucha la llamada de su voz interior. A mi entender, «escuchar» y «sanar» son términos sinónimos porque nuestra disposición a escuchar la voz de Dios es lo mismo que nuestra decisión de ponernos bien.

Es probable que tengas historias maravillosas que compartir con tu cliente relacionadas con los éxitos que tú mismo has alcanzado al seguir lo que indicaba tu voz interior. Cuando le hayas ayudado a relajar la actitud defensiva que mantiene hacia su voz interior, se mostrará más dispuesto a bajar las barreras que le impiden oír la voz y seguir lo que esta le indica. También observarás que, cuanto más tiempo pases enseñando a otros a seguir sus voces interiores, más fácil te resultará a ti escuchar constantemente en tu interior la voz de Dios. Según enseñamos, así aprendemos.

SUPERAR LAS BARRERAS A LA SANACIÓN

La expresión *sanación espiritual* es en realidad un oxímoron, puesto que para sanar desde un nivel espiritual primero tenemos que saber que no hay nada que necesite ser sanado. La sanación no supone *añadirle* nada a un cliente, sino, más bien, ayudarle a eliminar aquellas creencias que han provocado la experiencia de enfermedad o lesión.

Tu poder de sanación procede de tu habilidad para no dejar en ningún momento de saber que tu cliente no es un cuerpo sino un espíritu perfecto. Como sanadores, no *hacemos* nada puesto que, repito, «hacer» implica que somos un cuerpo. Además, la salud perfecta es el estado natural de tu cliente. Lo que estás haciendo es ayudarle a identificar, eliminar y liberar los pensamientos que le impiden disfrutar de una salud perfecta. Ver a tu cliente como una persona enferma, doliente o dañada pone trabas a tu efectividad como sanador, puesto que ese punto de vista refuerza o aumenta la ilusión de que la materia tiene realidad.

En un mundo de tiempo, materia y cuerpos, creemos en unas determinadas «leyes naturales». Entre ellas está la creencia de que la enfermedad y las lesiones van sanando gradualmente con el tiempo. Muchas personas se horrorizarían ante una sanación repentina porque parece desafiar esta ley básica. Cuando las leyes se desafían, las personas se sienten confusas ante la puesta en duda de la idea básica de cómo está organizado el mundo. Sin embargo, un cliente que crea en los milagros tiene menos probabilidades de sentirse asustado por una sanación repentina, con lo que sus posibilidades de experimentarla serán mayores.

Es posible que tu cliente se enfade o se sienta culpable ante tus sugerencias de que han sido sus pensamientos los que han provocado su estado o de que tiene el poder de pensar en sí mismo de camino hacia la salud. El ego está constantemente buscando señales que le indiquen que está siendo atacado. Cuando percibe un ataque, lanza contraofensivas, y tú puedes convertirte en su objetivo durante las sesiones de sanación. Muchas veces, tu cliente no vocalizará estos ataques por miedo a que dejes de ayudarle. Denúncialos psíquicamente y, cuando surjan, reconócelos y supéralos ayudando a tu cliente a desechar los miedos y el enfado.

El ego cree que, cuando comete un error, va a ser castigado por ello. Por eso se pone a la defensiva en lugar de admitir que ha cometido un error en su forma de pensar. Cuando señales las creencias básicas que provocan la enfermedad, quizá te dé la impresión de que tu cliente se pone a la defensiva o se resiste a esas ideas. También es posible que dude de la validez de lo que estás afirmando o que tenga miedo de abrigar esperanzas de que se va a producir la sanación, en un intento por evitar una posible decepción.

También he trabajado con varios clientes que temían que, una vez curados, la vida se fuera a convertir en algo deprimente, monótono y aburrido. Los altibajos que acompañaban a sus enfermedades y compulsiones les proporcionaban un estímulo, lo que hacía que se resistieran a la sanación. A mí me resulta útil compartir con ellos mis propias experiencias y contarles lo mucho que me estimula ser guiada para mantener las relaciones correctas y para practicar un estilo de vida correcto.

Tu cliente puede también tener miedo de hablarte abiertamente de su resistencia y puede fingir que está de acuerdo contigo. Percibirás gran parte de esa resistencia en un nivel intuitivo.

Para mitigarla, deberás mostrarte extremadamente amable y enseñarle que los errores en la forma de pensar requieren solo *corrección*, no castigo. Asegúrale que la corrección solo implica que cambie su forma de pensar en sí mismo y que es capaz de cambiar su mentalidad al instante.

De todas formas, durante las sesiones no tienes que preocuparte de que tus intentos de sanación puedan no alcanzar el éxito por culpa de los miedos y la resistencia del cliente. Aunque este rechace inicialmente tus palabras de sanación, tus pensamientos de verdad y amor permanecerán eternamente conectados con él. Se quedarán colgando de su aura como los adornos de un árbol de navidad. Cuando esté preparado para oírlos, recibirá tus pensamientos de amor.

También es importante que te recuerdes constantemente la irrealidad del ego de tu cliente. No luches contra sus pensamientos porque harás que crezcan. Si te identificas con el ego de tu cliente o lo juzgas, tú también entrarás en tu propio estado mental egótico. Lo mismo sucede si te compadeces de tu cliente o consideras que le falta algo. Más bien, lo que debes hacer es mirar más allá de las características de su ego y ver solo su estado amoroso de yo verdadero. Recuerda: tal como lo ves a él te ves a ti mismo.

Lo único real en este mundo es el amor, y cada comportamiento y cada palabra de tu cliente (y de cualquier persona, en realidad) brota del amor. Si decides buscar la presencia del amor en tus clientes, oirás y verás amor en todo lo que hacen y dicen. Comprenderás que, cuando hablan con miedo, lo que están diciendo en realidad es: «Quiero sentirme seguro y querido». Cuando los clientes hablan con enfado, lo que están diciendo en realidad es: «Quiero sentirme seguro y querido». Y cuando los clientes hablan de dolor corporal, lo que están diciendo en realidad es: «Quiero sentirme seguro y querido».

Si durante las sesiones observas que te impacientas o te irritas con un cliente, puedes decir para tus adentros una maravillosa afirmación sanadora: «Sé que estoy viendo en ti algo que no quiero ver en mí mismo. Te doy las gracias por el regalo que me haces al servirme de espejo. Desecho con amor esa parte de mí que me irrita contigo. Estoy dispuesto a desecharla con amor pidiendo solo que se quede conmigo cualquier lección que tenga que aprender».

Durante las sesiones debes recordarte constantemente a ti mismo que eres un conducto del amor de Dios. Si no haces más que comprobar el estado físico de tu cliente para ver si se ha curado, es que no has liberado plenamente las formas de pensamiento amorosas para que él las pueda recibir. Debes entregar completamente tu regalo de sanación para que tu cliente pueda recibirlo plenamente. No debes ser como el cocinero novato que no hace más que abrir la puerta del horno para comprobar cómo va su creación, impidiendo así que la tarta suba. Si estás sanando sinceramente desde una postura de amor, confía en que la sanación funciona *siempre* y libérala con fe plena a tu cliente.

ORACIONES DE APOYO

El poder sanador de la oración ha sido ampliamente documentado por personas laicas, teólogos y científicos. El libro del doctor Larry Dossey *Palabras que curan* nos ofrece un fantástico repaso de todos los trabajos de investigación científicos y médicos que se han realizado sobre el notable poder curativo de la oración.

Si bien es cierto que las oraciones de una sola persona pueden sanar cualquier trastorno, existe mucha evidencia que demuestra que las oraciones en grupo consiguen sanaciones sorprendentes. Recordarás la conversación que mantuve con Betty Eadie en la que esta afirmaba que una oración es como un único haz de luz que se dirige directamente al cielo. Sin embargo, si unimos nuestra oración individual a las de otras personas de la misma mentalidad, todas juntas se convierten en una inmensa cuerda de haces de luz entrelazados que brillan hacia el cielo.

Por eso, puedes decidir complementar tus sesiones de sanación espiritual con las oraciones de otras personas. Tu cliente o tú mismo podéis inscribir su nombre en una lista de oraciones de la iglesia con un simple telefonazo. En cierta ocasión, una de mis clientes me pidió ayuda espiritual ante la aparición de unos bultos en el pecho. Al mismo tiempo se incluyó su nombre en la lista de oraciones de varias iglesias. Muchas buenas amigas suyas estaban también rezando por ella. Cuando la biopsia reveló que los bultos eran benignos, me dijo que estaba convencida de que la enfermedad original era grave pero que la intervención espiritual le había devuelto la salud.

LOS PASOS DE LA SANACIÓN ESPIRITUAL

La sanación espiritual puede hacerse a distancia o en persona. Para una sanación en persona, lo primero que tienes que comprobar es que tanto tu cliente como tú mismo estáis relajados. El entorno en el que se produce la sanación, ya sea en tu casa o en un despacho, puede favorecer esta relajación y aumentar tus habilidades psíquicas mediante el uso de una iluminación suave, velas, una música bonita, incienso o flores perfumadas. Lo normal es que tu cliente se sienta nervioso o preocupado al principio de la sesión, sobre todo si es nuevo. Es posible que tú intuyas su nerviosismo y consideres erróneamente que es tuyo. Para ayudaros a ambos a relajaros, empieza la sesión con tres o cuatro respiraciones profundas.

Mientras hacemos estas respiraciones, yo suelo decirles a mis clientes:

Siente cómo inhalas una deliciosa sensación de relajación y mantén esa inhalación todo el tiempo que puedas sin llegar a sentirte incómodo. Cuando estés listo, exhala lentamente. Expulsa todas tus inquietudes, preocupaciones y tensiones. Visualízate a ti mismo colocando todo aquello que te preocupe en una estantería o en el alféizar de la ventana sabiendo que puedes recuperarlo más tarde si lo deseas. Sin embargo, en este momento date permiso para dejar estas preocupaciones a un lado y sentirte cada vez más relajado.

La tensión de un cliente se percibe en seguida. También sentirás el momento en que se libera esa tensión. Notarás un cambio en la presión del aire, que pasará de dar la impresión de que la habitación está conteniendo el aliento a parecer que está dejando fluir el aire libremente. Si tu cliente o tú mismo seguís sintiéndoos nerviosos, pronuncia esta meditación para centraros:

Visualiza un haz de luz blanca que te entra por la coronilla y te recorre todo el cuerpo hasta hundirse en la tierra. Céntrate en esta luz y siéntete arrastrado hacia tu centro. Percibe esta esencia nuclear de ti y observa que está perfectamente equilibrada, segura y en paz. Da las gracias a esta luz por haberte recordado que, en este momento, todo está en orden perfecto y divino.

Es fundamental que estés relajado durante la sesión de sanación porque la curación de tu cliente depende en parte de su fe en tus habilidades. Cuando un niño tiene miedo de una tormenta, busca a un adulto para que lo ampare. Si ese adulto también muestra miedo, el niño se asustará aún más. Por tanto, sé consciente del efecto que ejerce tu actitud en la fe que tu cliente tiene en ti. Tu forma de hablar y de actuar deberá transmitir una armonía que habrás obtenido gracias a la preparación mental que hayas realizado antes de la sesión.

Al hablar con tu cliente haz que tu vocabulario refleje que conoces su perfección. Utiliza la expresión «enfermedad aparente» en lugar de «tu enfermedad». Si tu cliente utiliza palabras que personifican o afirman la enfermedad (como «estoy luchando contra una enfermedad», «estoy enfermo», «tengo dolores» o «he cogido algo»), explícale con amabilidad que estas palabras y expresiones aumentan la sensación de enfermedad. No debes dar la impresión de que estás menospreciando los temores de tu cliente, pero tampoco debes alimentar la ilusión de realidad aparente. Puedes pedir a tus ángeles o a tus guías espirituales que te ayuden a elegir palabras de amor y verdad.

Escucha con compasión las quejas de tus clientes, pero no las estimules. Intenta mantener tu atención alejada del dolor; no animes artificialmente a los clientes, pero haz que tus intenciones (la salud) crezcan mediante un enfoque constante y una conciencia centrada en la salud. Resulta útil escuchar las quejas de tus clientes como si estuvieras oyendo a alguien describir una pesadilla. Las pesadillas no son reales, pero contienen símbolos y metáforas valiosas.

Yo limito a propósito el tiempo dedicado a hablar de síntomas y dolencias con mis clientes, pues lo cierto es que estas indagaciones no me resultan útiles. Jamás me ocupo de establecer un diagnóstico porque, al etiquetar, estamos afirmando la realidad de una enfermedad. Solo pregunto a mis clientes lo suficiente sobre sus síntomas para hacerme una idea de su punto de vista general. También presto mucha atención a su forma de hablar y busco frases que indiquen las creencias que albergan sobre sí mismos y sobre el mundo en general.

Mientras los escucho, estoy simultáneamente escuchando también la voz de mi guía interior y la de los ángeles o guías espirituales de mis clientes. También busco en el ojo de mi mente películas psíquicas de experiencias anteriores de mis clientes que estén conectadas con sus síntomas actuales.

La salud física de tus clientes refleja su salud interior. El miedo, el enfado y la culpabilidad, cuando se reprimen, se manifiestan en todo tipo de trastornos físicos. Sin embargo, como sanador deberás considerar que todos los tipos de problemas son idénticos. El tratamiento que establezcas para una enfermedad aparentemente terminal no se diferenciará demasiado del de un corte o un moratón aparente. Con independencia de su forma, todos los problemas comparten las mismas raíces. Todos ellos son producto de la creencia de que la persona está apartada, insegura, está siendo atacada o no es amada. Ninguna de estas características es cierta en el caso de tus clientes y, en el momento en que se den cuenta de ello, sus cuerpos volverán a la normalidad. Si tus clientes han decidido en el nivel del alma seguir estando enfermos o incluso dejar de existir, tu trabajo de sanación sigue siendo valioso. Siempre que ayudas a alguien a identificar y liberar sus miedos estás siendo una bendición para el mundo.

SANACIÓN SILENCIOSA

La sanación espiritual implica pasar del punto de vista del ego a la conciencia del yo verdadero. Cruzas de un mundo a otro a través de un puente de conciencia apacible. El yo verdadero no necesita palabras, dado que toda su conciencia se centra en el amor y en la plenitud. Está más allá de las palabras, pues las palabras son sobre todo las herramientas que utiliza el ego para diferenciar y para juzgar.

El ser totalmente consciente —sin ningún atisbo de duda— de la perfección verdadera de tu cliente y de tu unicidad con él y con Dios, aunque solo sea por un instante, es lo único que necesitas para conseguir una sanación repentina. Por este motivo, tu sesión puede incluir unos minutos de silencio mientras meditas.

Durante la meditación, sé consciente de que tu cliente es tu amado, porque la esencia de Dios y del Espíritu Santo y la conciencia de Cristo constituyen la verdad de lo que tu cliente es realmente. Conéctate mentalmente con el núcleo de tu cliente, pues ese núcleo es tu amado. Siente cómo tu corazón crece henchido de cálido amor por tu amado. Sé consciente de que tu amado y tú sois uno con Dios.

También puedes pedir ayuda espiritual para ajustar tus pensamientos acerca de tu cliente. Tus oraciones en favor de su salud no son peticiones a Dios para que intervenga en la experiencia material de esa persona. Más bien, estás rezando para que intervenga en lo que tu cliente y tú estáis *pensando* acerca de la experiencia material de este. Esto se debe a que es solo la mente la que necesita sanación. Si un ángel se lanzara en picado y sanara la enfermedad de tu cliente sin que se produjera el cambio correspondiente en su sistema de creencias, la enfermedad volvería a manifestarse muy pronto.

Muchas veces me dirijo al Espíritu Santo o a Jesús y les digo mentalmente: «Por favor, entra en mi mente y en mi corazón y ayúdame a ver esta situación de otra forma. Por favor, sana mis pensamientos para que recuperen la armonía y la verdad». En el mundo del yo verdadero solo existe una única mente, y si tu mente parece estar distraída por preocupaciones terrenales, pide prestada la de un maestro espiritual que solo conozca la paz perfecta. La conciencia de unicidad es el instrumento de sanación, con independencia de qué mente origine este conocimiento.

Quizá te apetezca terminar la meditación con esta visualización:

Entrega tu conocimiento de la unicidad a tu cliente y al universo imaginando que tus formas de pensamiento están encapsuladas en una burbuja transparente de luz. Lanza esta burbuja desde tu corazón o desde tu plexo solar (lo que te parezca más apropiado) y siente u observa cómo es transportada hacia la luz resplandeciente del amor de Dios. Observa cómo el amor de Dios purifica todos los pensamientos e ideas que contiene esta burbuja de forma que resuenen con verdad y amor. Observa cómo explota en una celebración jubilosa al fundirse con esta luz. Observa cómo su contenido se dispersa al instante y hace llover gotas de alegría y salud por todas partes. Observa cómo tu cliente es bañado con este regalo de amor.

SANACIÓN CON PALABRAS

Es evidente que, antes y después de las meditaciones, vas a hablar con tus clientes. El valor principal que obtenemos cuando hablamos con ellos es que los ayudamos a pasar desde una perspectiva egótica temerosa a un estado centrado en el amor. Con tus palabras les ayudas suavemente a darse cuenta de que no son víctimas de su cuerpo, de sus gérmenes o de otras personas.

Como ya he mencionado anteriormente, cuando tus clientes comprenden que su forma de pensar los ha llevado a su estado actual, al principio pueden enfadarse consigo mismos y preguntarse: «¿Por qué me he hecho esto a mí mismo?». Este punto de vista no les resulta nada útil porque sigue siendo una postura de victimismo; la única diferencia es que ahora creen que son víctimas de sus propios pensamientos.

Hace falta paciencia y práctica para llegar a darse cuenta del proceso que conduce a la elección consciente de cada uno de nuestros pensamientos. La meditación nos ayuda a percibir el pequeño espacio de tiempo que precede a cada pensamiento que entra en nuestra mente. Sin embargo, es probable que muchos de tus clientes no tengan mucha experiencia en meditación, por lo que no comprenderán que son ellos los que en realidad eligen sus pensamientos. La mayor parte de la gente cree que son sus pensamientos los que los eligen *a ellos*.

De todas formas, no entres en discusiones con tus clientes sobre este tema. Todas las discusiones brotan del ego y conducen a luchas de poder y no a la sanación. Tu papel como trabajador de la luz consiste en seguir las directrices de tu yo superior para ayudar a tus clientes a desechar voluntariamente los pensamientos, creencias y emociones que provocan sus síntomas. Muchos de los métodos que describo en la siguiente sección los recibí de mis guías espirituales y de mi yo superior durante las sesiones y puedo atestiguar su eficacia. Si te sientes guiado a ello, quizá quieras usar uno o más de uno con tus propios clientes.

EL PAPEL DEL PERDÓN

No perdonar a otra persona, a Dios o a uno mismo es la raíz más corriente de las enfermedades físicas. *Un curso de milagros* afirma: «No puede existir una forma de sufrimiento que no esconda un pensamiento inclemente. Tampoco puede existir una forma de dolor que el perdón no sea capaz de sanar» [1].

Para vivir plenamente en el estado del yo verdadero tenemos que estar libres de los juicios del ego. El yo verdadero es nuestro estado natural y, para llegar a él, no hace falta que incorporemos nada a nuestro ser. Por el contrario, debemos eliminar todos los pensamientos del ego relacionados con el hecho de ser criaturas independientes de los demás y de Dios. Si crees que al menos una persona es «mala» o «pecadora», significa que te estás viendo a ti mismo como distinto de los demás. Eso te coloca en tu ego, lo que bloquea tu yo verdadero de alegría y salud.

El ego se regocija cuando ve «maldad» en otra persona. Este juicio le hace sentirse superior o especial, lo que al instante reafirma su sensación de ser independiente de su propio yo, de los otros y de Dios. Normalmente lo que nos irrita en otra persona es una característica que no queremos reconocer en nuestro propio ser. En estos casos, sanamos cuando perdonamos a la otra persona y nos perdonamos a nosotros mismos.

El perdón completo para uno mismo y para el mundo es la ruta que conduce a la liberación de cualquier bloqueo del ego que aún subsista y que se está interponiendo entre tus clientes y la vida que realmente desean. La intervención espiritual nos ayuda a asistir a nuestros clientes para que identifiquen y se den cuenta de cuándo están negándose de una forma recalcitrante a perdonar. Por eso la primera fase de los tratamientos de sanación suele centrarse en ayudar a los clientes a desechar los juicios y cualquier sentimiento conectado con la falta de perdón. Cuando identificas y desconectas un pensamiento rencoroso de un cliente estás literalmente eliminando un vampiro que le está chupando la vida.

Cuando tus clientes desechan el rencor, recuperan la paz y la salud que se obtiene cuando se está en el yo verdadero. La enfermedad y las lesiones se producen cuando el ego cree que es independiente y se siente culpable por los ataques que ha emprendido. Esta sensación de culpabilidad conduce al miedo a una posible represalia. El ego cree que, si se hace daño a sí mismo primero, podrá evitar el castigo que se le vaya a infligir desde el exterior. Las enfermedades y los accidentes son las formas favoritas del ego para castigarse, en la convicción insana de que «si me hago suficiente daño, podré librarme de recibir más dolor».

Si bien es cierto que tus sesiones de sanación podrían centrarse en desechar el miedo, la culpabilidad y el rencor por separado, yo he comprobado que esto consume demasiado tiempo de una forma innecesaria. Si te concentras solo en el rencor podrás liberar este bloqueo fundamental y, al mismo tiempo, sus residuos de miedo, culpabilidad, vergüenza y otras emociones procedentes del ego.

Perdonar y eliminar los problemas depende de la voluntad, no del tiempo. Sin embargo, tus clientes pueden necesitar mucho tiempo para estar *dispuestos* a perdonar. Quizá incluso se aferren testarudamente al resentimiento y digan: «¿Y por qué soy yo el que tiene que perdonar? ¡Después de todo, no fui yo quien provocó esta situación!».

Normalmente este tipo de protestas exigen que el sanador explique la diferencia entre «aprobar» y «perdonar». Tus clientes no tienen necesidad de excusar una conducta abusiva. Lo único que deben hacer es perdonar a la persona, no su comportamiento, para así liberarse de la cárcel del ego. Perdonar significa también: «Considero que tu conducta ha sido inadecuada, pero como soy una persona iluminada, decido pasarla por alto». El perdón cura cuando todos los juicios conectados a la situación en su conjunto se desechan y se sustituyen con amor. En ese punto es cuando se experimenta el yo verdadero.

«¡Pero no puede ser así de sencillo!», protestó Patricia, una cliente, cuando le expliqué el vínculo que unía su rencor con los síntomas que padecía. Había estado años sometiéndose a sesiones con psiquiatras, psicólogos e hipnoterapeutas antes de acudir a mí para recibir asesoramiento espiritual. Después de haberse gastado tanto tiempo y dinero, ¿cómo me atrevía a decirle que su dolor emocional era un producto de su falta de perdón?

Un curso de milagros afirma: «La complejidad es asunto del ego, y no es más que un intento del ego de oscurecer lo evidente». El ego quiere que creamos que nosotros y nuestros «problemas» somos complejos y especiales para así amplificar la idea de separación de los demás. El ego quiere obtener un diagnóstico exótico y luego un programa de tratamiento sumamente complejo. Quiere dramones e interminables series de problemas, no soluciones.

Por suerte, lo único que hace falta para perdonar es disponer de un instante diminuto de voluntad, y eso es una apertura mental suficiente para invocar la sanación. He aquí algunos métodos que pueden ayudar a tus clientes a acabar con el rencor.

• *Sanaciones metafóricas.* Busca el simbolismo que subyace en la enfermedad de tu cliente. Lo más habitual es que el cuerpo nos dé unas pistas evidentes acerca del origen de sus trastornos y dolores. Por ejemplo, si tu cliente se queja de dolor en la parte baja de la espalda, pregúntale: «¿Qué o quién te cae como una patada en el culo?». A un cliente con dolor de estómago, pregúntale: «¿Qué es aquello que ya no eres capaz de digerir?». El dolor de garganta puede justificar la pregunta: «¿Qué es lo que te cuesta tragar?». A un cliente con dolor en los hombros pregúntale: «¿Qué es lo que no puedes cargar durante más tiempo?». A veces, los problemas en las piernas están indicando la necesidad de ir más despacio en esta vida ajetreada, por lo que debes permitir a tu intuición que te guíe en la dirección adecuada. Una vez identificada la metáfora del síntoma, busca algún pensamiento rencoroso que pueda estar escondiendo. En un noventa por ciento de los casos, esta emoción es la culpable de provocar la enfermedad de tu cliente.

> Mi cliente Bárbara se quejaba de un intenso dolor de oídos y me dijo que los tratamientos médicos no habían conseguido proporcionarle ningún alivio. Yo vi psíquicamente que aquel dolor estaba conectado con sus conflictos matrimoniales. Cuando le pregunté por ellos, Bárbara escupió agrios insultos contra su marido. Me dijo que era un hombre desconsiderado, maleducado y que la maltrataba verbalmente.

Al cabo de media hora, Bárbara se dio cuenta de que el dolor de oídos que padecía era su forma de bloquear la voz de su marido. También comprobó que estaba utilizando la enfermedad como un arma contra él, como diciéndole veladamente: «¡Mira lo que me has hecho!». Entonces nos dedicamos las dos juntas a eliminar el rencor que albergaba contra él.

Para empezar hice una lectura psíquica a su marido y descubrí que su actitud iracunda era realmente enfado hacia sí mismo. El hombre se consideraba un fracasado porque su mujer estaba siempre triste, deprimida y enferma. Bárbara admitió que aquello era verdad. Entonces confirmamos que tanto Bárbara como su marido eran, en realidad, gotas perfectas del amor de Dios y totalmente incapaces de infligir o experimentar dolor. Una vez desechado el rencor, Bárbara comprobó que, al final de la sesión, sus oídos habían quedado totalmente libres de dolor.

El libro de Louise L. Hay *Sana tu cuerpo* es la guía por antonomasia para descifrar el significado metafórico de diversas enfermedades. Yo siempre tengo un volumen a mano durante las sesiones y muchas veces compruebo que, al consultar su tabla, mi cliente es capaz de cambiar instantáneamente de perspectiva, lo que conduce a una rápida sanación.

Por ejemplo, mi cliente Suzette se quejaba de que tenía las encías doloridas, inflamadas y sangrantes. Yo leí el significado metafísico de sus síntomas en *Sana tu cuerpo*: «Incapacidad para mantener las decisiones. Una actitud insustancial ante la vida». Le pregunté a Suzette: «¿Qué parte de ti te produce la sensación de carecer de base o consideras que es incapaz de tomar una decisión?». Suzette me respondió sin dudarlo. Me habló de sus esfuerzos por cambiar la idea que tenía de Dios, producto de la educación que había recibido en su infancia, que lo presentaba como «una deidad celosa, iracunda y vengativa». Quería sustituirla por una que reflejara su deseo de ver a Dios como todo amor. Su transición espiritual le había despertando el temor a estar tomando una decisión «equivocada» con respecto a Dios. Pasamos el resto de la sesión eliminando el rencor que albergaba contra sí misma, contra el ministro religioso de su infancia y contra su madre. Más tarde me contó que aquel tratamiento alivió sus problemas en las encías de forma casi inmediata.

• *El colapso temporal.* A veces los clientes tienen miedo de perdonar porque creen que hacerlo equivale a decir: «Yo estaba equivocado y tú tenías razón». Si admiten que se han equivocado, temen que eso les vaya a acarrear represalias y castigos. Para cambiar esta forma de pensar puedes utilizar lo que *Un curso de milagros* denomina «colapsar el tiempo» para ayudar a tu cliente a escapar al miedo a las represalias.

Primero deberás recordarte que el tiempo lineal no existe en el mundo del yo verdadero. Aquí en la tierra sí lo tenemos porque el ego desea medir y comparar sus logros materiales. Como fue el ego el que creó el tiempo, es un producto de una fuente irreal. Por tanto, el tiempo es una ilusión irreal, dado que solo Dios tiene potestad para crear lo real y lo eterno.

Quizá no seamos capaces de ralentizar o acelerar el tiempo, pero sí podemos cambiar lo que tanto nosotros como todos los demás recuerdan dentro de él. Después de todo, la razón principal de que nos preocupemos por el pasado son los pensamientos y sentimientos negativos conectados a algo malo que sucedió. Por eso, si pudiéramos eliminar el recuerdo y todos los efectos negativos de eso malo que aconteció en el pasado, sería lo mismo que borrar el pasado. Estaríamos, de hecho, deshaciendo acontecimientos pasados.

Según *Un curso de milagros*, eso es lo que hacemos cuando perdonamos. Perdonarnos a nosotros mismos y a todas las personas relacionadas con aquel error deshace y borra ese pasado.

Esto se debe a que el acontecimiento pasado fue un producto del ego. Lo sabemos porque no estaba centrado en el amor. Por tanto, el error pasado se basaba en errores de pensamiento que, a su vez, hirieron sentimientos o provocaron enfado. De ese modo, el error fue la causa del dolor emocional.

Si eliminas la causa, el efecto desaparece también. El perdón elimina la causa de las emociones dolorosas: el ego. Si se quedan sin la causa que las provocó, las emociones dolorosas son incapaces de mantenerse. Entonces los sentimientos duros se ablandan y sanan rápidamente hasta que se diluyen en el recuerdo distante.

El colapso del tiempo también ha sido estudiado en laboratorios. Científicos especialistas en medicina, física cuántica y parapsicología están descubriendo que nuestros pensamientos actuales pueden influir e incluso borrar nuestra conducta pasada. En varios estudios que dirigió el científico Helmut Schmidt sobre este asunto, por ejemplo, se utilizó un ordenador para generar números de forma aleatoria. Estudios anteriores realizados por importantísimos científicos universitarios ya habían revelado que las personas podían influir mentalmente y determinar qué número iba a generar la máquina.

Schmidt, sin embargo, avanzó un paso más en estas investigaciones. Hizo que el ordenador generara aleatoriamente los números antes de empezar los experimentos. Nadie veía los números elegidos por el ordenador. Entonces pidió a los sujetos del experimento que influyeran mentalmente en la selección de un nuevo grupo de números por parte del ordenador. Se les dijo que eligieran los números que desearan. Al acabar los experimentos, Schmidt descubrió que un porcentaje significativo del segundo grupo de números coincidía con el primero. Este científico cree que, cuando vio el primer grupo de números después del experimento, sus pensamientos retrocedieron en el tiempo e influyeron en el segundo grupo de números [2].

Otros experimentos similares al de Schmidt nos recuerdan que el tiempo no es el movimiento lineal de izquierda a derecha que normalmente creemos que es. Los trabajadores de la luz pueden ayudar a sus clientes a sanar su pasado cambiando sus pensamientos en el presente. Después de todo, cuando pedimos perdón a alguien, este suele responder: «¡Olvídalo!». Eso significa: «Te he perdonado y he olvidado el incidente».

Mis estudios revelan que, cuando nos perdonamos a nosotros mismos o a otros, las personas implicadas en el incidente suelen exhibir una especie de amnesia colectiva. Muchas veces son incapaces de acordarse de ningún detalle relacionado con el suceso perdonado. Yo creo que si nos perdonamos de verdad a nosotros mismos por nuestras conductas insalubres pasadas como abusar del alcohol, las drogas, la comida o el tabaco, podemos deshacer sus efectos en el cuerpo como si jamás se hubieran producido.

Los científicos respaldan esta teoría con la evidencia, como se demuestra en un estudio en el que el científico William Braud pidió a un sujeto que influyera mentalmente sobre las lecturas eléctricas que daba su piel en unas mediciones realizadas *en el pasado* (mediciones desconocidas hasta después de terminado el experimento y que luego se comparaban con las que había pensado el sujeto). Aunque los resultados no fueron estadísticamente significativos, Braud descubrió que el sujeto era capaz de ejercer una cierta influencia y «definir por su voluntad» las lecturas de la piel en el pasado con sus pensamientos actuales [3].

El tratamiento mental espiritual que yo utilizo para evocar un colapso temporal implica invocar al Espíritu Santo (la voz de Dios en nuestro interior que sana nuestra mente al alcanzar la verdad). Expreso en voz alta este tratamiento y alterno entre utilizar la primera persona del singular, «yo», con la primera del plural, «nosotros», para indicar que mi mente necesita sanar para conseguir ver la verdadera perfección de mis clientes.

> *Espíritu Santo, (nombre del cliente) está padeciendo dolor y necesita tu ayuda para sanar los pensamientos que esconde detrás de ese dolor. Sabemos que el dolor no es verdadero, puesto que Dios no lo creó, de forma que hemos debido elegir un pensamiento falso. Queremos sentir paz en lugar de dolor. Por favor, entra ahora en nuestras mentes y ayúdanos a ver esta situación de otra manera. Por favor, corrige todos nuestros pensamientos para que queden acordes con la verdad de Dios. Pedimos que todos los efectos de nuestra forma equivocada de pensar sean olvidados en su momento por todas las personas implicadas.*

Esta oración, junto con otras muchas evocaciones más, las pronuncio de viva voz en primera persona del plural, «nosotros», porque la sanación tiene lugar tanto en el cliente como en el sanador. Este tratamiento en concreto produce siempre unos cambios drásticos en las relaciones que mantiene el cliente puesto que sana al mismo tiempo a todas las mentes conectadas con el incidente que está provocando temor. Puedes pedirle a tu cliente que te informe de las sanaciones que se han producido en sus relaciones para que eso te permita acrecentar tu propia fe en la eficacia de este tratamiento.

• *La burbuja de luz.* Este método de tratamiento ayuda a tu cliente a sentirse uno con las personas con las que está enfadado. Pídele que cierre los ojos y que haga unas cuantas respiraciones profundas y relajantes. Luego dirígelo por este tratamiento de meditación:

> *Ve o siente a* (nombre de la persona a la que tu cliente está intentando perdonar). *¿Puedes verlo o sentirlo? Por favor, asiente con la cabeza si eres capaz de hacerlo.*

(Continúa trabajando con tu cliente hasta que se le aparezca con claridad una imagen o una sensación; su propia resistencia a perdonar le está impidiendo ver a la otra persona. Cuando tu cliente la vea o la perciba, será señal de que ha abierto una ventana al perdón. ¡Esa ventanita es lo único que se necesita para obrar un milagro!)

Ahora quiero pedirte que mires o que percibas el interior de esa persona. Observa una pequeña chispa de luz que salta en el centro de su ser, algo parecido a la llama piloto de un horno. En el momento en que atisbes esa luz blanca, házmelo saber, ¿de acuerdo?

Muy bien, ahora que has percibido la luz blanca en el interior de esa persona, me gustaría que la hicieras crecer mentalmente. Lo único que tienes que hacer es pedirle que crezca. ¿Observas cómo se va haciendo mayor? Muy bien. Ahora, ¿quieres continuar expandiendo la luz hasta que llene por completo a esta persona? Si percibes algún punto de oscuridad en ella, ¿podrías pedirle a la luz que lo limpie? Cuando hayas llenado por completo de luz a esta persona, quiero pedirte que hagas que esta luz se expanda hasta salir de su cuerpo para que forme un aura. ¿Puedes verla o sentirla?

Ahora, ¿podrías intentar ver o percibir una imagen de ti mismo a su lado? ¿Te ves o te sientes junto a esta persona? Muy bien. Ahora, ¿te importaría entrar en la luz blanca que emana de ella? ¿Puedes verte bañado en luz blanca con esta otra persona? Observa cómo la luz se hace tan brillante que ya no eres capaz de ver ninguna división entre los dos. Siente y observa cómo los límites que os separan se vuelven borrosos y desaparecen. Observa cómo la luz blanca crece cada vez más hasta convertirse en una nube grande y amorosa. Puedes pedirle también a esta nube de amor sanador que se expanda aún más hasta que cubra toda la ciudad, luego todo el país, el continente y el mundo entero. Siente cómo el amor está rodeando el mundo y sé consciente de

*que tú y la otra persona sois uno con todas las demás, con
el mundo y el uno con el otro.*

Este tratamiento provoca siempre unas coincidencias milagrosas con las personas a las que perdonamos. Como en nuestro yo verdadero todos estamos unidos como una sola mente,
los demás pueden sentir que has eliminado tu enfado hacia
ellos. En ese momento de perdón se cortan los cables tensos
del resentimiento. ¡Es algo palpable! Quizá no sepa a qué se
debe, pero por la mente de la persona a la que estás perdonando
va a cruzar un pensamiento relacionado contigo. Al principio
será un pensamiento neutro. Luego, ese pensamiento se suavi-
zará con amor. Él también te habrá perdonado a ti al mismo
tiempo, aunque no tenga ni idea de por qué lo ha hecho. El resto de la gente nos empieza a tratar automáticamente de una
forma distinta porque en esta sanación les libramos de sus resentimientos. Su yo verdadero se comunica con el nuestro a
través de todas las distancias y el tiempo, y con independencia
de su personalidad, de su situación geográfica y de si están vivos
o muertos, sus almas responden a nuestro perdón.

Es probable que seas consciente de que, cuando estás con
unas personas concretas, te comportas de un modo diferente
que cuando estás con otras. Le pasa a todo el mundo. Lo que
sucede es que estás respondiendo a lo que esas personas piensan
de ti. Si son críticas, actúas de una forma; si son abiertas y amables, actúas de otra distinta. Todas estas personas albergan unas
determinadas expectativas de cómo vas a actuar y de cómo te
vas a comportar y, en gran medida, esas expectativas se cumplen
a sí mismas. Además, las otras personas solo prestan atención a
las facetas de tu conducta que están de acuerdo con sus expectativas.

El resto de la gente responde de esta misma manera ante
tus juicios. Tus pensamientos son la causa, y su conducta, el

efecto. Si piensas en los demás desde tu ego, provocarás una conducta negativa por su parte. Sin embargo, si gracias al milagro del perdón ves a esas mismas personas con ojos de amor, su conducta brillará.

¿Alguna vez has estado un tiempo con una persona que te admirara o te quisiera? ¿No te sentiste más cómodo con ella que con otra persona que se mostrara más crítica hacia ti? Cuando tu cliente perdona a su jefe, a su pareja, a su compañero del trabajo, a su madre, a su hermana o a sus hijos consigue que estas personas irradien desde la perspectiva que acaba de adquirir. Van a cambiar porque el punto de vista de tu cliente ha pasado de proyectarse desde el ego a hacerlo desde su yo verdadero. ¡Perdonar nos ahorra muchísimo tiempo!

• *La visualización del corral.* Después de ayudar a tu cliente a que se relaje con varias respiraciones lentas y profundas, pídele que cierre los ojos y se ponga cómodo. A continuación descríbele dulcemente esta imagen:

> *Imagina que estás de pie en medio de un prado. Hay una carretera que llega hasta ti y por ella te traen todos los suministros materiales, emocionales y espirituales que necesitas. Para llegar hasta donde tú estás, esa carretera tiene que atravesar un corral. Este corral tiene dos portillas, una que da a la carretera y otra que da a donde tú estás. Si ambas están abiertas, todos los suministros podrán llegar sin dificultades hasta ti y todos tus dones podrán salir de ti y dirigirse al resto del mundo.*

(Pide a tu cliente que inspire y espire tres veces con mucha lentitud y muy profundamente o utiliza algún otro método de relajación profunda antes de seguir diciéndole):

> *Siempre que albergamos rencor hacia alguien, lo estamos encarcelando en nuestra mente y allí nos dedicamos a azotarlo*

con acusaciones y reproches. La imagen de la persona con la que estamos resentidos está «acorralada» en nuestra conciencia y las portillas del corral están cerradas a cal y canto, como si fueran las rejas de una prisión. No puedes evitar tener que entrar tú también en el corral junto con la persona a la que has juzgado para poder vigilar su encarcelamiento. Por tanto, ambas portillas están cerradas y este corral, así sellado, está bloqueando la llegada de tus suministros y la salida de tus dones al mundo.

Mira ahora dentro del corral y observa quién está encerrado en él. Date cuenta del precio tan alto que tienes que pagar para mantenerlo allí. Si estás preparado para perdonarle, imagina que las portillas del corral se abren automáticamente. Visualiza cómo la persona que está en el corral sale caminando, libre, feliz y perdonada. Deséale lo mejor. Si esto te resulta difícil, intenta perdonar a la persona en lugar de perdonar sus actos. Cuando lo hagas, siente la liberación, el alivio y la energía renovada que obtienes al desprenderte de tus resentimientos. Comprueba el corral para asegurarte de que no estás tú solo encerrado en él a resultas de un juicio del ego contra ti mismo.

• *Liberación angélica.* Uno de los métodos más poderosos y efectivos para ayudar a tus clientes a sanar del rencor consiste en pedir ayuda a los ángeles. Yo he descubierto que, cuando los métodos descritos anteriormente no consiguen llevar la paz a mis clientes, el motivo suele ser que no están dispuestos a perdonar o que les asusta hacerlo. Los ángeles, que son estupendos a la hora de ayudar en las sesiones de sanación, intervienen y liberan dulcemente a tu cliente de sus reservas.

Cuando tu cliente esté ya relajado, guíalo suavemente para que visualice cada pensamiento como un pedazo de papel. Explícale que, en su momento, este papel cumplió un objetivo útil. Ahora, sin embargo, se parece a un periódico viejo: ya no lo necesitamos. Pide a tu cliente que vea y sienta a los querubines que lo rodean y que se imagine a sí mismo entregándoles los papeles del rencor. Ahora debe ver y sentir cómo los ángeles se llevan el rencor hacia la luz donde se purifican todos los pensamientos. Luego los ángeles regresan junto a tu cliente trayéndole como regalo pensamientos purificados de amor.

ARMONIZACIÓN MENTAL PARA SANADORES

Tú eres un instrumento de sanación, por lo que debes dar todos los pasos necesarios para asegurarte de que tu mente permanece en armonía con la verdad. Todos nos vemos arrastrados hacia nuestro ego de vez en cuando y el hecho de que tú te veas arrastrado al tuyo no significa que seas un sanador no cualificado. El camino del trabajador de la luz solo te pide que observes las señales de tu ego lo más rápido que puedas y que luego hagas lo necesario para devolver la paz a tu mente. Los pasos que debes dar pueden suponer respirar hondo, rezar una plegaria o meditar.

La armonización mental puede también exigirte algunos cambios en tu estilo de vida, tales como, por ejemplo, evitar debates e informes de los medios de comunicación relacionados con enfermedades, accidentes o desastres. Tu guía interior te ayudará a encontrar la forma de equilibrar tu naturaleza compasiva (que puede llevarte a ver la información que da la televisión sobre una tragedia) con tu conocimiento de la Ley de Causa y Efecto, que hace que se aumente aquello en lo que te centras. Sabrás sin lugar a dudas cuándo es el momento de apagar la televisión y empezar a sanar la situación con tu conocimiento de su verdad apacible.

CAPÍTULO VEINTITRÉS

Sanar al mundo

Debemos darnos cuenta de que todo lo que contiene el universo procede del éter o está en el éter.

PIERRE TEILHARD DE CHARDIN,
científico, vidente y filósofo francés

COMO SUCEDE CUANDO SANAMOS el cuerpo de un cliente o cualquier otra cosa material, la sanación del mundo puede hacerse desde la perspectiva de la materia o desde la del espíritu. Tanto el trabajo energético como la sanación espiritual pueden cambiar de un modo muy llamativo nuestra forma de experimentar la salud del mundo.

EL TEMOR DE LAS MASAS SE CUMPLE A SÍ MISMO

Parece ser que siempre han existido profecías relacionadas con el fin del mundo. La historia nos cuenta que la creencia de que «el fin está cerca» estaba muy extendida justo antes del año 1000. Aparentemente todas las generaciones que vivieron en el momento de producirse algún cambio de siglo estaban convencidas de que las profecías sobre el fin del mundo hablaban de ellos. El problema es que, si hay una cantidad suficiente de personas compartiendo esta creencia negativa, sus miedos colectivos sí son capaces de generar dificultades en el planeta.

Dios está despertando a los trabajadores de la luz para que

se pongan a sanar justo ahora porque la fiebre del milenio, que se extiende desde 1990 hasta 2040, podría asfixiar el plano etérico con la densa energía del pánico humano. Al ser conscientes de la verdad y del amor, los trabajadores de la luz pueden deshacer las profecías del fin de los tiempos. Además, si estas profecías llegaran a cumplirse, los trabajadores de la luz podrían proporcionar unos servicios que serían muy necesarios en esos momentos, tales como sanación, proclamación y asistencia.

CAMBIOS CLIMÁTICOS

Son muchísimas las personas que vigilan ansiosamente el tiempo atmosférico porque creen que los cambios drásticos que se producen en él son indicativos del fin del mundo. En las dos últimas décadas nuestra atención colectiva ha estado tan enfocada en buscar estados de tiempo anormales que ha conseguido crear unas condiciones atmosféricas erráticas. Debemos tener siempre en cuenta que toda la materia, incluida la lluvia, las rocas, la nieve, el viento, las masas de tierra y los relámpagos, es producto de nuestros pensamientos. Los ángeles de Dios nos ayudan cuando creamos mal tiempo a través de nuestras creencias colectivas de temor. Sin embargo, eso no significa que Dios creara el tiempo o que lo hiciera malo.

No somos víctimas desdichadas aisladas en un planeta en el que el tiempo es algo que nos «sucede». Nosotros somos los que tenemos el control pleno de este sueño. Eso significa que debemos recordar la Ley de Causa y Efecto: *Todo aquello en lo que pensamos, crece.* Los que somos trabajadores de la luz debemos meditar a diario sobre lo que queremos ver, no sobre lo que tememos que pueda pasar.

Los fenómenos meteorológicos intensos como vendavales, inundaciones y terremotos pueden ser la forma que tiene la

Tierra de liberar una energía negativa sobresaturada. Sin embargo, los trabajadores de la luz podemos ayudarla a liberar esta energía de formas más suaves. Los científicos están en la actualidad documentando evidencias de que nuestros poderes mentales pueden influir sobre el tiempo atmosférico [1]. Estos estudios simplemente amplifican lo que muchos trabajadores de la luz ya sabían desde siempre. Podemos visualizar cómo la energía se dispersa y es retirada por los ángeles hacia la luz de la purificación. También podemos hacernos imágenes mentales de una eliminación colectiva del rencor. De esta forma ayudamos a soltar el puño con el que el ego de la Tierra la tiene agarrada, pues este ego, al igual que el nuestro, es autodestructivo.

Como sucede cuando realizamos trabajos de sanación espiritual en cuerpos humanos, la oración es capaz de conseguir sanaciones milagrosas en el cuerpo de la Tierra. Ya disponemos de evidencia científica bien documentada que demuestra que la oración incrementa el ritmo de crecimiento de las plantas y los microbios [2] e influye sobre las propiedades del aire y del agua [3]. ¿Por qué no iba a beneficiar también al resto de la naturaleza? Tus oraciones, combinadas con las de otros trabajadores de la luz, pueden devolver a la Tierra su estado natural de salud perfecta y radiante.

TRABAJO ENERGÉTICO SOBRE EL MUNDO

El científico británico James Lovelock propuso una teoría que consideraba a la Tierra como un organismo vivo que lucha por mantener la homeostasis mediante cambios en las masas de tierra y en el clima. Lovelock bautizó su teoría con el nombre de «Gaia» en honor a la diosa griega de la Tierra [4]. Esta teoría explica los desastres de la Tierra como efectos naturales de la crueldad humana sobre la naturaleza.

De forma intuitiva, la teoría de Gaia de Lovelock resulta lógica. También sabemos, gracias a diversos estudios realizados con fotografía kirlian, que la luz que rodea la materia cambia cuando cambian las emociones de la persona que la sostiene. Si alguien sostiene un objeto estando enfadado, por ejemplo, ese objeto mostrará en la fotografía un aura más corta u oscura que si es fotografiado cuando la persona que lo sostiene expresa felicidad.

La fotografía kirlian ha sido puesta en cuestión últimamente cuando los científicos han empezado a discutir sobre la fuente del aura. Muchos científicos actuales creen que las auras fotografiadas con cámaras kirlian son en realidad una imagen de la humedad o la temperatura del objeto. Sin embargo, el hecho de que la imagen que rodea los objetos en las fotografías kirlian sea realmente humedad, calor o luz no es lo que nos importa. El hecho es que estos estudios fotográficos muestran unos cambios notables en respuesta a las emociones de las personas. También muestran que la materia absorbe y refleja las emociones del que la sostiene o de su propietario.

Esta información no sorprendería a los psíquicos, puesto que en nuestras sesiones muchas veces sostenemos en la mano un anillo, un reloj o unas llaves del cliente. Estos objetos fortalecen y aumentan la cantidad de información que podemos percibir sobre las emociones y las formas de pensamiento de la persona e incluso sobre su vida. Muchas veces, el simple hecho de coger el anillo de un cliente me ha inundado al instante de información psíquica sobre esta persona.

La energía que contiene información codificada ha sido denominada «fuerza vital», «ki», «chi» y «prana». En los años cuarenta, los científicos se referían a la energía vital como «energía orgónica». El investigador Wilhelm Reich descubrió este tipo de energía en la materia orgánica, incluida el agua, la lana, la madera y la atmósfera. Llegó a desarrollar un aparato parecido a una pistola que era capaz de influir sobre la energía orgónica y, en varios estudios monitorizados, provocó cambios atmosféricos con esta herramienta [5]. Reich estaba convencido de que el cielo azul era en realidad energía orgónica visible, puesto que conjeturaba que la energía era de color azul. Las fotos de la Tierra tomadas desde un satélite verifican que el planeta está efectivamente rodeado por una cubierta eléctrica azul [6].

Podemos trabajar en la sanación de la Tierra como si se tratara del cuerpo de un cliente. Nuestra energía y nuestro trabajo de sanación psíquica seguirán los mismos pasos que si se tratara de un cliente humano. Por ejemplo, lo primero que debemos hacer es relajarnos y dejar que nuestra mente se aclare. Luego debemos armonizarnos con la Tierra y sentir si existe alguna zona de dolor.

En caso de que así sea, podemos hablarle directamente a este dolor y recibir una gran cantidad de información. Por ejemplo, le podríamos preguntar: «¿Qué es lo que estás intentando decirme?». Luego tenemos que escuchar y descubriremos que el dolor tiene voz propia. Esta voz nos guiará para indicarnos en qué necesita nuestra ayuda de una forma más imperiosa. Puede pedirnos, por ejemplo, que dirijamos unos ángeles o la luz blanca a determinados lugares geográficos. Mientras estemos siguiendo las instrucciones que nos da este paciente tan sabio, deberemos suspender todas nuestras dudas y juicios.

También podemos explorar psíquicamente a la Tierra igual que hacemos con los chakras de un cliente. Yo tuve en cierta ocasión un cliente que vivía en un pueblo remoto que, en una sesión de lectura psíquica telefónica, me pidió que explorara psíquicamente el campo que rodeaba su casa. Caminé mentalmente por allí y me vi atraída hacia tres zonas concretas. En cada una de ellas vi una forma oscura que parecía un vaso de vino gigante enterrado en el suelo. Al explorar estas áreas, sentí unos escalofríos de intensa energía negativa. No me gustaba conectarme con aquellos puntos e inmediatamente informé a mi cliente de la incomodidad que sentía. Él me explicó que las zonas que había descrito estaban valladas y tenían señales oficiales que advertían de peligro de radiación. Mi cliente creía que mi visión psíquica de unas formas parecidas a grandes vasos de vino representaba pozos de residuos tóxicos situados bajo la superficie del terreno. Durante el resto de nuestras sesiones, me dediqué a limpiar psíquicamente aquellas zonas.

Con frecuencia dirijo trabajos de liberación de espíritus en ciudades que sufren aparentemente unos niveles elevados de descontento social. Una de mis visualizaciones favoritas consiste en ver un tubo aspirador etérico gigante que apunto hacia la ciudad. Luego le pido que encuentre cualquier área oscura derivada de la presencia de miedo y de rencor. Entonces me visualizo a mí misma conectando el aspirador a la máxima potencia para que absorba rápidamente toda la oscuridad. Imagino que esta oscuridad va hacia la luz de Dios, donde es purificada y dispersada al instante. Una vez desaparecida la oscuridad, invierto el sentido del flujo del aspirador para que salga de él una luz blanca, como si fuese pasta de dientes saliendo del tubo. Esta luz cubre la ciudad de amor, paz y seguridad completa. Termino la visualización con una oración de gratitud dirigida a Dios y a sus ángeles por la salud perfecta de esa ciudad. También utilizo de vez en cuando esta visualización en centros de poder político. Puedes sentirte llamado a utilizarla en prisiones, en la selva virgen o en otras zonas que te sientas inspirado a sanar.

Otra visualización efectiva consiste en ver una nube gigantesca de amor con tu color favorito. Envuelve la Tierra con ella y observa cómo deja caer hermosas gotas de dicha. Siente la alegría de la Tierra al beber ansiosamente esta energía amorosa. Observa cómo las plantas y los animales responden con una salud radiante mientras el sistema ecológico hace circular tu regalo de amor.

SANAR EL MUNDO ESPIRITUALMENTE

La sanación espiritual y la sanación mediante trabajo energético comparten unos objetivos idénticos. Solo se diferencian en su forma de abordar el resultado final. La sanación espiritual mira más allá de la ilusión que suponen los problemas y afirma solo la perfección subyacente como una verdad, mientras que el trabajo energético se centra en el problema y luego intenta sanarlo. La sanación espiritual utiliza pensamientos y palabras, la mente y el espíritu, mientras que el trabajo energético utiliza la luz e instrumentos materiales o etéricos. Tu guía interior te ayudará a elegir el medio de sanación más apropiado para cada situación.

Como sucede en la sanación espiritual de clientes humanos, la sanación espiritual de la Tierra implica sobre todo eliminar el rencor, puesto que en realidad es la conciencia de la humanidad la que está alimentando los problemas sociales y medioambientales.

El rencor es una forma de pensamiento que divide el mundo en buenos y malos. El yo egótico se siente cómodo echando la culpa de sus pesadillas a fuerzas exteriores. De esta forma se asegura de la continuación de su propia existencia. Después de todo, cuando una persona descubre que el ego y sus percepciones no son más que ilusiones, expulsa al ego de su trono. Como el mago de Oz, el ego está continuamente diciéndonos: «No prestes atención a ese hombre que se esconde tras la cortina», mientras desvía nuestra atención a la exhibición exterior de truenos y relámpagos.

No podemos sanar las pesadillas del calentamiento global, la destrucción de la selva virgen y demás problemas si nos aferramos a nuestros juicios y a nuestra ira contra los «malos» que los han provocado. Esta actitud provoca una gigantesca placa de Petri que cultiva una conducta de «chico malo» mediante la infalible Ley de Causa y Efecto: aquello en lo que pensamos, crece.

De todas formas, los trabajadores de la luz pueden sanar espiritualmente la *causa* de la posible conducta irresponsable de las personas que están dañando la selva virgen y de todos los que están atentando contra la naturaleza. Sin embargo, esto puede exigir algo de valor para confiar en que la solución (el perdón) va a funcionar.

Dios ha estado hablando con las personas que están dañando al planeta. Estas personas saben, en lo más profundo de su corazón, que están provocando dolor. Saberlo ha hecho añicos su autoimagen y se ven a sí mismos como no merecedores de tener una vida más feliz y productiva. La mayoría de ellos temen que, si cambiaran de forma de actuar, les sobrevendría la ruina financiera. Las personas que cometen actos criminales están al borde de la sanación y la actitud colectiva de amor de los trabajadores de la luz puede proporcionarles el empujoncito que necesitan para despertar la mente.

Trabajadores de la luz, podéis sanar miles de enfermedades sociales si tomáis la decisión colectiva de perdonar y amar a esos delincuentes. No es necesario que perdones sus acciones, sino solo a la persona que creó la acción. Esto puede implicar que estés dispuesto a perdonar a algún «chico malo» perteneciente a tu propia vida. Muchas veces proyectamos viejos rencores a situaciones nuevas que nos recuerdan daños pasados.

Considera a los delincuentes por lo que realmente son: hijos sagrados y amantes de Dios. Visualiza que «reciben» la percepción de que su búsqueda de seguridad y felicidad ha provocado dolor a ellos mismos y a los demás. Imagina que tienen una revelación que los hace hincarse de rodillas venerando el amor de Dios. Visualízalos a ellos, a su vez, utilizando sus conocimientos para hacer el bien despertando y sanando a otros delincuentes.

Si estas visualizaciones te resultan poco naturales o difíciles, entonces es posible que tus esfuerzos de sanación espiritual te lleven a pensar en el delito de una forma neutral. De esta manera no estarás alimentando el fuego como lo harías si albergaras pensamientos de ira o de miedo contra los delincuentes. Este tipo de pensamientos son el entorno que creó la ilusión temible del delito.

Pide a los ángeles que te ayuden a encontrar en tu corazón el amor hacia los delincuentes. Este amor te ayudará a experimentar de verdad la maravilla de *saber* que todos somos uno en Dios. Puede resultarte útil releer la cita de Ralph Waldo Trine que aparece al principio de este libro y que afirma con gran acierto que el conocimiento de la unicidad es la clave de la sanación.

PRACTICAR LA CONCIENCIA CONSCIENTE

Cuando emprendí el camino del trabajador de la luz, mi intuición me animó a evitar todo tipo de conversaciones, programas de televisión y lecturas que fueran negativos. ¡Y no tuvo que pedírmelo dos veces! Estuve encantada de seguir sus indicaciones, pues estaba impaciente por preservar la todavía frágil alegría de haber descubierto mi yo espiritual.

Cuando hablo con otros trabajadores de la luz, observo que ellos también recibieron y siguieron estas mismas directrices interiores. Sin embargo, las actividades de sanación de algunos de ellos los han colocado en «primera línea», lo que hace que les resulte inevitable relacionarse con los medios de comunicación. Otros trabajadores de la luz, que cumplen sus funciones en el gobierno o en entornos de atención sanitaria tradicional, sufren asaltos a su atención con escenas muy gráficas y discusiones acaloradas.

Es evidente que resulta más fácil permanecer centrado en la verdad amorosa del mundo si evitamos los noticieros y las discusiones acerca de los «problemas». Sin embargo, eso no siempre resulta práctico ni deseable. Una trabajadora de la luz me dijo en cierta ocasión que le gustaba ver las noticias de la noche porque así sabía adónde dirigir sus oraciones. Esta forma de ver la vida constituye un modelo fantástico para aquellos de nosotros que nos preguntamos cómo podríamos encontrar el equilibrio entre nuestro deseo de mantener la mente pura y el de proporcionar un servicio de sanación al mundo.

Siempre podemos pedir a los ángeles que nos ayuden a librarnos de nuestros miedos y nuestro enfado hacia las situaciones que se dan en el mundo. Los ángeles *quieren* ayudarnos a sanar el mundo. Sin embargo, excepto en casos de urgencia vital, tenemos que pedirles que intervengan para no transgredir la Ley del Libre Albedrío. Los ángeles responderán con entusiasmo a nuestra llamada pues saben que, al tiempo que sanan los corazones y las mentes de los trabajadores de la luz, están también sanando el mundo.

La mejor forma de emplear el tiempo y la energía de los trabajadores de la luz es realizando funciones de sanación. Por eso, las discusiones y los debates acerca de los problemas existentes en el mundo son contraproducentes. Los conflictos brotan del ego y se basan en vernos a nosotros mismos como seres independientes de los demás. El tiempo y la energía que se emplean en un debate resultarían mucho más productivos si se emplearan en una sesión de trabajo energético, de sanación espiritual o en simples gestos humanos de amabilidad hacia la Tierra.

En ese mismo sentido, nuestra sanación del mundo implica que vigilemos las palabras que utilizamos al hablar y al pensar. Esto incluye evitar discusiones sobre «qué espantosamente mal» está esta parte del mundo o aquella otra. Siempre existe una forma que nos permite conducir con suavidad este tipo de conversaciones y darles un enfoque de esperanza y sanación. Yo suelo pedir a Jesús o al Espíritu Santo que me ayuden a elegir las palabras que empleo y siempre me asombra comprobar que al instante me ofrecen la expresión perfecta.

SALUD Y PAZ MUNDIAL

En el plano espiritual no es solo que al mundo no le *pase nada*; la realidad es que *el mundo no existe*. La ilusión de la materia sólida brota de la mente del hombre, no del Creador. De todas formas, el trabajador de la luz compasivo puede facilitarse a sí mismo, y a sus hermanos y hermanas sobre la tierra, el disfrute de sus sueños.

Sin duda has vivido la experiencia de tener un sueño lúcido en el que tuviste la conciencia dividida y, al tiempo que soñabas, eras consciente de que estabas soñando. Una parte de ti estaba soñando mientras la otra observaba tu sueño. Esa parte de tu conciencia que estaba observando era capaz de marcar la dirección que debía seguir el sueño. De una forma similar, podemos dirigir el sueño del conjunto de la humanidad con nuestra conciencia.

Siempre que un trabajador de la luz experimenta la revelación de ser uno con el amor de Dios y con los demás hombres, hace una contribución a la mente de todos los demás seres. El efecto obtenido es algo similar al modo en que aparece un pliegue en la corteza cerebral cada vez que aprendemos algo nuevo. La mente única recibe de este trabajador de la luz sus pensamientos sanos sobre la verdadera realidad y este nuevo pliegue impulsa a todos los hombres a que despierten al conocimiento de ser hijos de Dios.

La sanación espiritual del planeta utiliza la mente del yo verdadero, no el cuerpo. Por tanto, los tratamientos deben hacerse dentro del mundo del yo verdadero. Para entrar en él hay que pulsar el botón de encendido de la vida paralela mediante un pensamiento amoroso. Eso significa que es necesario evitar cualquier pensamiento de temor o de enfado acerca del mundo. Quizá debamos recordarnos los beneficios de sanación que se obtienen al practicar el «desapego» a la materia que predican las filosofías orientales. Aunque, evidentemente, amas la naturaleza y no quieres ver cómo se la daña o se la destruye, la forma en la que puedes mostrar más amor hacia ella es pensando desde el plano elevado de la verdad. Lo cierto es que es imposible sanar desde el nivel del miedo y la desesperanza.

El mundo se sana en el instante en que decides ver un mundo sanado. Yo he puesto carteles en mi casa que dicen: «El mundo es amoroso y feliz y está completo». Esto me recuerda que debo sanar el mundo viéndolo ya sanado, y esto no es una forma de negar la fealdad o el dolor sino de desechar estas ilusiones exteriores no deseadas. El núcleo de nuestro mundo es bello, limpio y apacible, y podemos experimentarlo mediante la simple decisión de verlo.

A este respecto, el único requisito para un trabajador de la luz que desee ayudar al mundo es la decisión de permanecer centrado en una perspectiva de amor. Cuando los trabajadores de la luz sanamos de forma individual, el mundo sana también. Como dice *Un curso de milagros*:

> De este modo, lo único que necesita el mundo para sanar es tu sanación. La resurrección del mundo está esperando tu sanación y tu felicidad, para que puedas demostrar la sanación del mundo.

La oración del trabajador de la luz

Al ser nacida en el cielo, el alma debe mantener un
rumbo que la conduzca a él; surca los cielos más allá del
mundo; el hombre sabio, afirmo, no encuentra descanso en
aquello que es perecedero ni pondrá su corazón en nada
que del tiempo dependa.

MIGUEL ÁNGEL BUONAROTTI,
artista y filósofo renacentista italiano

A VECES NOS DECIMOS a nosotros mismos: «Si el mundo fuera un lugar mejor, yo sería feliz». Lo cierto es que estos pensamientos van marcha atrás, puesto que invierten el orden de causa y efecto.

Tu felicidad no depende de la paz mundial. Más bien, es la paz mundial la que depende de tu felicidad. El mundo en su conjunto y toda su población son un reflejo perfecto de tus pensamientos interiores. Si te ves a ti mismo y ves el mundo a través de la lente de tu ego, verás y experimentarás un miedo terrible, culpabilidad e infelicidad. El ego te hará emprender búsquedas inútiles en pos de la condición exterior que prometa darte felicidad. Sin embargo, el ego y sus regalos no pueden jamás dar la felicidad porque la felicidad constituye la carta de despido del ego.

Sin embargo, si escuchas la voz de Dios que te habla mediante impulsos y sentimientos viscerales, esta te guiará a ver el mundo a través de los ojos del yo verdadero. El mundo, a través de estos ojos, queda sanado al instante porque lo único que tu yo verdadero puede ver y conocer es el amor.

El camino del trabajador de la luz consiste en mantener tu conciencia centrada en tu yo verdadero. Es el camino que conduce al descubrimiento de que el yo verdadero ofrece los únicos regalos que deseas. Es la decisión de eliminar los apegos al mundo material y, con ello, la posibilidad de recibir la única fuente de alegría disponible mientras vivamos en el mundo material. Sanamos *en* el mundo si no somos *del* mundo.

En nuestro caminar por el camino de los trabajadores de la luz, afirmemos juntos:

La oración del trabajador de la luz

Elijo mantenerme centrado en la conciencia del amor, de Dios y de mi yo verdadero. En este centro todo es tranquilo, seguro y apacible, como sucede en el ojo del huracán. Mi poder, mi sabiduría y mi paz provienen de permanecer en este centro, y solicito el apoyo espiritual de Dios y de sus ángeles para mantener mi mente alineada con la verdad.

Me desligo voluntariamente del mundo material sabiendo que, con ello, puedo ayudar eficazmente a los demás. Confío en que Dios proveerá todo lo necesario para cubrir mis necesidades y permito que su sabiduría omnipotente me dirija en todos los aspectos.

Acepto una dieta constante de amor y alegría sabiendo que merezco disfrutar de felicidad y de salud. Voluntaria y amorosamente desecho todos los juicios del ego sobre mí mismo y sobre otras personas sabiendo que todo lo que quiero proviene de mi decisión de experimentar la unicidad de todas las formas de vida.

Sé que estoy destinado a ser un sanador y un maestro en favor de Dios, y en este momento acepto plenamente mi misión sin re-

trasos ni reserva alguna. Renuncio a todos los comportamientos que podrían impedirme escuchar mi voz interior y confío alegremente en mi guía interior para que me conduzca por el camino del trabajador de la luz, donde sirvo con alegría como instrumento de amor. Desecho cualquier duda o miedo que pueda albergar respecto a la consecución de mi misión divina, y en este momento me comprometo a permanecer consciente de la voz de Dios que reside en mi interior. Sé que esta es la única herramienta que puedo llegar a necesitar para mi propia sanación y para la sanación del mundo.
Amén.

$\mathcal{N}otas$

Nota editorial: En los casos en los que aparece más de un estudio bajo un número concreto, todos están dispuestos por orden cronológico, del más reciente al más antiguo.

CAPÍTULO UNO: PRIMEROS MILAGROS

[1] MacDonald, William L. (1995). «The effects of religiosity and structural strain on reported paranormal experiencies». *Journal for the Scientific Study of Religion*, vol. 34, págs. 366-376.

[2] Nelson, Roger D. (1996). «Wishing for Good Weather: A Natural Experiment in Group Consciousness». Documento presentado en la 15.ª reunión anual de la Sociedad de Exploración Científica, que se basa en un estudio realizado en la Investigación de Anomalías de Ingeniería de Princeton, Universidad de Princeton, Nueva Jersey (EE. UU.).

Pyatnitsky, L. N., y Fonkin, V. A. (1995). «Human consciousness influence on water structure». *The Journal of Scientific Exploration*, vol. 9, n.º 1, pág. 10.

Robinson, Laurie J. (1995). «Cloud Busting: An Experiment in Orgone Energy». Facultad Franklin Pierce (documento inédito sobre un estudio realizado con veinte sujetos a los que se les indicó que se concentraran en disipar una nube elegida al azar. Los resultados fueron analizados mediante prueba y se descubrió que eran significativamente más elevados que las expectativas propias del azar).

Schmeidler, Gertrude R. (1984). «Further analyses of PK with continuous temperatura recordings». *Journal of the American Society for Psychical Research*, vol. 78, n.º 4, págs. 325-340.

Schmeidler, Gertrude R. (1973). «PK effects upon continuously recorded temperatura». *Journal of the American Society for Psychical Research*, vol. 67, n.º 4, págs. 355-362.

Barth, L. (1961). «The Sectarian Attitude in Orgonomy». *Bulletin of the Intersciences Research Institute*, vol. 3, n.º 2, págs. 125-140.

[3] Morse, Melvin (1992). *Transformed by the Light: the Powerful Effect of Near-Death Experiences on People's Lives*. Ballantine Books, Nueva York.

CAPÍTULO DOS: INFLUENCIAS FAMILIARES

[1] Vreeland, Susan (1996). *What Love sees: A Biographical Novel*. Thorndike Press, Thorndike, Maine (EE. UU.).

[2] Dresser, Annetta G. *The Philosophy of P.P. Quimby, with Selections from his Manuscripts and a Sketch of his Life* (tercera edición). Geo. H. Ellis, Boston, Massachusetts (EE. UU.).

[3] DeWitt, John, y Canham, Erwin D. (1962). *The Christian Science Way of Life*. Prentice-Hall, Inc. Nueva York (EE. UU.).

[4] Eddy, Mary Baker. *Science and Health with Key to the Scripture*. The First Church of Christ, Scientist, Boston, Massachusetts (EE. UU.).

CAPÍTULO TRES: MENTE Y MATERIA

[1] Foundation for Inner Peace. *Un curso de milagros*.

[2] Watkins, G. K., Watkins, A. M., y Wells, R. A. (1972). «Further studies on the resuscitation of anesthetized mice». *Research in Parapsychology*, págs. 157-159.

Watkins, G. K., y Watkins, A. M. (1971). «Possible PK influence on the resuscitation of anesthetized mice». *Journal of Parapsychology*, vol. 35, n.º 4, págs. 257-272.

[3] *La Biblia*, Lucas 8:50.

[4] Haraldsson, Erlendur, y Houtkooper, Joop M. (1992). «Effects of perceptual defensiveness, personality and belief on extrasensory perception tasks». *Personality and Individual Differences*, vol 13, n.º 10, págs. 1085-1096.

Irwin, Harvey J. (1986). «Personality and psi performance: Directions of current research». *Parapsychology Review*, vol. 17, n.° 5, págs. 1-4.

Debes, Jeffrey, y Morris, Robert L. (1982). «Comparison of striving and nonstriving instructional sents in a PK study». *Journal of Parapsychology*, vol. 46, n.° 4, págs. 297-312.

Solfvin, G. F. (1982). «Psi expectancy effects in psychic healing studies with malarian mice». *European Journal of Parapsychology*, vol. 4, n.° 2, págs. 160-197.

Benassy, Victor A., Sweeney, Paul D., y Drevno, Gregg E. (1979). «Mind over matter: Percieved success at psychokinesis». *Journal of Personality and Social Psychology*, vol. 37, n.° 8, págs. 1377-1386.

Schmeidler, Gertrude R. (1975). «Personality differences in the effective use of ESP». *Journal of Communication*, vol. 25, n.° 1, págs. 133-141.

[5] Radin, Dean, y Nelson, Roger D. (1989). «Conscoiusness-related effects in random physical systems». *Foundations of Physics*, vol. 19, págs. 1499-1514.

Schmidt (1981). «PK tests with pre-recorded and pre-inspected seed numbers». *Journal of Parapsychology*, 45, 87-98.

Schmidt, H. (1978). «Can an effect precede its cause? A model of a noncausal world». *Foundations of Physics*, 8, 463-480.

Wigner, E. P. (1962). «Remarks on the mind-body problema». En I. J. Good (ed.), *The Scientist Speculates* (págs. 284-302). Basic Books, Inc., Nueva York (EE. UU.).

[6] Nelson, R. D., Bradish, G. J., Dobyns, Y. D., Dunne, B. J., Jahn, R. G. (1996). «Field REG anomalies in group situations». *Journal of Scientific Exploration*, vol. 10, n.° 1, pág. 111.

Dunne, B. J., Jahn, R. G. (1992) «Experiments in remote human/machine interaction». *Journal of Scientific Exploration*, vol. 6, n.° 4, págs. 311-332.

Jahn, Robert G., y Dunne, Brenda J. (1987). *Margins of Reality: The Role of Consciousness in the Physical World*. Harcourt Brace Jovanovich, Nueva York (EE. UU.).

[7] Dossey, Larry (1993). *Healing Words: The Power of Prayer and the Practice of Medicine*. HarperSanFrancisco, San Francisco, California (EE. UU.).

[8] Braud, William G. «Consciousness interactions with remote biological systems: Anomalous intentionality effects». *Subtle Energies Journal*, vol. 2, n.° 1, págs. 1-46.

Krieger, Dolores (1981). *Foundations of Holistic Health: Nursing Practices*. J. P. Lippincott, Filadelfia, Pensilvania (EE. UU.).

Pleass, C. M., y Dey, N. Dean (1990). «Conditions that appear to favor extrasensory interactions between homo sapiens and microbes». *The Journal of Scientific Exploration*, vol. 4, n.º 2, pág. 213.

Nash, C. B. (1984). «Test of psychokinetic control of bacterial mutation». *Journal of the American Society for Psychical Research*, vol. 78, n.º 2, págs. 145-152.

Barry, J. (1968). «General and comparative study of the psychokinetic effect on a fungus culture». *Journal of parapsychology*, vol. 32, págs. 237-243.

CAPÍTULO CUATRO: UNA VISITA DEL OTRO LADO

[1] Huxley, Laura (1963). *You Are Not the Target*. Wilshire Book Company, North Hollywood, California (EE. UU.).
[2] Eddy, Mary Baker. *Op. cit.*
[3] Gillian, R., Mondell, B., y Warbasse, J. R. (1977). «Quantitative valuation of Vitamin E in the treatment of angina pectoris». *American Heart Journal*, vol. 93, págs. 444-449.

Anderson, T. W. (1974). «Vitamin E in angina pectoris». *Canadian Medical Association Journal*, vol. 110, págs. 401-406.

Uhlenhuth, E. H., *et al.* (1966). «Drug, doctor's verbal attitude and clinical setting in the symptomatic response to pharmacotherapy». *Psychopharmacologia*, vol. 9, págs. 392-418.

CAPÍTULO CINCO: CONFIAR EN EL ESPÍRITU

[1] Reeves, Frances R. (1993). *Selected Passages from the Teachings of Sri Sathya Sai Baba*. Sathya Sai Baba Society, Tustin, California (EE. UU.).
[2] Peale, Norman Vincent (2006). *El principio positivo*. Ediciones Obelisco, Barcelona.

CAPÍTULO SEIS: LA «CAREUNIT»

[1] Larsen, Michael (1985). *How to Write a Book Proposal*. Writers Digest Books, Cincinnati, Ohio (EE. UU.).
[2] *Writer's Market* (libro de referencia que se publica anualmente y contiene

información para el envío de libros y nombres y direcciones de editoriales de libros y revistas; está disponible en todas las grandes librerías de Estados Unidos y cuesta aproximadamente 25 $). Writers Digest Books, Cincinnati, Ohio (EE. UU.).

3 Moody, Raymond (2009). *Vida después de la vida.* Edaf, Madrid.

CAPÍTULO SIETE: EL PLAN DIVINO

1 *Literary Market Place* (también conocido como *L.M.P.*): *The Directory of American Book Publishing.* R. R. Bowker Co., Nueva York (EE. UU.). Se actualiza anualmente.

2 Frankl, Viktor E. (2011). *El hombre en busca de sentido.* Herder, Barcelona.

CAPÍTULO OCHO: «SE ABRIRÁ UNA NUEVA PUERTA»

1 Foundation for Inner Peace. *Op. cit.*

CAPÍTULO NUEVE: LA PRESENCIA

1 Head, Joseph, y Cranston, S. L., editores (1981). *Reincarnation: An East-West Anthology.* The Theosophical Publishing House, Wheaton, Illinois (EE. UU.).

2 Eadie, Betty (1992). *He visto la luz.* Grijalbo, Barcelona.

3 Radin, D. I., Taylor, R. D., y Braud, W. (1995). «Remote mental influence of human electrodermal activity: A pilot replication». *European Journal of parapsychology,* vol. 11, n.° 19-34.

4 Hirasawam, Yamamoto M., Kawano, K., y Furukawa, A. (1996). «An experiment on extrasensory information transfer with electroencephalogram measurement». *Journal of International Society of Life Information Science,* vol. 14, págs. 43-48.

Radin, Dean I. (1996). «Silent shockwaves: Evidence for preentiment of emotional futures». *European Journal of parapsychology,* vol. 12.

5 Honorton, C., *et al.* (1990). «Psi-communication in the Ganzfeld: Experiments with an automated testing system and a comparison with a meta-analysis of earlier studies». *Journal of Parapsychgology.* vol. 54.

Varvoglis, Mario (1986). «Goal-directed and observer-dependent PK: An evaluation of the conformance-behavior model and the observation theories». *The Journal of the American Society for Psychical Research*, vol. 80. Braud, William, y Schlitz, M. (1983). «Psychokinetic influence on electrodermal activity». *Journal of Parapsychology*, vol. 47.

CAPÍTULO DIEZ: UN NUEVO DESPERTAR

[1] Robertson, Pat (1972). *Shout It From the Housetops.* Bridge Publishers.

CAPÍTULO ONCE: VISIONES DE LOS DONES DE LOS TRABAJADORES DE LA LUZ

[1] Alvarado, Carlos S., y Zingrone, Nancy L. (1994). «Individual differences in aura visión: Relationships ti visual imagery and imaginative-fantasy experiences». *European Journal of Parapsychology*, vol. 10, págs 1-30.

Braud, William G. (1990). «Meditation and psychokinesis». *Parapsychology Review*, vol. 21, n.° 1, págs. 9-11.

Rao, P. Krishna, y Rao, K. Ramakrisha (1982). «Two studies of ESP and subliminal perception». *Journal of Parapsychology*, vol. 46, n.° 3, págs. 185-207.

Rao, K. Ramadrishna, y Puri, Irpinder (1978). «Subsensory perception (SSP), extrasensory perception (ESP) and transcendental meditation ™». *Journal of Indian Psychology*, vol. 1, n.° 1, págs. 69-74.

Rao, K. Ramakrishna, Dukhan, Hamlyn, y Rao, P. V. Krishna (1978). «Yogic meditation and psi scoring in forced-choice and free-response tests». *Jorunal of Indian Psychology*, vol. 1, n.° 2, págs. 160-175.

[2] *La Biblia*, 1 Cor. 13:2, 14:1, 14:31, 14:39.

[3] Bem, Daryl J., y Charles Honorton (1994). «Does psi exist? Replicable evidence for an anomalous process of information transfer». *Psychological Bulletin*, vol. 115, págs. 4-18.

Science News, 29 enero de 1994, vol. 145, n.° 5, pág. 68, «Scientists Peer into the Mind's Psi».

Capítulo doce: Abrir el tercer ojo

[1] Dyer, Wayne W. (1995). *Meditations for Manifestin* (audiocassette). Hay House, Inc., Carlsbad, California (EE. UU.).

Capítulo trece: Descorrer el velo

[1] Altea, Rosemary (1995). *El águila y la rosa*. Ediciones B, Barcelona.
[2] Palmer, John (1975). «Some recent trends in survival research». *Parapsychology Review*, vol 6, n.º 3, págs. 15-17.
    Haraldsson, Erlendur, y Stevenson, Ian (1974). «An experiment with the Icelandic medium Hafsteinn Bjornsson». *Journal of the American Society for Psuchical Research*, vol. 68, n.º 2, págs. 192-202.

Capítulo catorce: Haciendo las paces con Dios

[1] Brinkley, Dannion, y Perry, Paul (2010). *Salvado por la luz*. Obelisco, Madrid.

Segunda parte

Introducción: Los mundos paralelos de la energía y el espíritu

[1] Wigner, E. P. (1962). *Op. cit.*
[2] Wapnick, Kenneth (1985). *Time According to A Course in Miracles*. Foundation for A Course in Miracles Academy, Roscoe, Nueva York (EE. UU.)

Capítulo diecisiete: Cómo prepararse para la sanación psíquica y espiritual

[1] Haraldsson, Erlendur, y Houtkooper, Joop M. (1992). *Op. cit.*
    Irwin, Harvey J. (1986). *Op. cit.*

Debes, Jeffrey, y Morris, Robert L. (1982). *Op. cit.*
Solfvin, G. F. (1982). *Op. cit.*
Benassi, Victor A., Sweeney, Paul D., y Drevno, Gregg E. (1979). *Op. cit.*
Scheidler, Gertrude R. (1975). *Op. cit.*
2 Alvarado, Carlos S., y Zingrone, Nancy L. (1994). *Op. cit.*
Braud, William G. (1990). *Op. cit.*
Rao, P. Krishna, y Rao, K. Ramakrishna (1982). *Op. cit.*
Rao, K. Ramakrishna, y Puri, Irpinder (1978). *Op. cit.*
Rao, K. Ramadrishna, Dukhan, Hamlyn, y Rao, P. V. Krishna (1978). *Op. cit.*
3 Honorton, C., *et al.* (1990). *Op. cit.*
Varvoglis, Mario (1986). *Op. cit.*
Braud, William, y Schlitz, M. (1983). *Op. cit.*
4 Bern, Daryl J., y Charles Honorton (1994). *Op. cit.*
Quider, R. F. (1984). «The effect of relaxation/suggestion and music on forced-choice ESP scoring». *Journal of the American Society for Psychical Research*, vol. 78, págs. 241-262.

CAPÍTULO DIECIOCHO: CÓMO AUMENTAR
TU RECEPTIVIDAD PSÍQUICA

1 MacDonald, William L. (1995). *Op. cit.*

CAPÍTULO DIECINUEVE: CÓMO LLEVAR A CABO
LECTURAS PSÍQUICAS Y SANACIONES ENERGÉTICAS

1 Bryant, Ina (1978). *Magnetic Electricity: A Life Saver.* Kingsport Press, Kingsport, Tennessee (EE. UU.).

CAPÍTULO VEINTE: LA TAREA DE LOS MÉDIUMS
Y LA LIBERACIÓN DE ESPÍRITUS

1 Smith, Susy (1974). *The Book of James.* G. P. Putnam & Sons, Nueva York (EE. UU.).

CAPÍTULO VEINTIDÓS: SANACIÓN ESPIRITUAL

[1] Foundation for Inner Peace. *Op. cit.*
[2] Schmidt, Helmut (1984). «Comparison of a teleological model with a quantum collapse model of psi». *Journal of Parapsychology*, vol. 48, n.° 4.
   Schmidt, H. (1982). «Collapse of the state vector and psychokinetic effect». *Foundations of Physics*, vol. 12, págs. 565-581.
   Schmidt, H. (1981). *Op. cit.*
   Schmidt, H. (1978). *Op. cit.*
   Schmidt, H. (1976). «PK effects with prerecorded targets». *Journal of the American Society for Psychical Research*, vol. 70, págs. 267-291.
[3] Braud, William, *et al.* (1979). «Experiments with Matthew Manning». *Journal of the Society for Psychical Research*, vol. 50, n.° 782, págs. 199-223.

CAPÍTULO VEINTITRÉS: SANAR AL MUNDO

[1] Nelson, Roger D. (1996). *Op. cit.*
   Robinson, Laurie J. (1995). *Op. cit.*
   Barth, L. (1961). *Op. cit.*
[2] Braud, William G. *Op. cit.*
   Krieger, Dolores (1981). *Op. cit.*
   Pleass, C. M., y Dey, N. Dean (1990). *Op. cit.*
   Nash, C. B. (1984). *Op. cit.*
   Barry, J. (1968). *Op. cit.*
[3] Pyatnitsky, L. N., y Fonkin, V. A. (1995). *Op. cit.*
   Schmeidler, Gertrude R. (1984). *Op. cit.*
   Schmeidler, Gertrude R. (1973). *Op. cit.*
[4] Lovelock, J. E. (1985). *Gaia, una nueva visión de la vida sobre la Tierra.* Ediciones Orbis, Barcelona.
[5] Starz, K. (1978). «The effects of the orgone energy accumulator on air: the creative process». *Bulletin of Interscience Research Insittute*, vol. 2, n.° 4, págs. 125-137.
[6] Reich, W. (1945). «A case history». *International Journal of Sex, Economy, and Orgone Research*, vol. 4, págs. 59-64.
   Reich, W. (1944). «Thermical and electroscopical orgonometry». *International Journal of Sex, Economy, and Orgone Research*, vol. 3, n.° 1.

Acerca de la autora

Doreen Virtue ostenta tres licenciaturas universitarias en Orientación Psicológica. En sus escritos, en su trabajo de sanación y en sus talleres trabaja con los reinos angélicos y elementales. Enseña a las personas de todo el mundo que acuden a ella cómo se pueden oír, ver, sentir y conocer los mensajes del mundo espiritual. También imparte un seminario hawaiano en el que los participantes salen a nadar con los delfines.

Doreen ha aparecido en la cadena televisiva CNN y en los programas *The View* y *Oprah*, además de en otros de radio y televisión en los que a menudo se la conoce como «La dama angélica». Además, sus escritos se han publicado en *Redbook, Glamour, McCalls, Mademoiselle* y otras publicaciones.

Si tienes alguna historia de un encuentro con un ángel o con un hada, Doreen agradece que se la envíes a su atención a Hay House o a **AngelStories@AngelTherapy.com**. Si deseas obtener información acerca de los Retiros Hawaianos de Sanación de Doreen o de cualquier otro de sus talleres, puedes visitar la página web **www.AngelTherapy.com**.

Libro de notas del trabajador de la luz

_____

_____

_____

_____

_____

_____

_____

_____

_____

_____

_____

_____

_____

_____

ÁNGELES DE ABUNDANCIA

11 mensajes celestiales que te ayudarán a manifestar abundancia en todas sus formas

Doreen Virtue y Grant Virtue

Doreen y Grant Virtue nos revelan en esta obra la existencia de una congregación particular de entidades celestiales denominadas Ángeles de Abundancia, cuyo propósito es brindarnos apoyo material y emocional para superar la carestía y la falta de recursos que nos impiden realizar la misión divina que nos ha sido encomendada en la Tierra. .

MAGIA DIVINA

Los siete secretos sagrados de la manifestación. nueva interpretación del clásico hermético El Kybalión

Doreen Virtue

Con *Magia divina* podrás gestionar con éxito tus estados anímicos, liberar tu negatividad, manifestar nuevos niveles de abundancia y atraer maravillosas oportunidades en todas las áreas de tu vida.

NÚMEROS DE LOS ÁNGELES

El significado del 111, 123, 444 y otras secuencias numéricas

Doreen Virtue

Esta guía es fácilmente manejable, y su tamaño permite tenerla siempre al alcance para conocer en cualquier momento qué es lo que te están diciendo los ángeles.

OTROS TÍTULOS DE LA AUTORA

EL PODER DE LOS ARCÁNGELES
Tarot de 78 cartas y libro guía

Doreen Virtue y Radleigh Valentin

Doreen Virtue y Radleigh Valentine han creado las 78 cartas de este tarot y su correspondiente manual para ayudar a las personas altamente sensibles a realizar los mensajes Divinos. Sus bellas imágenes y sus textos inspiradores revelan la magia del tarot tradicional y transmiten además la fuerza y la sabiduría de El poder de los Arcángeles.

CARTAS ORÁCULO DE LAS VIDAS PASADAS
44 cartas oráculo y libro guía

Doreen Virtue y Brian L. Weiss

¿Quién eras en una vida pasada?

Tu alma eterna ha vivido otras vidas que afectan tu carrera profesional, tus relaciones, tu familia e incluso las lecciones que aprendes de la vida. Doreen Virtue y Brian Weiss se han unido para crear una herramienta sencilla, segura y agradable con la que podrás desentrañar los mensajes relacionados con tus vidas anteriores.

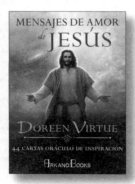

MENSAJES DE AMOR DE JESÚS
44 cartas oráculo de inspiración

Doreen Virtue

A través de esta bella baraja, Doreen Virtue comparte su amor y su respeto por Jesús y sus inspiradoras palabras recogidas en los Evangelios. En cada carta, el artista Greg Olsen ilustra un amoroso retrato de Jesús acompañado de una edificante cita bíblica del Maestro de Judea.

Sea cual sea tu relación con Jesús, seguro que estas cartas te reconfortarán y te colmarán de amor.

TERAPIA DE LOS ÁNGELES
Manual práctico
Doreen Virtue

Con Terapia de los Ángeles aprenderás:

- Cuáles son los ángeles a los que deberías invocar y cuándo
- Cómo realizar la lectura de una carta angelical
- Cómo ayudar a tu familia y amigos a través de los ángeles
- Las señales que te indicarán que tus plegarias han sido respondidas.

LAS CARTAS DEL ORÁCULO DE LAS DIOSAS
44 cartas del oráculo y libro guía
Doreen Virtue

Las diosas son seres angelicales, poderosos y llenos de amor que quieren ayudarte en todos los aspectos de tu vida. En estas 44 cartas de Doreen Virtue aprenderás quiénes son las diferentes diosas de distintos credos y religiones, y cómo pueden mejorar tu vida, salud, relaciones, finanzas, carrera y camino espiritual.

MENSAJES MÁGICOS DE LAS HADAS
Cartas oráculo
Doreen Virtue

Esta baraja de cartas oráculo, gracias a su fácil manejo, es apropiada tanto para principiantes como para personas expertas en el uso de las cartas de adivinación. Las hadas son amados «ángeles de la naturaleza» que, al estar muy cerca de la tierra, poseen una gran habilidad para curar y ayudar en asuntos cotidianos tales como las relaciones, los problemas de salud y la economía.

Contiene 44 cartas oráculo y libro de consulta.

SANANDO CON LOS ÁNGELES

Descubre cómo pueden ayudarte los ángeles en todas las áreas de tu vida

Doreen Virtue

Doreen Virtue te invita a explorar aquí el fascinante mundo de los elementales y de los ángeles de la naturaleza, y comprobarás cómo pueden actuar para curar en todos los ámbitos de tu vida. También se incluyen afirmaciones angélicas para incrementar tu autoestima y poderosas plegarias angélicas que te ayudarán a encontrar a tu alma gemela, a corregir trastornos de conducta infantiles y a sanar la aflicción.

SANANDO CON LAS HADAS

Cartas oráculo

Doreen Virtue

Las hadas te guiarán para encontrar nueva fortaleza y seguridad interior, y te ayudarán a cuidarte cariñosa y respetuosamente. Con el libro de instrucciones que se incluye aprenderás a hacer lecturas precisas y útiles.

En estas cartas no hay imágenes negativas o que haya que temer, porque Dios y los ángeles de la naturaleza te aman verdaderamente.

Incluye libro de 72 páginas y las 44 cartas oráculo de las Hadas.

UNICORNIOS MÁGICOS

Cartas oráculo

Doreen Virtue

Con las cartas oráculo de los *Unicornios mágicos* puedes recibir mensajes y consejos relacionados con tu vida actual, tu futuro y tu senda espiritual. Cada una de las cartas (adecuadas para adultos y niños de todas las edades) contiene una bella ilustración y un mensaje positivo. El libro que se adjunta, escrito en un lenguaje sencillo, te enseña a realizar lecturas precisas de forma instantánea, ya sean para ti o para otras personas.